# 中国新能源汽车产业区域创新发展报告

张英杰　齐　娜　著

科学技术文献出版社

SCIENTIFIC AND TECHNICAL DOCUMENTATION PRESS

·北京·

**图书在版编目（CIP）数据**

中国新能源汽车产业区域创新发展报告 / 张英杰，齐娜著. —北京：科学技术文献出版社，2018.6

ISBN 978-7-5189-4526-9

Ⅰ.①中… Ⅱ.①张… ②齐… Ⅲ.①新能源—汽车工业—工业发展—研究报告—中国 Ⅳ.① F426.471

中国版本图书馆 CIP 数据核字（2018）第 120106 号

## 中国新能源汽车产业区域创新发展报告

策划编辑：周国臻　责任编辑：李　晴　杨瑞萍　责任校对：文　浩　责任出版：张志平

| | | |
|---|---|---|
| 出　版　者 | 科学技术文献出版社 | |
| 地　　　址 | 北京市复兴路15号　　邮编　100038 | |
| 编　务　部 | （010）58882938，58882087（传真） | |
| 发　行　部 | （010）58882868，58882870（传真） | |
| 邮　购　部 | （010）58882873 | |
| 官方网址 | www.stdp.com.cn | |
| 发　行　者 | 科学技术文献出版社发行　全国各地新华书店经销 | |
| 印　刷　者 | 北京地大彩印有限公司 | |
| 版　　　次 | 2018 年 6 月第 1 版　2018 年 6 月第 1 次印刷 | |
| 开　　　本 | 710×1000　1/16 | |
| 字　　　数 | 193千 | |
| 印　　　张 | 15.75 | |
| 书　　　号 | ISBN 978-7-5189-4526-9 | |
| 定　　　价 | 78.00元 | |

# 前　言

在能源匮乏与环境恶化的双重压力下，发展新能源汽车是国家实施能源战略调整和汽车产业转型升级的重要途径。从 2008 年开始，我国密集出台了一系列鼓励扶持的政策，并在我国"十三五"国家战略性产业发展规划中将新能源汽车列为七大战略性新兴产业之一，以期在节能减排的同时，实现汽车产业跨越式发展，提升国际竞争力。在多重因素的联合作用下，我国新能源汽车产业发展迅速，新能源汽车行业已经成为我国大力发展的战略新兴行业。

汽车产业具有规模经济、关联产业多、配套环节多、产业链长、技术及资本密集性等典型特点，因此，在发展过程中易于形成产业集群模式。目前，随着新能源汽车行业的快速发展，已初步形成了若干产业集群。

《中国新能源汽车区域创新发展报告》正是在新能源汽车蓬勃发展的大背景下，从区域产业链创新的视角，基于海量专利、软件著作权、汽车厂商等数据，选择具有代表性的新能源汽车示范城市和城市群，从产业规模、产业布局、产业投资、产业创新 4 个方面对我国新能源汽车产业发展现状进行了研究分析。

在本报告中，产业链由整车企业，关键零部件企业（电池、电机、电控等），充电配套设备企业，原材料企业，仪器仪表企业，后服务企业和其他零配件企业组成。其中，整车企业是指以新能源乘用车、客车等整车制造为主的企业；电池企业是指以新能源汽车电芯、电池组研发制造为主的企业；电机企业是指以新能源汽车驱动电机研发制造为主的企业；电控企业是指以新能源汽车电池管理系统、电机控制系统及动力总成控制系统研发设计为主的企业；充电配套设备企业是指以充电桩、充电机研发制造为主的企业；原材料企业是指以新能源汽车正负极材料、电解液、有色资源、IC制造、隔膜等研发制造为主的企业；仪器仪表企业是指以新能源汽车电子仪器及电子仪表研发制造为主的企业；后服务企业是指以新能源汽车销售、售后服务、维修保养、金融租赁、充电服务等为主的服务型企业；其他零配件企业是指除电池、电机、电控、仪器仪表以外的新能源汽车零配件制造类企业。

本报告总共可分为三大部分，分别由"综述篇""示范城市篇"和"城市群篇"三大版块组成，每个版块又分别从产业规模、产业布局、产业投资、产业创新4个维度开展基于事实型数据的分析。

第一部分是"综述篇"，主要从总体介绍了新能源汽车产业规模，发现总体保持平稳增长，且新能源汽车企业多为传统车企转型而来，新生企业更多地体现在后服务环节；在产业布局方面，京、粤、浙、苏、沪、鲁六地成为企业聚集地，整车和电池为企业集中布局的量大产业环节；在产业投资方面，总体规模已经超过百亿元，其中超八成投资集中流入电池、后服务、整车三大产业环节；在产业创新方面，专利创新呈现下滑趋势，吉利控股专利拥有量居全国之首。

第二部分是"示范城市篇"，主要选择了北京、上海、重庆、天津、山东五省市，以及深圳、郑州、宁波、广州、武汉、芜湖、西安、合肥市的新能源汽车产业发展情况，分析维度包括产业基本情况、产业投资情况、产业创新情况。我们发现，北京市新能源汽车产业规模居全国前列；上海市则在电控企业规模方面居全国之首；深圳的新能源汽车产业链相对完整，电池企业占据主导地位；重庆市则以整车企业为主；天津力神电池创新能力居天津首位；郑州宇通客车专利创新优势明显；宁波吉利汽车是对外辐射投资的主力；山东软件著作权主要集中在青岛、淄博和潍坊；广州广汽集团专利申请和授权量独占鳌头；武汉东风汽车创新优势领先，专利申请量和授权量基本呈倒"V"字形；芜湖奇瑞汽车创新突出，企业原始创新比较优势明显；西安陕汽集团是全市新能源汽车产业的创新主力；合肥专利占有量则居全国重点示范城市前列。

第三部分是"城市群篇"，分别针对广东省城市群、江西省城市群、福建省城市群、浙江省城市群、河北省城市群、江苏省城市群，从产业基本情况、产业投资情况、产业创新情况进行了分析。从中，我们发现，江苏省城市群新增企业数量居主要城市群之首；从产业链完整程度来看，江苏省城市群和浙江省城市群的产业链分布比较完整，同时也表现出突出的吸金能力，在专利创新方面，上述两个城市群的创新优势明显。

在本报告写作过程中，"十二五"国家科技支撑计划项目"电动汽车技术预测及决策支持系统"支持的电动汽车专题数据库提供了翔实的数据支撑。同时，龙信数据为本报告提供了工商企业信息等数据支撑。

衷心希望本书能够对推动新能源汽车的区域创新发展，促进基于大数据的行业分析研究，优化相关管理部门决策支持等方面有所助益。由于成文时间仓促，报告中难免存在疏漏之处，欢迎批评指正。

**2018 年年初　玉渊潭畔**

# 目　录

## 城市群篇

# 综述篇

在国家密集出台政府采购、购置补贴、免征购置税、充电设施奖励等支持鼓励政策，以及国内企业成熟新能源汽车产品陆续上市等多重因素的联合作用下，我国新能源汽车产业发展迅速，已经成为中国大力发展的战略新兴行业。本报告从产业规模、产业布局、产业投资、产业创新 4 个方面对我国新能源汽车产业发展现状进行研究分析。

# 一、产业规模情况

## （一）企业存量规模整体保持平稳增长，但增速逐渐趋缓

我国新能源汽车产业存量规模整体保持平稳增长，但在增速上逐步放缓。截至 2016 年 10 月，我国新能源汽车领域企业数量达 658 家，注册资本总额达 3244.3 亿元（图 1）。

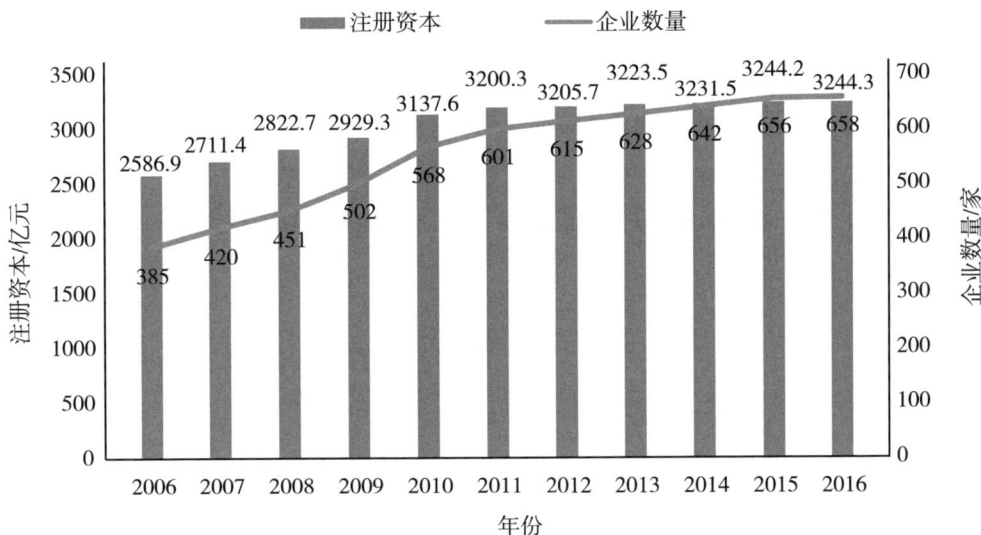

图 1 2006—2016 年 10 月新能源汽车企业数量与注册资本分布情况

## （二）新增企业集中在京、苏、浙、鲁、粤5地

2006—2016 年 10 月新能源汽车领域新增企业数量为 314 家，新增企业注册资本总额达 768.1 亿元。其中，163 家新增企业分布在北京、江苏、浙江、山东、广东 5 个省份，占 2006—2016 年 10 月新能源汽车领域新增企业总数量的 51.9%（图 2、图 3）。

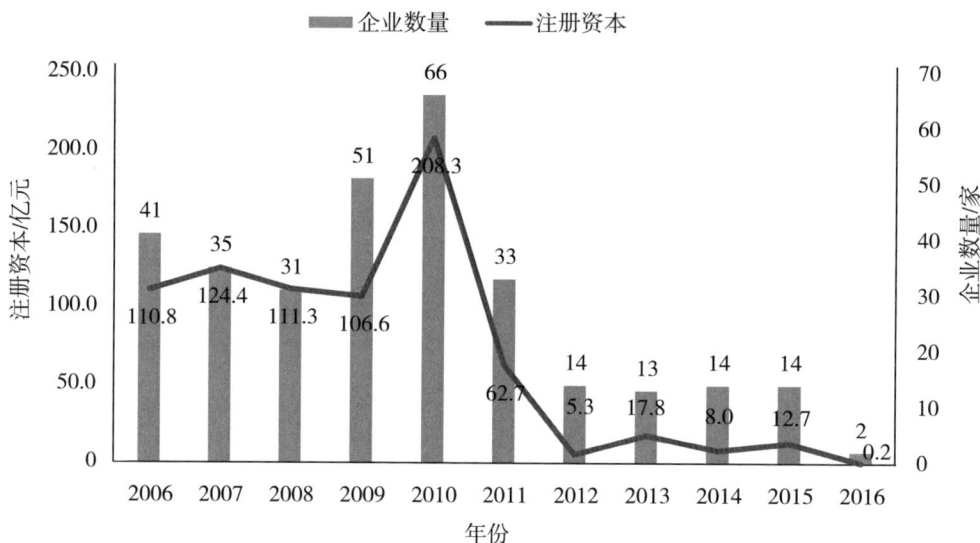

图 2　2006—2016 年 10 月新能源汽车企业新增数量与注册资本分布情况

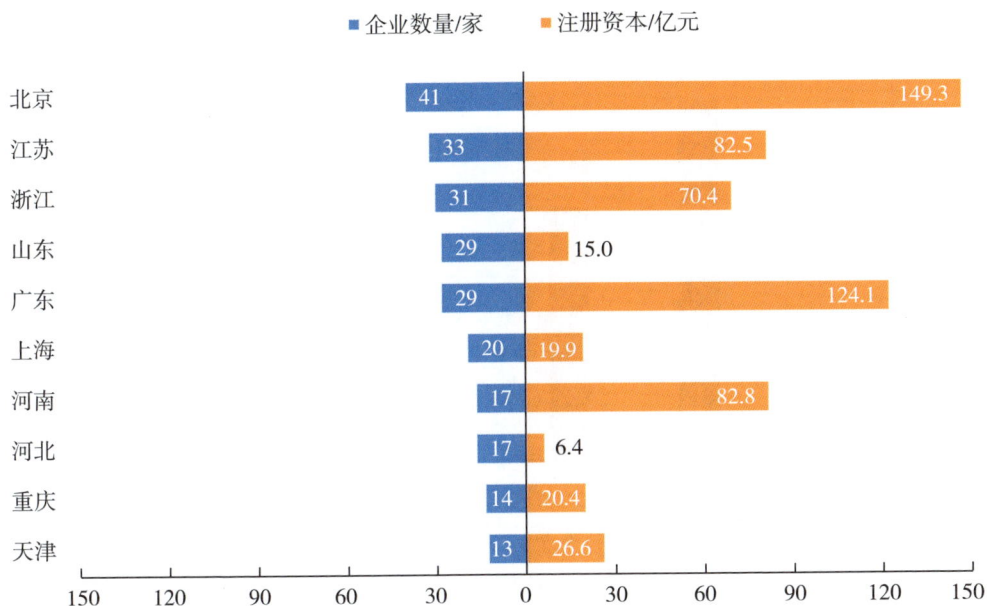

■ 企业数量/家　■ 注册资本/亿元

| 省份 | 企业数量/家 | 注册资本/亿元 |
|---|---|---|
| 北京 | 41 | 149.3 |
| 江苏 | 33 | 82.5 |
| 浙江 | 31 | 70.4 |
| 山东 | 29 | 15.0 |
| 广东 | 29 | 124.1 |
| 上海 | 20 | 19.9 |
| 河南 | 17 | 82.8 |
| 河北 | 17 | 6.4 |
| 重庆 | 14 | 20.4 |
| 天津 | 13 | 26.6 |

图 3　2006—2016 年 10 月新能源汽车领域新增企业 Top10 省份分布情况

## （三）新能源汽车企业多为老牌车企，超九成企业年龄超过 5 年

截至 2016 年 10 月，新能源汽车领域企业中，521 家企业成立年限在 5 ~ 20 年，占新能源汽车领域总企业数量的 79.2%；注册资本 2222.8 亿元，占新能源汽车领域总注册资本的 68.5%（图 4）。

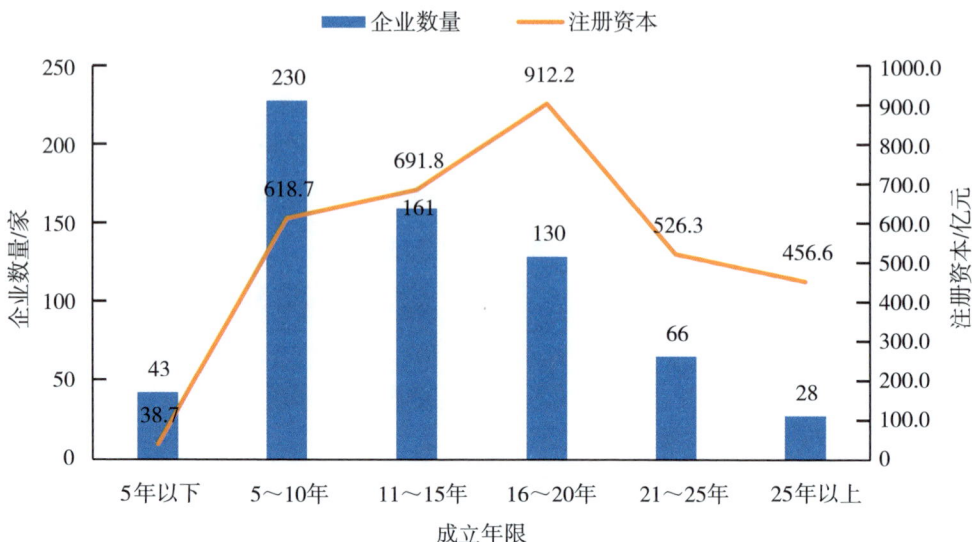

图 4　截至 2016 年 10 月新能源汽车企业年龄分布情况

## （四）整车、电池环节老牌车企居多，后服务环节多为新生企业

　　截至 2016 年 10 月，整车企业中，157 家成立时间超过 10 年，占整车企业总数量的 68.3%；电池企业中 193 家成立时间在 5 ～ 20 年，占电池企业总数量的 88.1%。从近 5 年新成立的企业来看，后服务企业数量最多，达 18 家，占新能源企业领域成立年限小于 5 年企业总体数量的 41.9%（图 5）。

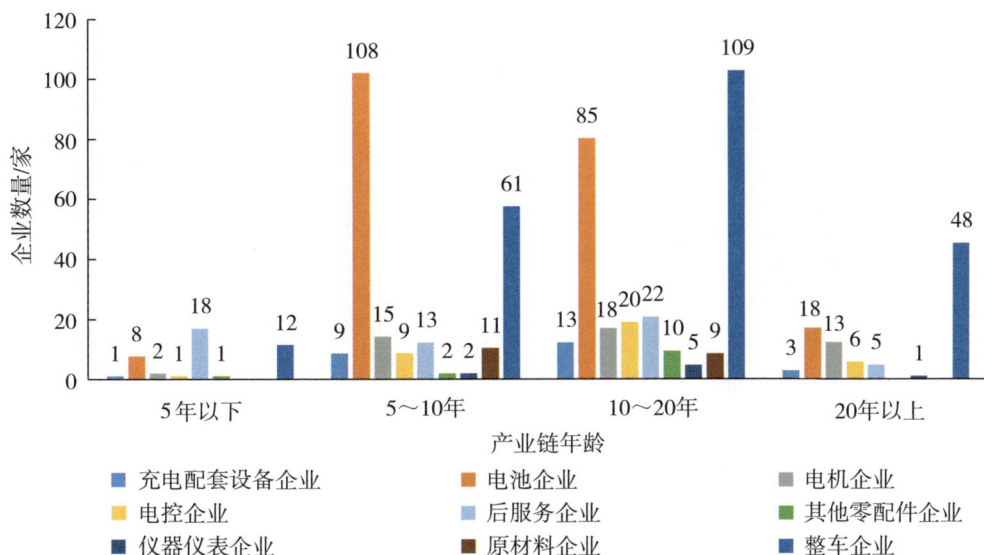

图 5　截至 2016 年 10 月新能源汽车企业产业链年龄分布情况

## 二、产业布局情况

### （一）京、粤、浙、苏、沪、鲁 6 地成为企业聚集地

截至 2016 年 10 月，378 家新能源汽车企业分布在北京、广东、浙江、江苏、上海、山东，占全国新能源汽车企业总量的 58%；该 6 地总注册资本 1835.0 亿元，占全国新能源汽车总注册资本的 56.6%（图 6、图 7）。

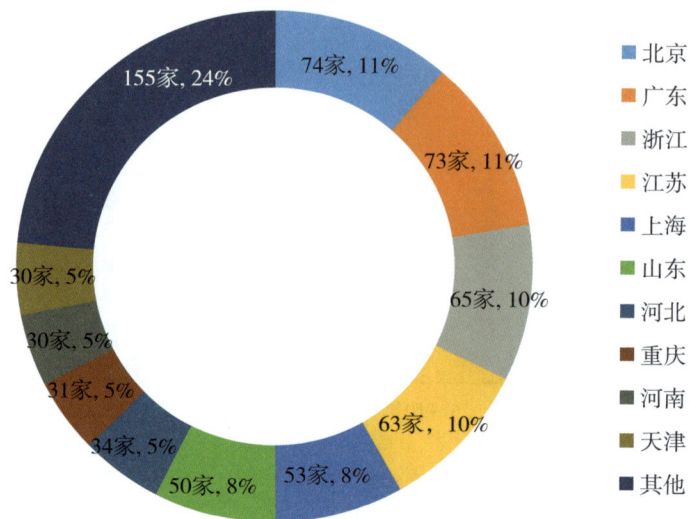

图6 截至2016年10月新能源汽车领域企业数量省份分布情况及占比

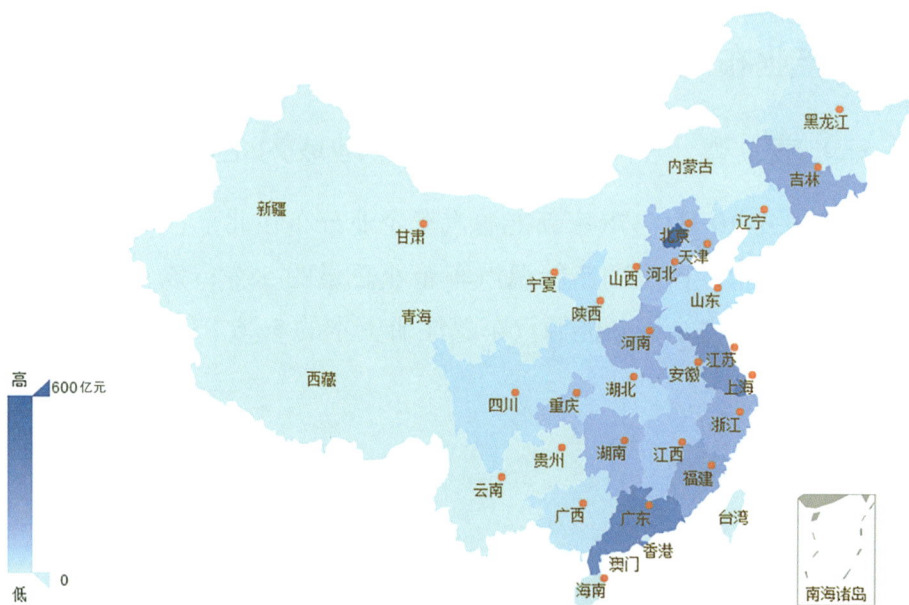

图7 截至2016年10月新能源汽车领域企业注册资本省份分布情况

## （二）深圳、长春位居新能源汽车推广示范城市前列

截至 2016 年 10 月，在被列入国家第一批、第二批新能源汽车推广示范城市中，除京、津、沪、渝四大直辖市外，深圳市企业数量最多，共 40 家，占比 6.1%；注册资本 112.0 亿元，占比 3.5%。长春市企业注册资本最高，213.0 亿元，占比 6.6%；企业数量 7 家，占比 1.1%（表 1）。

表 1  截至 2016 年 10 月新能源汽车产业重点城市企业数量及注册资本分布情况

| 序号 | 城市 | 企业数量 /家 | 注册资本 /亿元 | 序号 | 城市 | 企业数量 /家 | 注册资本 /亿元 |
|---|---|---|---|---|---|---|---|
| 1 | 北京 | 74 | 596.1 | 18 | 东莞 | 9 | 16.3 |
| 2 | 上海 | 53 | 396.9 | 19 | 沈阳 | 9 | 22.2 |
| 3 | 深圳 | 40 | 112.0 | 20 | 西安 | 9 | 44.0 |
| 4 | 重庆 | 31 | 111.0 | 21 | 成都 | 8 | 41.9 |
| 5 | 天津 | 30 | 96.5 | 22 | 石家庄 | 8 | 0.9 |
| 6 | 苏州 | 24 | 25.0 | 23 | 保定 | 7 | 118.5 |
| 7 | 杭州 | 21 | 80.1 | 24 | 南京 | 7 | 113.9 |
| 8 | 湖州 | 17 | 35.7 | 25 | 长春 | 7 | 213.0 |
| 9 | 郑州 | 15 | 88.6 | 26 | 金华 | 6 | 10.6 |
| 10 | 宁波 | 13 | 8.7 | 27 | 厦门 | 6 | 17.4 |
| 11 | 淄博 | 12 | 7.3 | 28 | 潍坊 | 6 | 4.9 |
| 12 | 常州 | 11 | 30.1 | 29 | 芜湖 | 6 | 56.3 |
| 13 | 广州 | 11 | 192.4 | 30 | 新乡 | 6 | 6.8 |
| 14 | 武汉 | 11 | 55.8 | 31 | 邢台 | 6 | 2.7 |
| 15 | 合肥 | 10 | 26.5 | 32 | 福州 | 5 | 53.7 |
| 16 | 青岛 | 10 | 10.1 | 33 | 临沂 | 5 | 6.4 |
| 17 | 大连 | 9 | 2.8 | 34 | 洛阳 | 5 | 16.3 |

| 序号 | 城市 | 企业数量 / 家 | 注册资本 / 亿元 | 序号 | 城市 | 企业数量 / 家 | 注册资本 / 亿元 |
|---|---|---|---|---|---|---|---|
| 35 | 唐山 | 5 | 2.3 | 58 | 镇江 | 3 | 4.6 |
| 36 | 襄阳 | 5 | 5.7 | 59 | 朝阳 | 2 | 0.3 |
| 37 | 盐城 | 5 | 58.6 | 60 | 德州 | 2 | 1.1 |
| 38 | 珠海 | 5 | 12.9 | 61 | 衡水 | 2 | 0.5 |
| 39 | 赣州 | 4 | 7.6 | 62 | 惠州 | 2 | 12.4 |
| 40 | 哈尔滨 | 4 | 14.0 | 63 | 济宁 | 2 | 0.7 |
| 41 | 晋城 | 4 | 4.0 | 64 | 景德镇 | 2 | 54.2 |
| 42 | 龙岩 | 4 | 16.3 | 65 | 聊城 | 2 | 6.8 |
| 43 | 台州 | 4 | 6.6 | 66 | 南通 | 2 | 23.0 |
| 44 | 湘潭 | 4 | 22.5 | 67 | 秦皇岛 | 2 | 0.6 |
| 45 | 长沙 | 4 | 113.0 | 68 | 泉州 | 2 | 2.0 |
| 46 | 邯郸 | 3 | 1.6 | 69 | 威海 | 2 | 2.3 |
| 47 | 济南 | 3 | 2.4 | 70 | 新余 | 2 | 4.6 |
| 48 | 柳州 | 3 | 30.0 | 71 | 宿迁 | 2 | 1.6 |
| 49 | 南昌 | 3 | 22.8 | 72 | 扬州 | 2 | 2.2 |
| 50 | 宁德 | 3 | 9.7 | 73 | 漳州 | 2 | 0.9 |
| 51 | 绍兴 | 3 | 20.1 | 74 | 中山 | 2 | 0.6 |
| 52 | 太原 | 3 | 0.1 | 75 | 株洲 | 2 | 6.0 |
| 53 | 泰州 | 3 | 11.3 | 76 | 宝鸡 | 1 | 7.5 |
| 54 | 无锡 | 3 | 4.1 | 77 | 沧州 | 1 | 0 |
| 55 | 许昌 | 3 | 53.1 | 78 | 滁州 | 1 | 3.0 |
| 56 | 烟台 | 3 | 6.6 | 79 | 丹东 | 1 | 6.8 |
| 57 | 宜春 | 3 | 1.5 | 80 | 佛山 | 1 | 1.1 |

| 序号 | 城市 | 企业数量 / 家 | 注册资本 / 亿元 | 序号 | 城市 | 企业数量 / 家 | 注册资本 / 亿元 |
|---|---|---|---|---|---|---|---|
| 81 | 贵阳 | 1 | 3.0 | 94 | 齐齐哈尔 | 1 | 2.9 |
| 82 | 桂林 | 1 | 3.0 | 95 | 三明 | 1 | 2.0 |
| 83 | 海口 | 1 | 12.0 | 96 | 汕头 | 1 | 3.3 |
| 84 | 衡阳 | 1 | 0.8 | 97 | 汕尾 | 1 | 0.1 |
| 85 | 淮安 | 1 | 2.1 | 98 | 上饶 | 1 | 2.3 |
| 86 | 嘉兴 | 1 | 1.7 | 99 | 泰安 | 1 | 0 |
| 87 | 焦作 | 1 | 7.0 | 100 | 渭南 | 1 | 0.2 |
| 88 | 揭阳 | 1 | 1.0 | 101 | 咸阳 | 1 | 0.2 |
| 89 | 昆明 | 1 | 1.9 | 102 | 雅安 | 1 | 0 |
| 90 | 莱芜 | 1 | 1.2 | 103 | 宜昌 | 1 | 1.1 |
| 91 | 兰州 | 1 | 0.6 | 104 | 枣庄 | 1 | 0.3 |
| 92 | 辽源 | 1 | 1.7 | 105 | 资阳 | 1 | 0.1 |
| 93 | 萍乡 | 1 | 5.1 | — | — | — | — |
| 总计 | | | | | | 658 | 3244.6[①] |

## （三）江苏新能源汽车产业城市群产业集中度位居全国之首

从新能源汽车产业城市群分布情况来看，2011—2016 年 10 月江苏省城市群企业数量和注册资本均为最多，为 51 家和 252.8 亿元；河北省城市群企业数量和注册资本均排第 2，为 32 家和 126.4 亿元；其余城市群中，浙江省城市群和福建省城市群注册资本均超百亿元，分别为 110.8 亿元和 102.0 亿元，企业数量分别为 30 家和 23 家；云南省城市群企业

---

① 由于数据保留数位的差别及四舍五入的原因，导致书中一些数据加总之和有微小差别。

数量和注册资本均为最少，分别为 1 家和 1.9 亿元（表 2）。

表 2　截至 2016 年 10 月主要新能源汽车城市群企业数量及注册资本分布情况

| 序号 | 城市群 | 企业数量 / 家 | 注册资本 / 亿元 |
|---|---|---|---|
| 1 | 江苏省城市群 | 51 | 252.8 |
| 2 | 河北省城市群 | 32 | 126.4 |
| 3 | 浙江省城市群 | 30 | 110.8 |
| 4 | 福建省城市群 | 23 | 102.0 |
| 5 | 广东省城市群 | 19 | 43.3 |
| 6 | 江西省城市群 | 12 | 39.4 |
| 7 | 贵州省城市群 | 1 | 3.0 |
| 8 | 云南省城市群 | 1 | 1.9 |
| 总计 | | 169 | 679.6 |

## （四）整车和电池为企业集中布局的两大产业环节

全国新能源汽车领域企业以整车企业、电池企业为主，企业数量合计 449 家，占新能源汽车领域总企业数量的 68.2%；注册资本合计 2981.5 亿元，占新能源汽车领域总注册资本的 91.9%（图 8）。

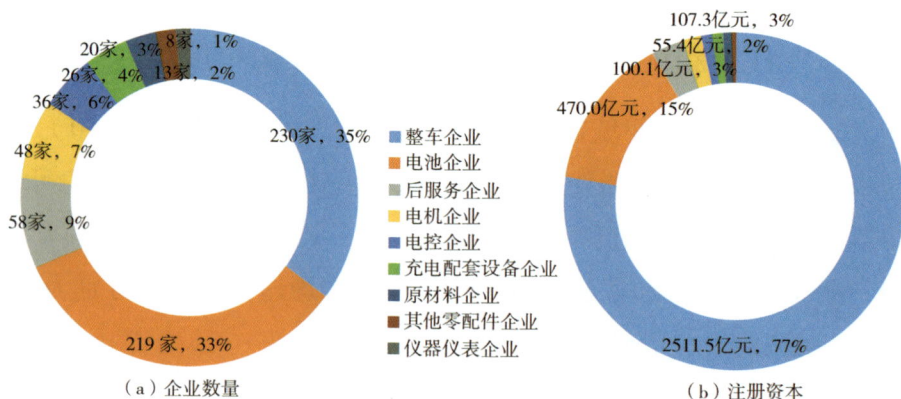

（a）企业数量　　（b）注册资本

图 8　截至 2016 年 10 月新能源汽车企业数量与注册资本产业链分布情况

## （五）后服务环节正成为企业进行战略布局的重点

近 5 年来，全国新能源汽车领域共新增企业 57 家，新增注册资本 44.1 亿元。从产业链分布来看，新增企业主要集中在后服务、整车及电池三大环节，共新增企业 49 家，占比为 86.0%，新增注册资本 40.3 亿元，占比为 91.4%。其中，后服务企业新增数量及注册资本均最高，分别为 20 家和 22.6 亿元（图 9 ）。

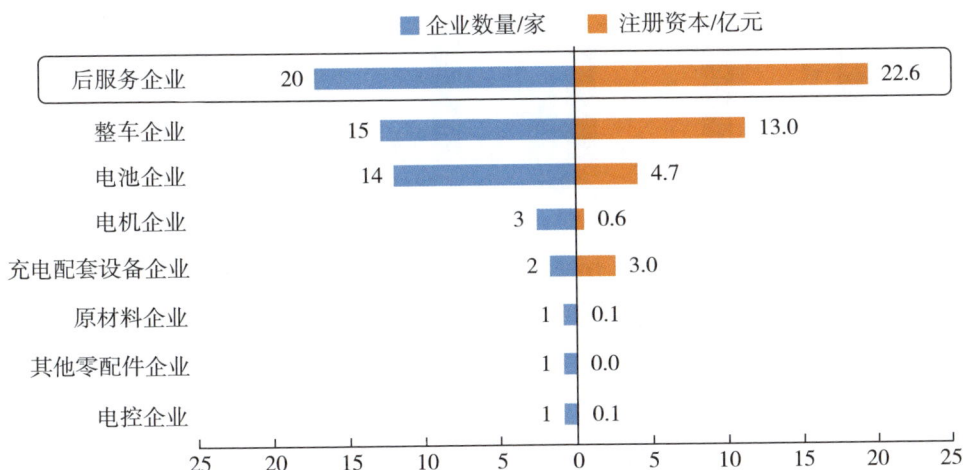

图 9　2012—2016 年 10 月新能源汽车领域新增企业数量与注册资本产业链分布情况

# 三、产业投资情况

## （一）吸纳投资情况

### 1.新能源汽车产业吸纳投资超过百亿元

2011—2016 年 10 月，新能源汽车领域共吸纳投资 200 次，总投资额达 102 亿元。其中，自然人对新能源汽车产业投资活跃度较高，累计吸纳自然人投资81次，占比为40.5%；但在投资金额上仍以企业为核心，累计投资金额达96.9亿元，占比高达94.8%（图10）。

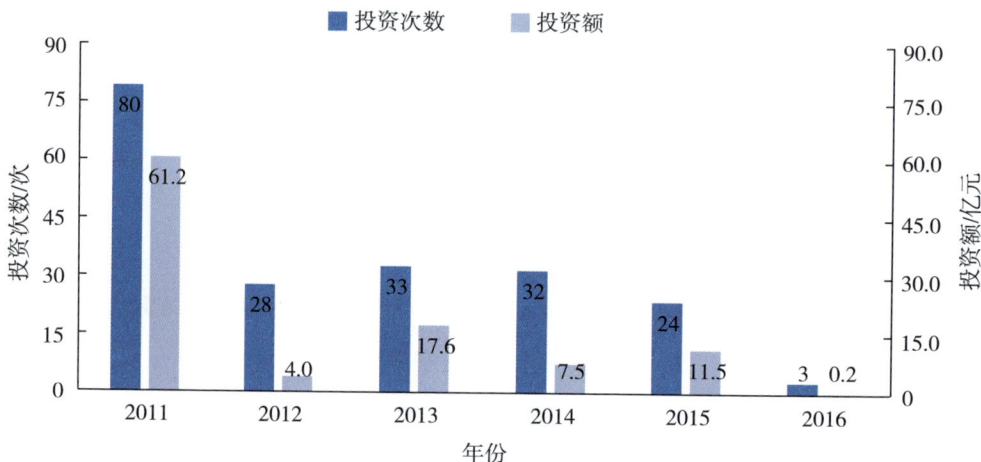

**图10　2011—2016年10月新能源汽车企业吸纳投资年度分布情况**

注：2011年投资额较高，主要受较大资本投资影响。例如，"波士顿电池（江苏）有限公司"接受"Boston-Power（HONGKONG）Company,Limited"18.8亿元投资，"万向A一二三系统有限公司"接受"万向集团公司"11.7亿元投资，"湖南桑顿新能源有限公司"接受"桑德集团有限公司"7.2亿元投资。

### 2. 京、浙、沪三地为新能源汽车吸纳资本的主要来源地

从省份来看，吸纳北京、浙江两地的投资次数最多，达52次，占比为26.0%；吸纳浙江、上海两地的投资金额最高，达37.7亿元，占比为36.8%（图11）。

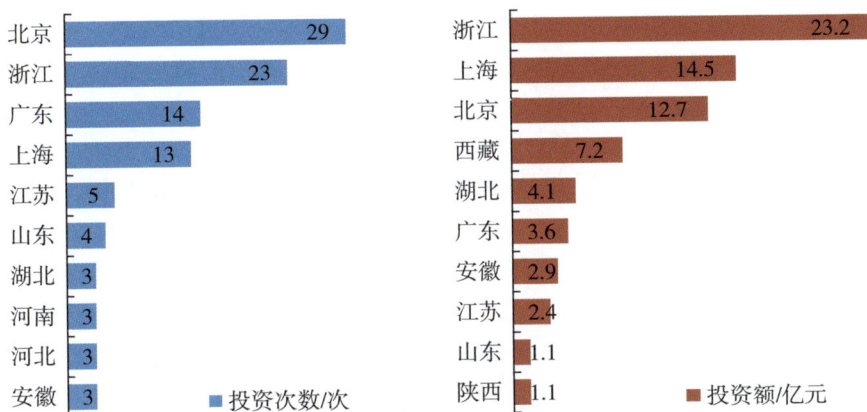

图 11　2011—2016 年 10 月新能源汽车企业吸纳投资省份来源 Top10

### 3. 苏、浙两大新能源汽车产业城市群更受资本青睐

2011—2016 年 10 月，福建省城市群、广东省城市群、河北省城市群、江苏省城市群和浙江省城市群共吸纳投资 64 次，累计吸纳投资金额 59.4 亿元。其中江苏省城市群累计吸纳投资金额最多，为 29.1 亿元；其次是浙江省城市群，累计吸纳投资 26.6 亿元；福建省城市群累计吸纳投资金额最少，为 0.01 亿元（图 12）。

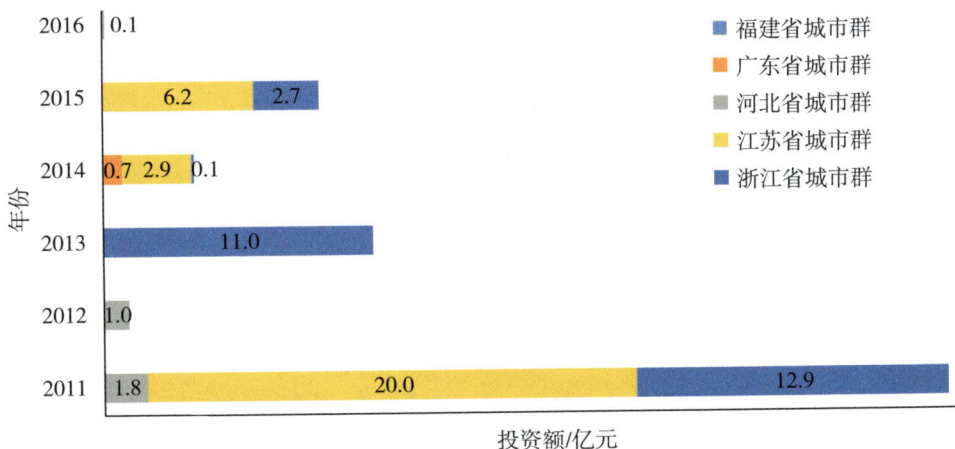

图 12　2011—2016 年 10 月新能源汽车企业吸纳投资城市群分布情况

### 4. 超 8 成投资集中流入电池、后服务、整车三大环节

2011—2016 年 10 月，新能源汽车企业吸纳投资主要集中在电池、后服务及整车环节。这三大环节吸纳投资 162 次，占全产业链吸纳投资总次数的 81%；吸纳投资总额 83.8 亿元，占全产业链吸纳投资总额的 82.1%（图 13）。

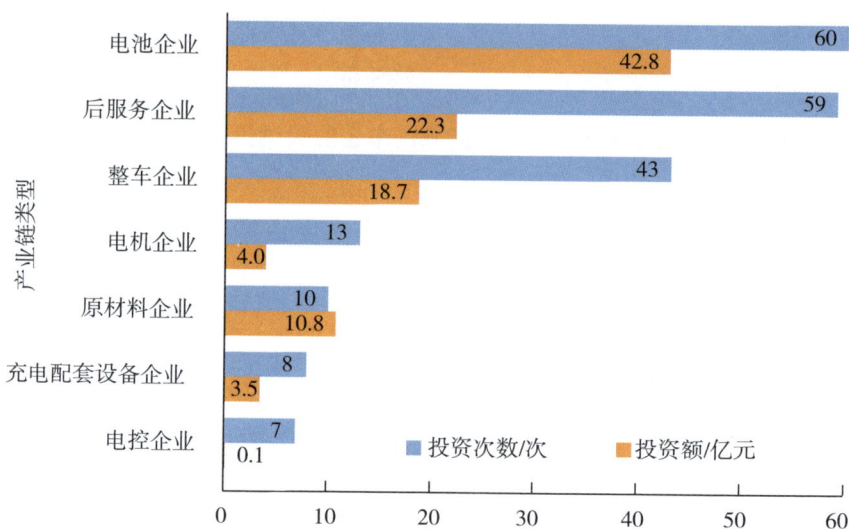

图 13　2011—2016 年 10 月新能源汽车企业吸纳投资产业链分布情况

## （二）对外投资情况

### 1. 新能源汽车产业对外投资规模突破千亿元

2011—2016 年 10 月新能源汽车企业累计对外投资 1122 次，金额达 1666.5 亿元。尤其 2015 年投资次数达 296 次，相当于 2011 年投资次数的 2.4 倍（图 14）。

图 14　2011—2016 年 10 月新能源汽车企业对外投资金额及次数情况

注：2011 年投资额高，主要是因为"中国第一汽车集团公司（第一汽车制造厂）"对"中国第一汽车有限公司"出资 777 亿元，较大资本投资影响。

## 2. 超千亿新能源汽车产业投资集中投向吉、沪、京三地

2011—2016 年 10 月，新能源汽车企业对吉林、上海、北京三地的投资均超过百亿元，投资规模达 1051.6 亿元，占新能源汽车领域对外投资总额的 63.1%。从投资次数上看，对广东、北京两地的投资最多，为 248 次，占比为 22.1%（图 15）。

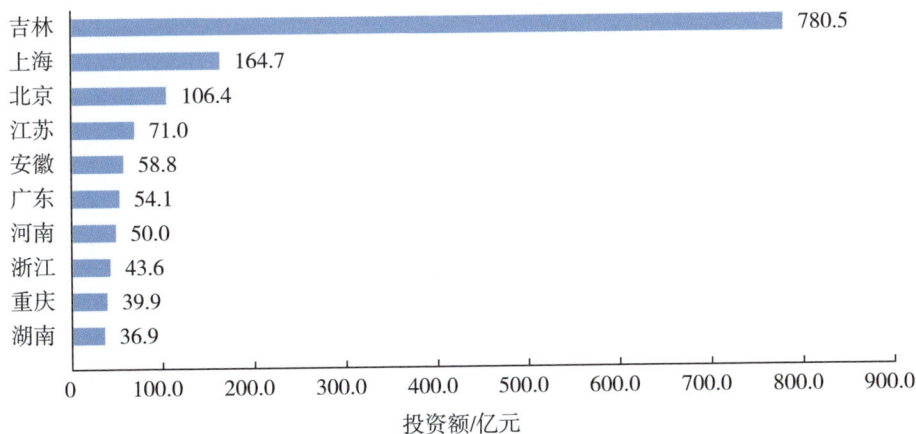

图 15　2011—2016 年 10 月新能源汽车企业对外投资金额省份流向 Top10

### 3. 浙江省新能源汽车产业城市群对外投资最为活跃

2011—2016 年 10 月，福建省城市群、广东省城市群、贵州省城市群、河北省城市群、江苏省城市群、江西省城市群和浙江省城市群累计对外投资 249 次，累计投资金额为 104.3 亿元。其中，浙江省城市群累计对外投资金额最多，为 46.4 亿元；其次是江苏省城市群，为 27.1 亿元（图 16）。

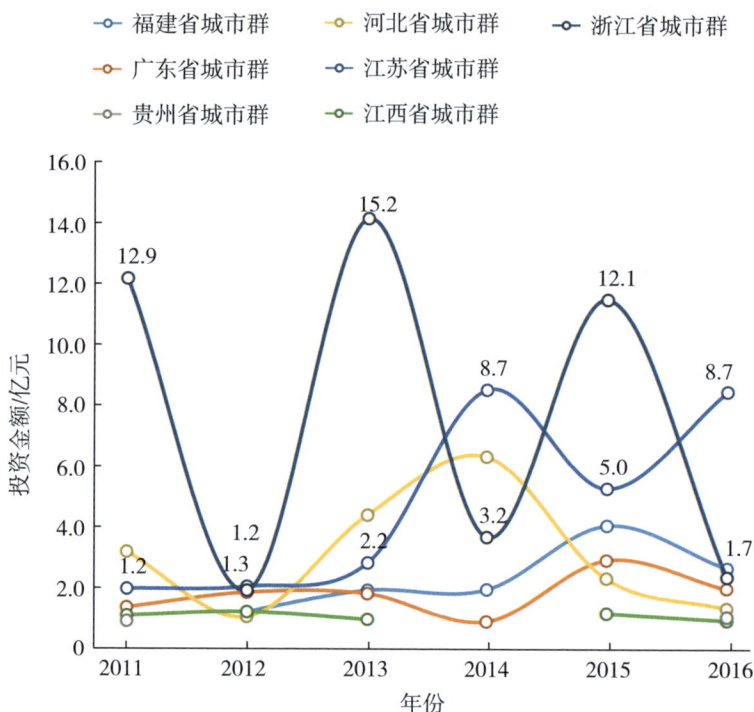

图 16　新能源汽车企业对外投资城市群分布情况

### 4. 整车、电池、充电配套设备三大环节对外投资活跃

2011—2016 年 10 月，新能源汽车企业对外投资主要集中在整车、电池及充电配套设备三大环节。这三大环节累计对外投资 957 次，占新能源汽车领域企业对外投资总次数的 85.3%；对外投资总金额达 1627.6 亿元，占新能源汽车领域企业对外投资总金额的 97.7%（图 17）。

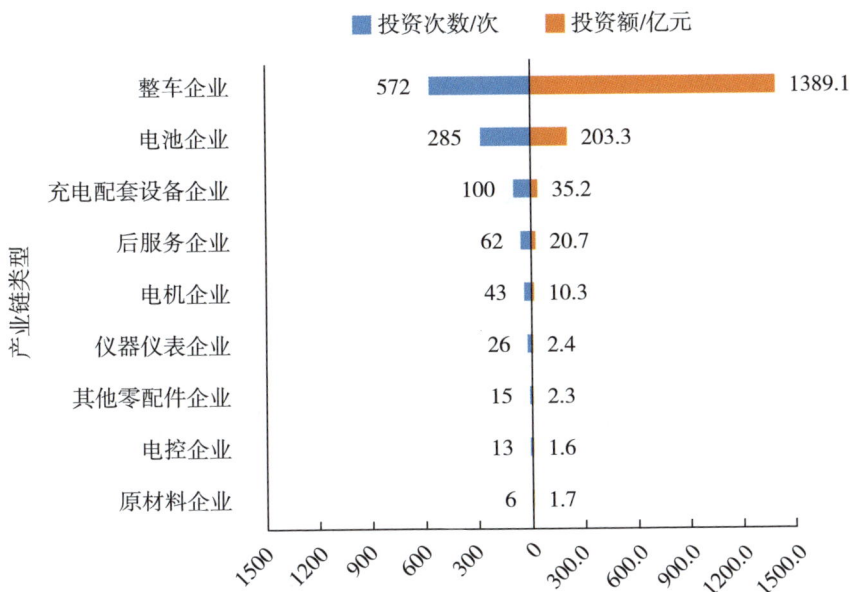

图 17 2011—2016 年 10 月新能源汽车企业对外投资产业链分布情况

## 四、产业创新情况

### （一）软件著作权登记数量迅速攀升，专利创新总体呈现下滑趋势

2011—2016 年 10 月，新能源汽车企业软件著作权登记数量累计达 1613 项。其中，2016 年 1—10 月软件著作权登记数量达 410 项，已超过 2015 年全年登记数量，相当于 2011 年登记数量的 2.5 倍。其中，国电南瑞科技股份有限公司软件著作权登记量居首，达 283 项（图 18、图 19）。

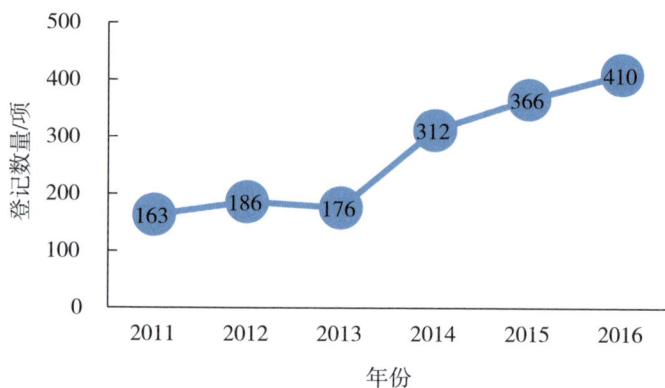

图 18　2011—2016 年 10 月新能源汽车企业软件著作权登记情况

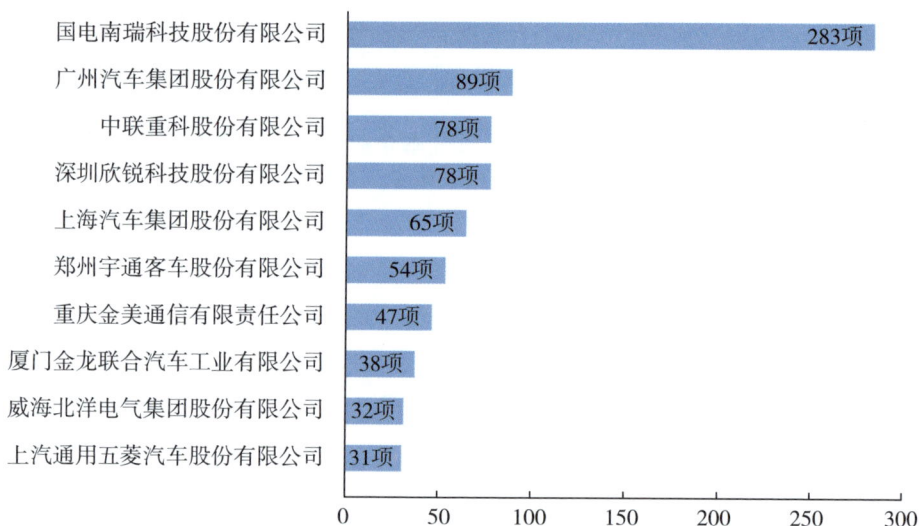

图 19　2011—2016 年 10 月新能源汽车企业软件著作权登记数量 Top10 企业

2011—2016 年 10 月新能源汽车企业累计申请专利 106 748 件，授权专利 98 608 件。自 2012 年，新能源汽车领域的专利申请量逐步下滑，2016 年 1—10 月专利申请量仅为 5793 件。其中，浙江吉利控股集团有限公司专利累计申请量和授权量均居首位，分别达 10 376 和 9748 件（图 20、图 21）。

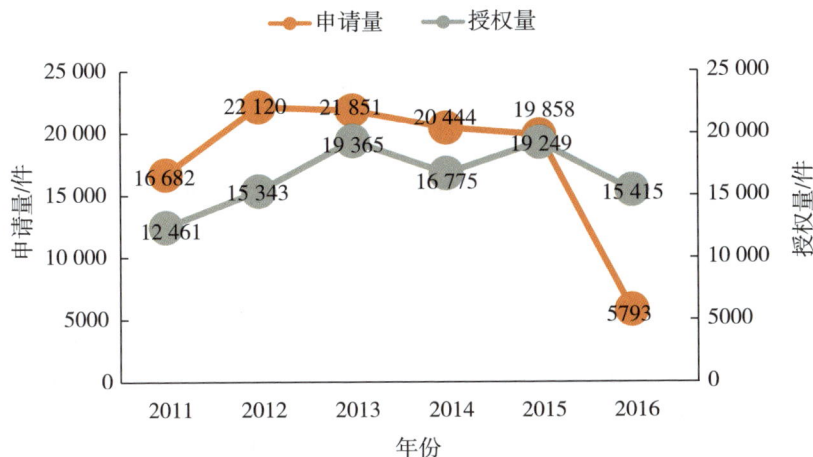

图 20  2011—2016 年 10 月新能源汽车企业专利申请和授权情况

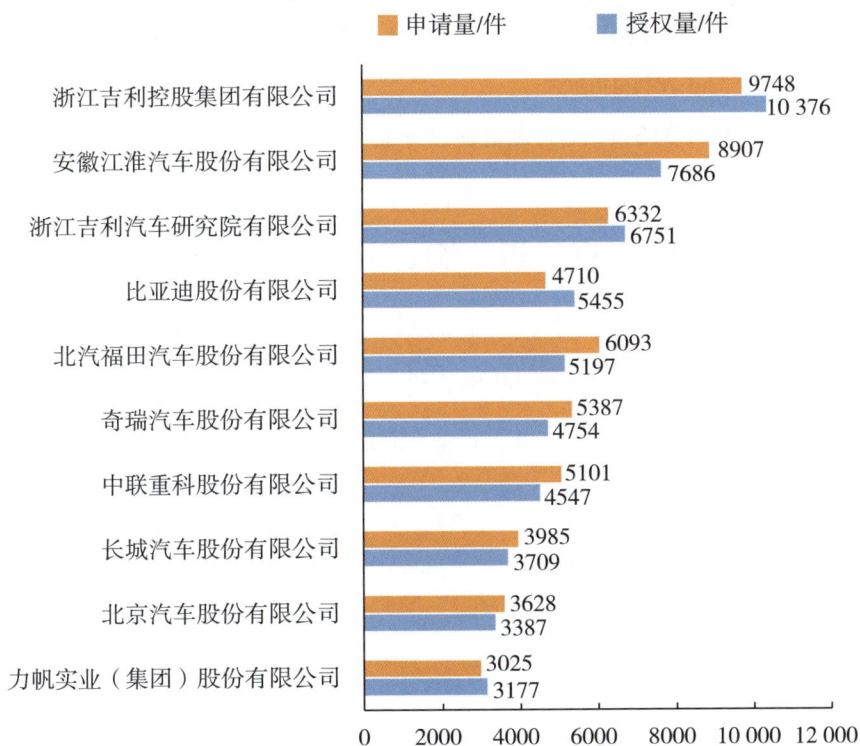

图 21  2011—2016 年 10 月新能源汽车企业专利申请量和授权量企业分布 Top10

　　超一半专利为实用新型专利。从专利类型来看，新能源汽车领域实
用新型专利占主导地位。2011—2016 年 10 月该类型专利申请 58 130 件，
占比为 54%，授权 64 137 件，占比为 65%。发明专利为其次，申请量为
33 681 件，占比为 32%，授权 17 883 件，占比为 18%（图 22）。

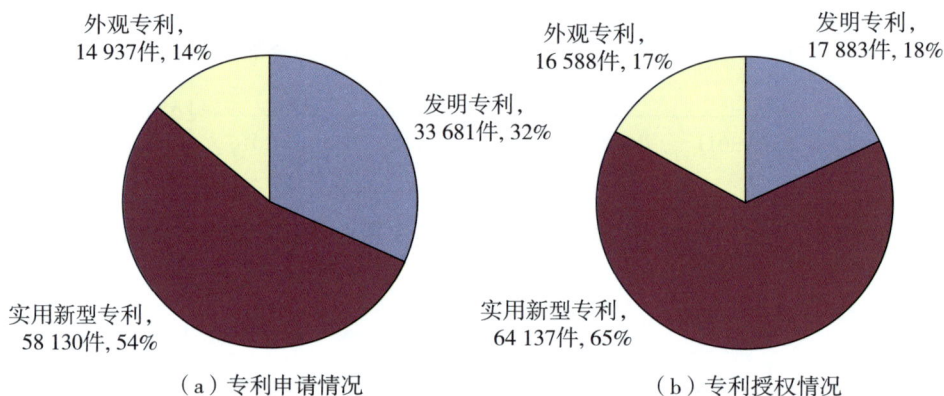

外观专利，
14 937件，14%

发明专利，
33 681件，32%

实用新型专利，
58 130件，54%

（a）专利申请情况

外观专利，
16 588件，17%

发明专利，
17 883件，18%

实用新型专利，
64 137件，65%

（b）专利授权情况

图 22　2011—2016 年 10 月新能源汽车企业专利申请和授权类型分布情况

## （二）浙、皖、京、粤、渝、苏等地企业创新活跃

　　浙江、安徽、北京、广东、重庆为专利创新活跃地区，2011—2016
年 10 月，5 地累计申请专利 69 502 件，占全国新能源汽车专利总申请
量的 65.1%；共授权专利 65 603 件，占全国新能源汽车专利总授权量的
66.5%（图 23）。

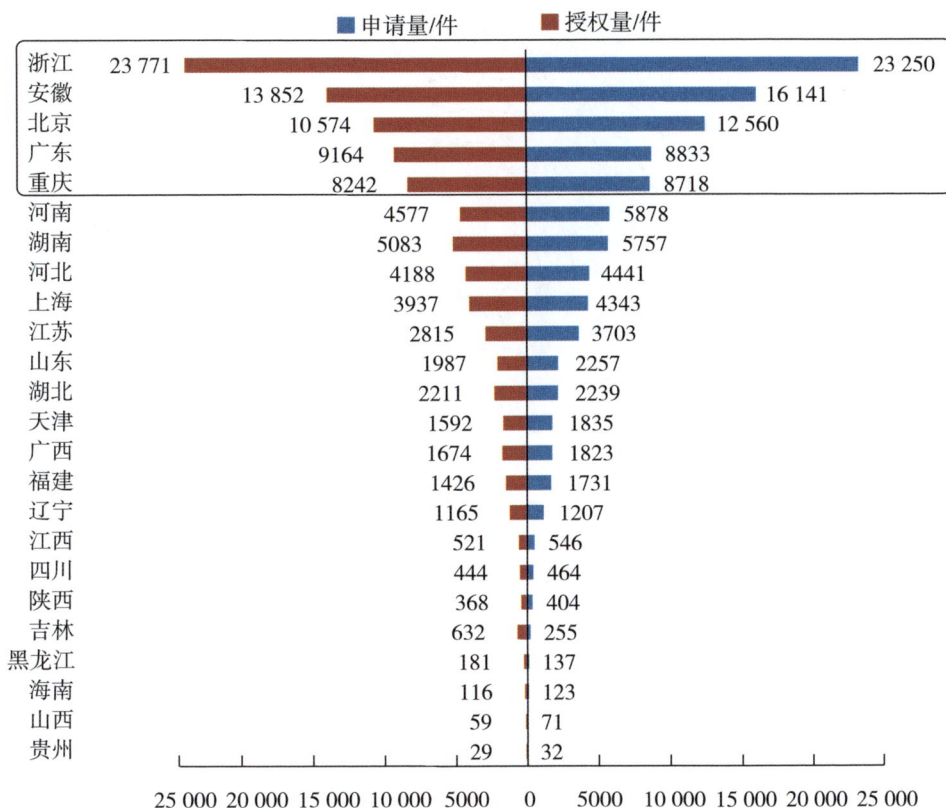

图 23　2011—2016 年 10 月新能源汽车企业专利申请和授权省份分布情况

江苏、广东、北京 3 地软件著作权登记数量居全国前 3 位。其中，江苏软件著作权登记量居全国首位，2011—2016 年 10 月累计登记数量 316 项，占全国新能源汽车软件著作权总登记量的 19.6%（图 24）。

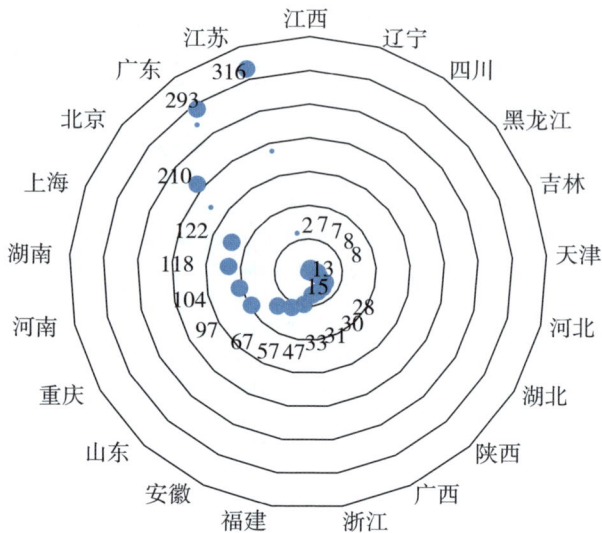

图24 2011—2016年10月新能源汽车企业软件著作权登记省份分布情况(单位: 项)

## (三)整车和电池企业成为产业创新最为活跃的群体

整车企业在专利申请、授权及软件著作权登记量上均居产业链首位。2011—2016年10月,整车企业共申请专利78 898件,占比为全国新能源汽车专利总申请量的73.9%;共授权专利74 387件,占比为全国新能源汽车专利总授权量的75.4%;共登记软件著作权538项,占比为全国新能源汽车软件著作权总登记量的33.4%(表3)。

表3 2011—2016年10月新能源汽车企业创新产业链环节分布情况

| 产业环节 | 专利申请量 / 件 | 占比 | 专利授权量 / 件 | 占比 | 软件著作权登记量 / 项 | 占比 |
|---|---|---|---|---|---|---|
| 整车企业 | 78 898 | 73.9% | 74 387 | 75.4% | 538 | 33.4% |
| 电池企业 | 18 257 | 17.1% | 16 758 | 17.0% | 233 | 14.4% |
| 充电配套企业 | 3594 | 3.4% | 2178 | 2.2% | 454 | 28.1% |

| 产业环节 | 专利申请量 / 件 | 占比 | 专利授权量 / 件 | 占比 | 软件著作权登记量 / 项 | 占比 |
|---|---|---|---|---|---|---|
| 电机企业 | 2359 | 2.2% | 2126 | 2.2% | 79 | 4.9% |
| 电控企业 | 2350 | 2.2% | 2028 | 2.1% | 81 | 5.0% |
| 其他零配件企业 | 530 | 0.5% | 469 | 0.5% | 90 | 5.6% |
| 原材料企业 | 375 | 0.4% | 337 | 0.3% | 21 | 1.3% |
| 仪器仪表企业 | 332 | 0.3% | 292 | 0.3% | 64 | 4.0% |
| 后服务企业 | 53 | 0.0% | 33 | 0.0% | 53 | 3.3% |
| 合计 | 106 748 | 100% | 98 608 | 100% | 1613 | 100% |

## （四）吉利控股专利创新全国居首，国电南瑞软件著作权登记量最高

从新能源汽车企业来看，浙江吉利控股、安徽江淮汽车、浙江吉利汽车研究院、比亚迪、北汽福田、奇瑞等企业专利占有量保持明显比较优势。其中，2011—2016 年 10 月，浙江吉利控股集团专利累计授权量突破 1 万件，高达 10 376 件，居全国首位（图 25）。

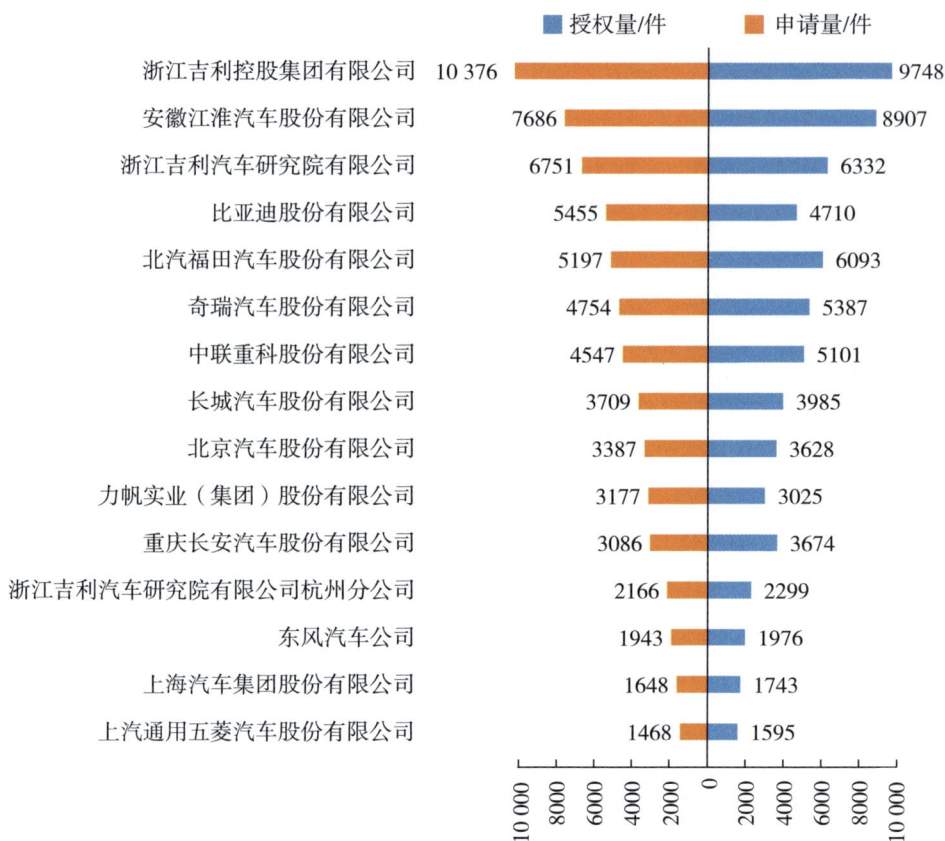

**图 25　2011—2016 年 10 月新能源汽车企业专利申请和授权数量 Top15**

　　在软件著作权方面，国电南瑞科技股份有限公司软件著作权占有优势明显，2011—2016 年 10 月，软件著作权登记数量累计达 283 项，居全国之首（图 26）。

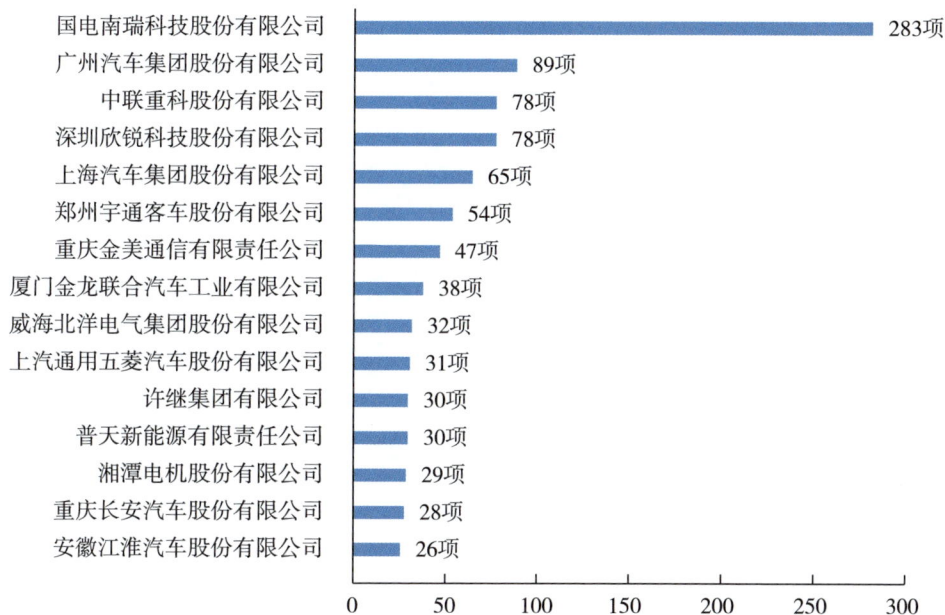

图 26　2011—2016 年 10 月新能源汽车企业软件著作权登记数量 Top15

目前，财政部、科技部、工业和信息化部、发展改革委 4 部委分
2 个批次将北京、天津等 37 个城市（区域）列为我国新能源汽车推广应
用城市(区域)，开展新能源汽车推广应用工作。本报告分别对北京、上海、
深圳、重庆、天津、郑州、宁波、淄博、广州、武汉、合肥、青岛、西安、
潍坊、芜湖、临沂、聊城等 29 个新能源汽车重点示范城市的新能源汽车
产业发展现状进行研究分析。

# 一、产业规模情况

## （一）北京新能源汽车产业规模居示范城市首位

截至 2016 年 10 月，全国 29 个新能源汽车示范城市企业总数量为
395 家，占全国新能源汽车总数量的 60.0%，注册资本 2143.4 亿元，占
比 66.1%（表 4）。

表 4　新能源汽车示范城市对比全国基本情况

| 产业 | 企业数量 / 家 | 注册资本 / 亿元 |
| --- | --- | --- |
| 示范城市新能源汽车产业 | 395 | 2143.4 |
| 全国新能源汽车产业 | 658 | 3244.3 |

从企业数量来看，示范城市中北京、上海、深圳位居前三甲，企业
数量为 167 家，占 29 个示范城市企业总量的 42.3%。其中，北京市企业
数量最高，为 74 家，占比为 18.7%（图 27）。

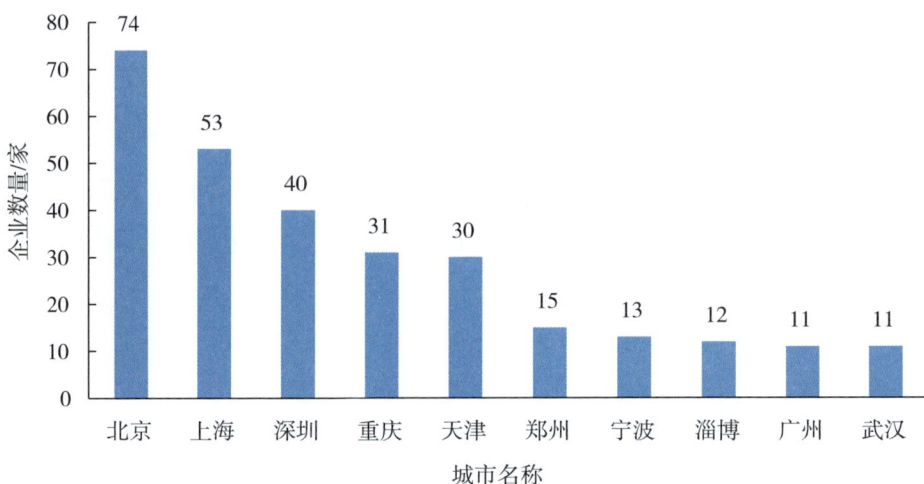

**图 27    截止至 2016 年 10 月新能源汽车示范城市企业数量 Top10 分布情况**

从注册资本来看，全国 29 个新能源汽车示范城市企业注册资本总额为 2143.4 亿元。注册资本总量超过 200 亿元的城市有 3 个，为北京、上海、长春。其中，北京市注册资本最高，为 596.1 亿元，占比为 27.8%（图 28）。

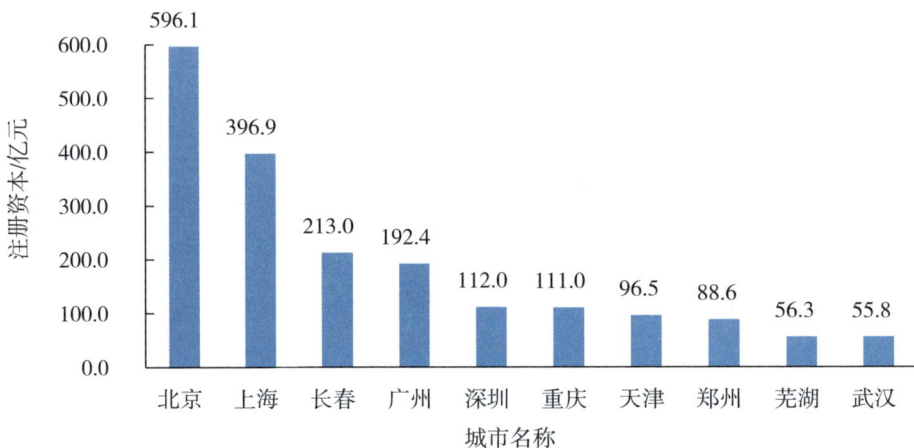

**图 28    截至 2016 年 10 月新能源汽车示范城市注册资本 Top10 分布**

## （二）京、沪两地为新能源汽车新增企业集聚区

2012—2016 年 10 月，全国新能源汽车示范城市新增企业共 35 家，新增注册资本额为 16.7 亿元。其中，北京新增企业数量最高，为 16 家，占比为近 5 年新增企业总数量的 45.7%；上海新增注册资本最高，为 6.6 亿元，占比为 39.5%（图 29）。

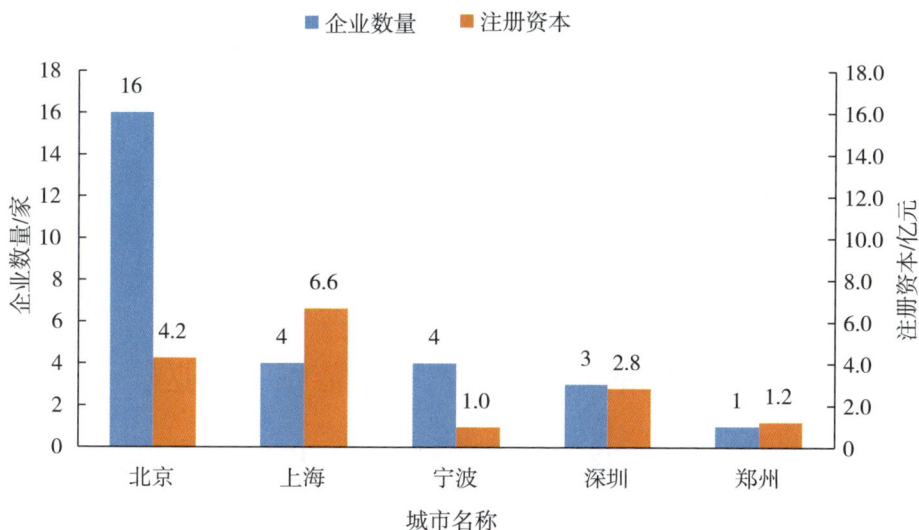

图 29 2012—2016 年 10 月新能源汽车示范城市新增企业 Top5 分布情况

## （三）老牌车企为新能源汽车产业的主体

新能源汽车示范城市中，成立时间超过 20 年的企业共 45 家，占比为示范城市总存量的 16.5%，注册资本 796.9 亿元，占比为 37.2%。其中，北京市成立超 20 年企业数量最多为 13 家，上海市成立超 20 年新能源汽车企业注册资本最高，为 273.8 亿元（图 30）。

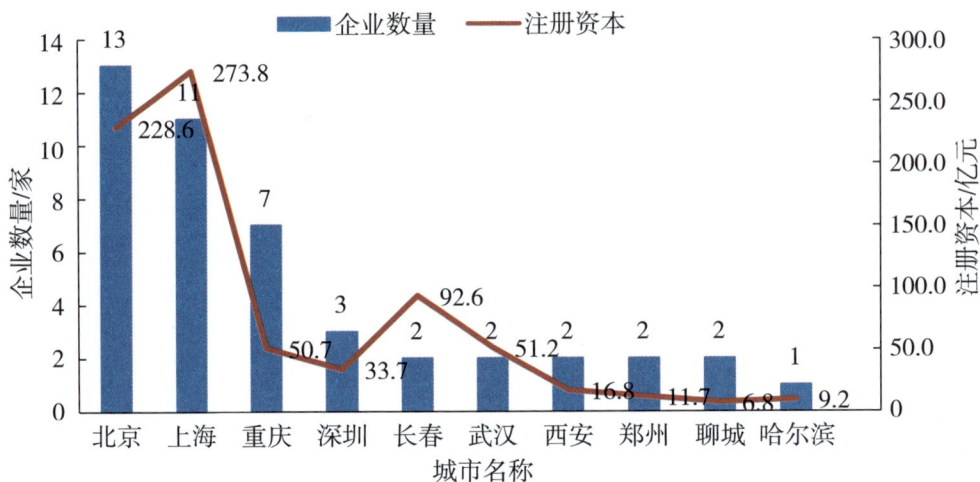

图 30　截至 2016 年 10 月新能源汽车示范城市企业年龄超过 20 年的分布情况

## 二、产业布局情况

### （一）整车和电池为新能源汽车示范城市产业布局重点

从产业链分布来看，29 个示范城市中有 28 个在整车环节上有布局，布局电池环节的城市有 20 个（图 31）。

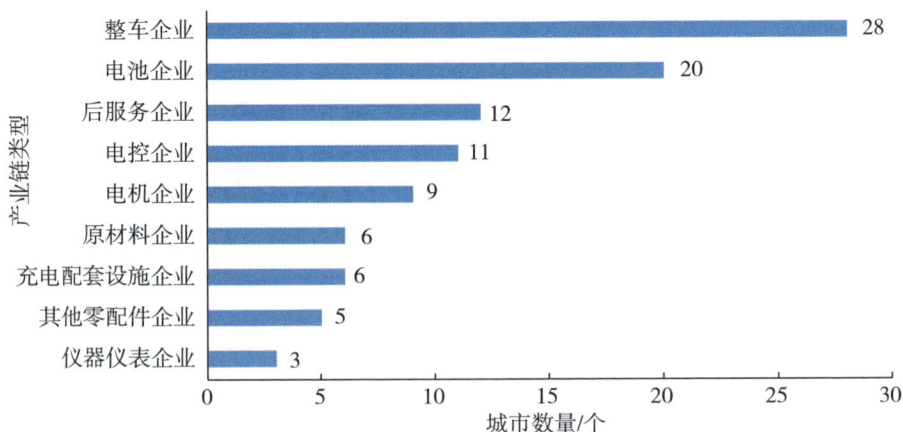

图 31　截至 2016 年 10 月新能源汽车示范城市各产业链城市数量分布情况

## （二）深、京、沪 3 地新能源汽车产业链条相对完整

从产业链完整程度来看，北京、上海、深圳新能源汽车产业链相对完整，在产业链上分别覆盖了 7 个、7 个和 9 个产业环节，且均具有自身的优势产业环节，在产业链协作方面的比较优势明显（图 32）。

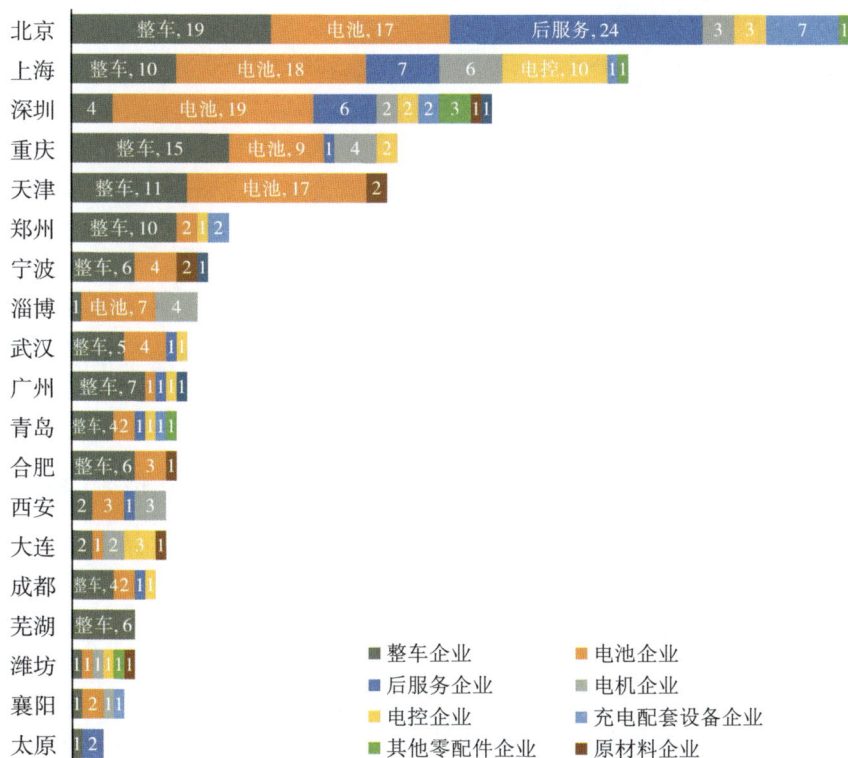

图 32　截至 2016 年 10 月主要新能源汽车示范城市产业环节覆盖情况（单位：家）

从新能源汽车示范城市主导优势产业环节来看，北京新能源汽车产业在整车、电池、后服务等产业环节优势明显，尤其在后服务产业环节走在全国前列；上海侧重布局在电池、电机和电控三大产业环节，深圳和天津在电池环节具有明显的比较优势（图 33）。

整车企业　北京19　10　4　7　11　4　重庆15　10　1　58

电池企业　北京17　上海18　深圳19　1　天津17　2　9　2　7　30

后服务企业　北京24　7　6　1　1　10

电控企业　3　2　1　1　2　1　6

电机企业　3　2　4　4　7

充电配套
设备企业　1　2　2　2

原材料套
设备企业　1　2　5

其他零配
件企业　1　1　3　2

仪器仪表
企业　1　1　1

■ 北京　■ 上海　■ 深圳　■ 广州
■ 天津　■ 成都　■ 重庆　■ 郑州
■ 淄博　■ 其他

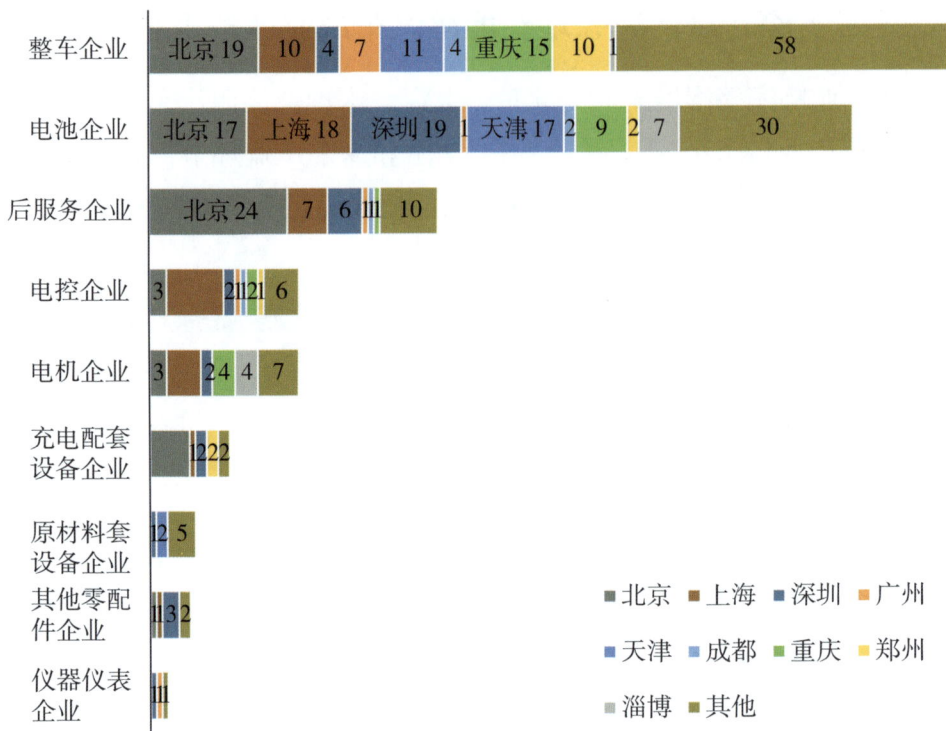

**图33　截至 2016 年 10 月主要新能源汽车示范城市产业环节分布情况（单位：家）**

## 三、产业投资情况

### （一）京、沪为新能源汽车产业吸纳投资的热点城市

从吸纳投资城市情况来看，新能源汽车示范城市共吸纳投资 118 次，吸纳投资金额 27.0 亿元。其中，北京市吸纳投资次数最多为 50 次，占示范城市吸纳投资次数的比重为 42.4%，上海市吸纳投资金额最多，为 8.9 亿元，占比为 33.0%（图 34）。

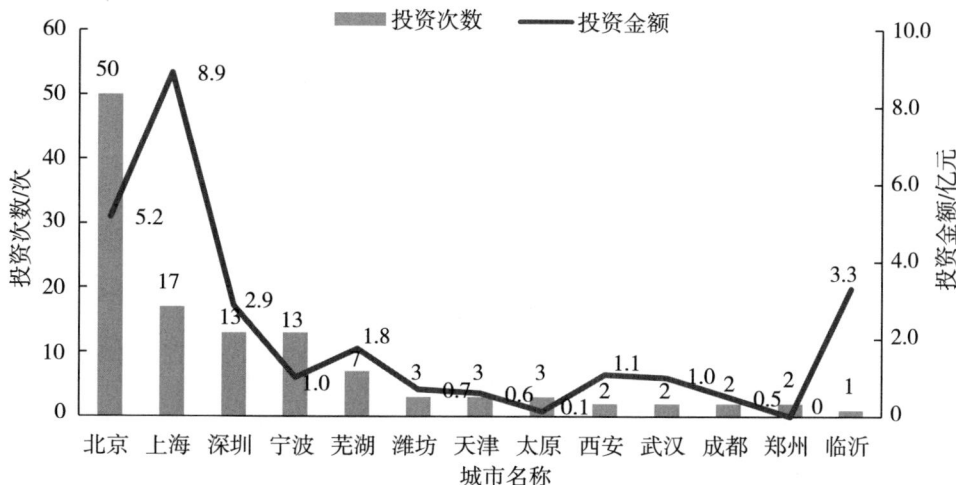

图34　2011—2016 年 10 月新能源汽车示范城市吸纳投资 Top10

## （二）深、京、沪对外投资活跃，长春成为资本最大外溢地

从对外投资次数来看，新能源汽车示范城市对外辐射能力较强，企业对外投资 667 次，对外投资金额 1417.4 亿元。其中，深圳、北京两市对外投资较为频繁，为 156 次和 140 次，两市占比为 44.4%（图 35）。

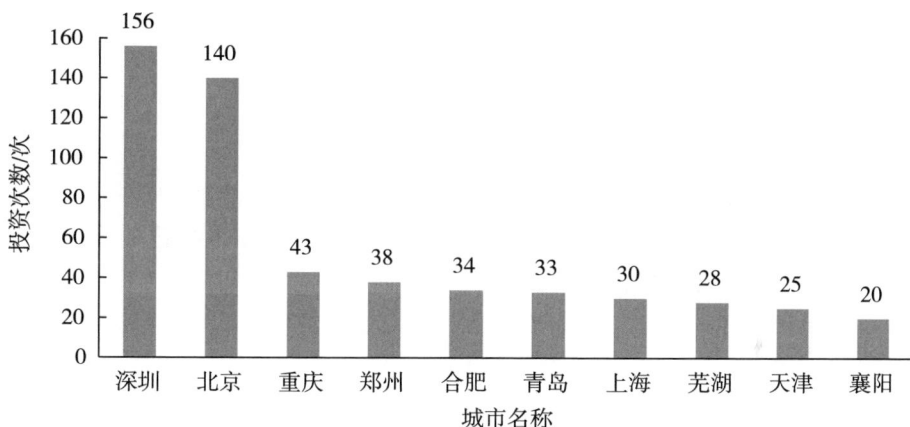

图 35　2011—2016 年 10 月新能源汽车示范城市对外投资次数 Top10

从投资金额来看，长春新能源企业企业对外投资金额最高，为777.4亿元，主要是由于对本市中国第一汽车有限公司单笔投资额为777亿元导致。北京、上海对外投资额也超过100亿元，且主要流向本地（图36）。

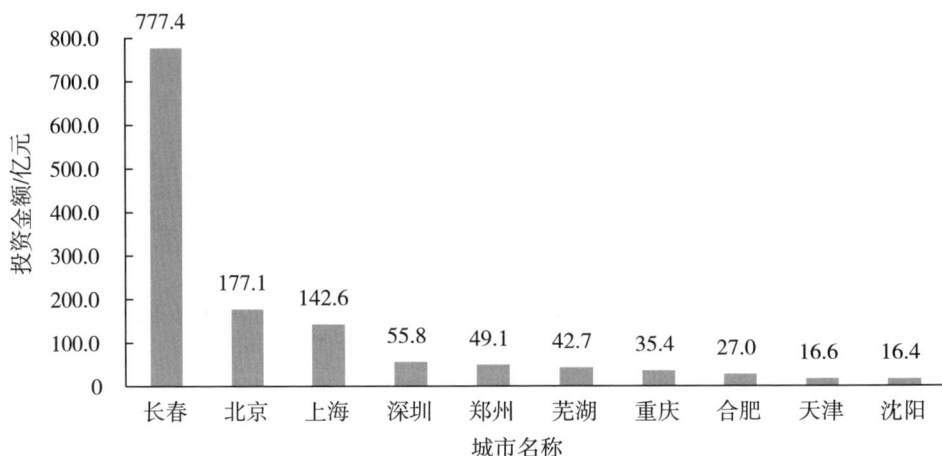

图36　2011—2016年10月新能源汽车领示范城市对外投资金额Top10

## 四、产业创新情况

### （一）北京产业创新比较优势明显，深圳产业原始创新能力领先

2011—2016年10月，新能源汽车示范城市专利申请量61 068件，授权量56 191件。其中，北京市专利申请量为12 560件、授权量为10 574件，均居全国首位（图37）。

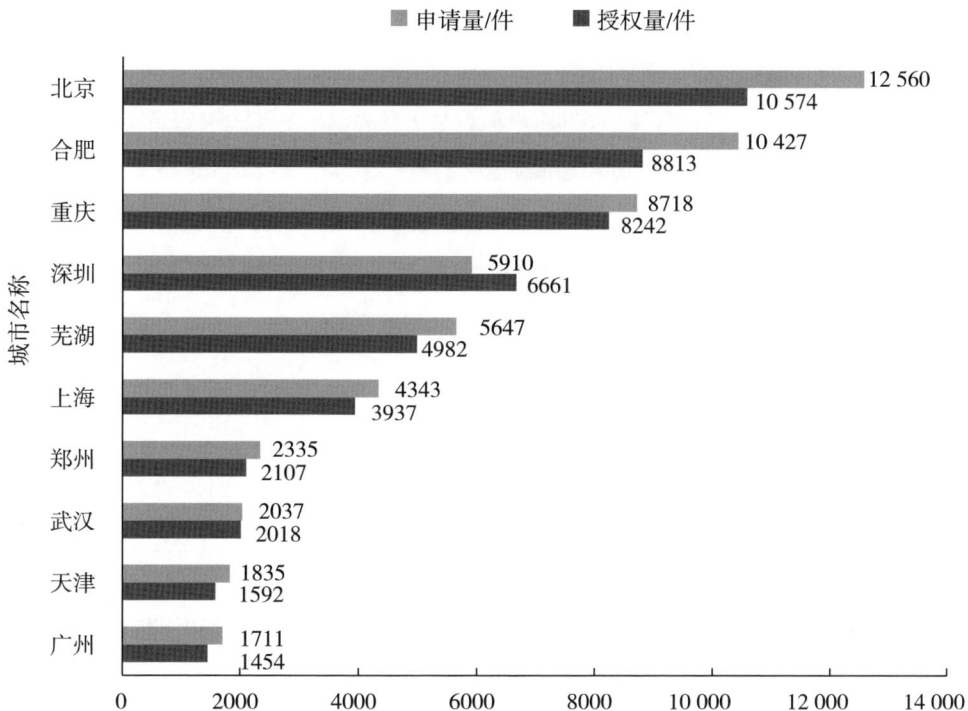

图 37　2011—2016 年 10 月新能源汽车示范城市专利申请和授权量 Top10

2011—2016 年 10 月，新能源汽车示范城市发明专利申请量 19 107，授权量 10 025 件。其中，深圳市发明专利授权量最高，为 2727 件，占比 27.2%（图 38）。

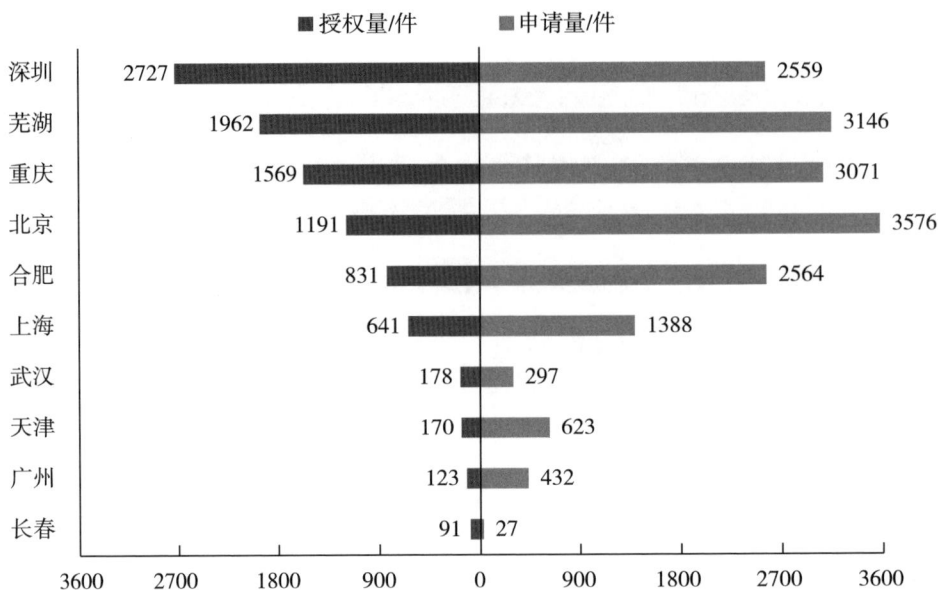

■ 授权量/件　　■ 申请量/件

| 城市 | 授权量/件 | 申请量/件 |
|---|---|---|
| 深圳 | 2727 | 2559 |
| 芜湖 | 1962 | 3146 |
| 重庆 | 1569 | 3071 |
| 北京 | 1191 | 3576 |
| 合肥 | 831 | 2564 |
| 上海 | 641 | 1388 |
| 武汉 | 178 | 297 |
| 天津 | 170 | 623 |
| 广州 | 123 | 432 |
| 长春 | 91 | 27 |

图 38　2011—2016 年 10 月新能源汽车示范城市发明专利申请和授权量 Top10

在软件著作权方面，2011—2016 年 10 月，新能源汽车示范城市软件著作权登记量共 938 项，占比为全国软件著作权申请量的 58.2%，示范城市中有 4 个示范城市登记量超过 100 项，为北京、深圳、上海、广州。其中，北京登记量最高，为 210 项（图 39）。

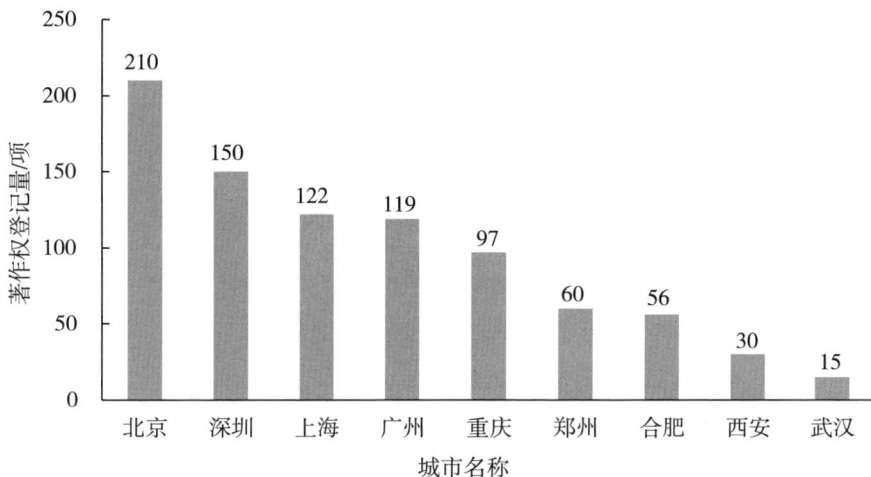

图 39　2011—2016 年 10 月新能源汽车示范城市软件著作权登记数量 Top10

## （二）北京产业创新与资本融合能力最为突出

从各城市群产业创新能力与资本融合能力的互动关系来看，北京新能源汽车产业的创新能力领先于其他示范城市，且产业资本外溢效应明显。而上海在产业资本流动能力上的优势相对明显，但产业创新能力有待进一步提升；合肥、重庆和深圳具有较强的产业创新能力，但在产业创新与产业资本的融合度上需要进一步提高（图 40、图 41）。

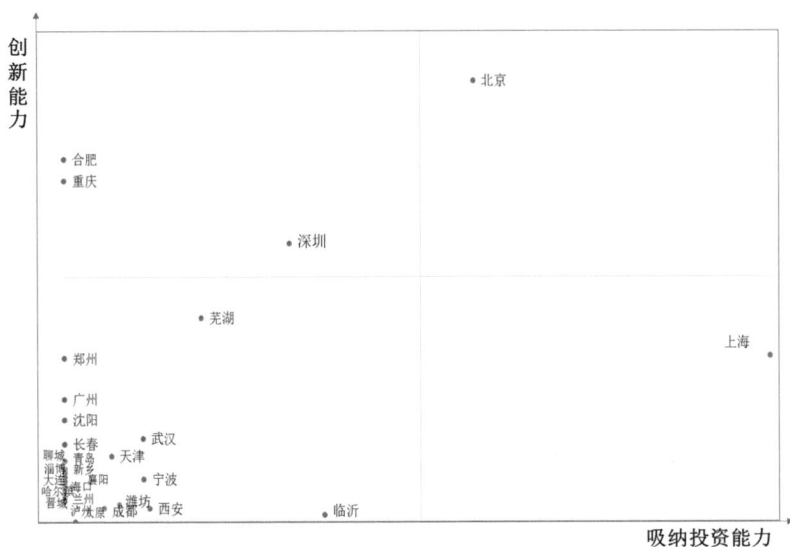

**图 40 2011—2016 年 10 月新能源汽车领示范城市创新能力与吸纳投资能力的关系**

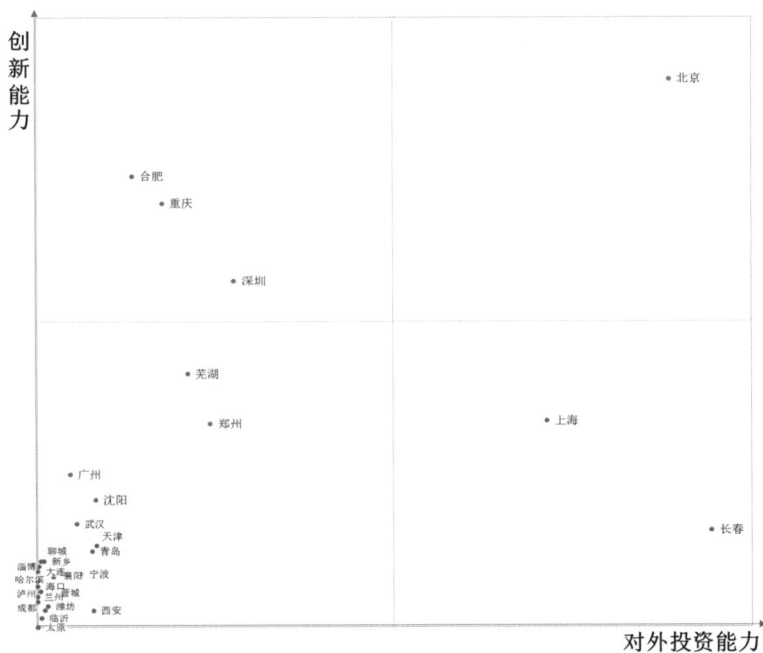

**图 41 新能源汽车示范城市产业创新与资本融合能力关系分布**

# 北京市新能源汽车产业分析

## 【主要分析结论】

- **新能源汽车产业规模居全国前列**。截至 2016 年 10 月，北京市新能源汽车企业数量和注册资本分别为 74 家和 596.1 亿元，占全国新能源汽车企业数量和注册资本总额的比重分别为 11.2% 和 18.4%，均居全国首位。

- **新能源汽车产业链相对完整**。截至 2016 年 10 月，北京市新能源汽车产业链包含了其他零配件企业、电控企业、电池企业、电机企业、充电配套设备企业、整车企业和后服务企业 7 个环节，产业链相对完整。

- **新能源汽车企业区域分布较为集中**。目前，北京市新能源汽车企业主要分布在海淀区、朝阳区和顺义区，企业数量总计 40 家，占北京市新能源汽车企业总数的 54.1%；注册资本总计 450.6 亿元，占比 75.6%。

- **新能源汽车产业投资以本市互投为主**。2011—2016 年 10 月，北京市新能源汽车企业共吸纳本市企业投资 19 次，吸纳投资总金额累计 1.8 亿元，占所有地区投资次数和金额的比重分别为 61.3% 和 51.2%；对北京本市投资 65 次，占比 46.4%；投资金额为 87.3 亿元，占比 49.3%。

- **北汽福田、北京汽车股份和普天新能源为北京市新能源汽车产业的创新主体**。2011—2016 年 10 月，北汽福田汽车股份有限公司的专利申请量和授权量分别为 6093 件和 5197 件，北京汽车股份有限公司的专利申请量和授权量分别为 3628 件和 3387 件，总和占北京市新能源汽车企业专利申请总量和授权总量的 77.4% 和 81.2%；普天新能源有限责任公司的软件著作权登记数量达 30 项，居北京市首位。

# 一、北京市新能源汽车产业基本情况

## （一）北京市新能源汽车产业规模居全国前列

截至 2016 年 10 月，北京市新能源汽车企业共计 74 家，注册资本总计 596.1 亿元，占全国新能源汽车企业数量和注册资本总额的比重分别为 11.2% 和 18.4%。企业数量和注册资本均居全国首位（表 5、图 42、图 43）。

表 5　北京市新能源汽车产业对比全国基本情况

| 产业 | 企业数量 / 家 | 注册资本 / 亿元 |
| --- | --- | --- |
| 北京市新能源汽车产业 | 74 | 596.1 |
| 全国新能源汽车产业 | 658 | 3244.3 |

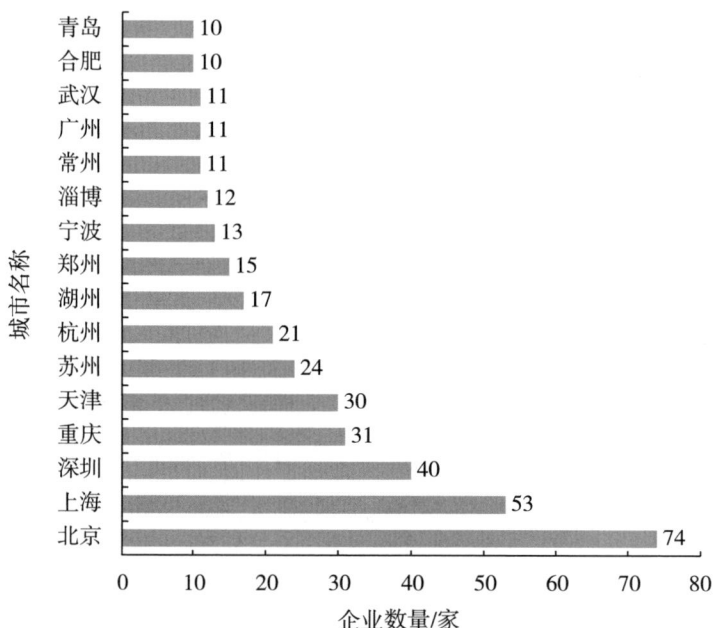

图 42　我国主要城市新能源汽车企业数量分布情况

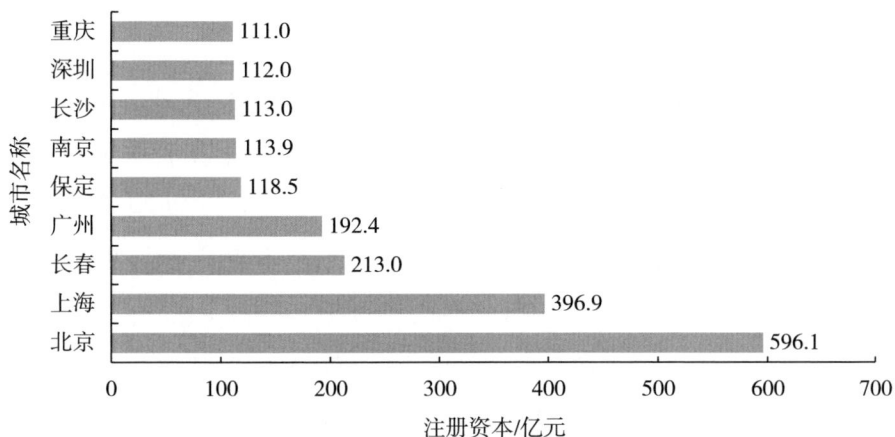

图 43　我国新能源汽车企业注册资本超百亿地区分布情况

　　从北京市新能源汽车企业的成立时间来看，2011—2016 年 10 月成立的企业数量最多，为 21 家，其中"十二五"期间成立了 20 家企业；1980—1990 年成立的企业数量最少，为 4 家。

　　从注册资本分布来看，2001—2005 年成立的企业注册资本总额最多，为 216.0 亿元，主要由于北京现代汽车有限公司单家企业注册资本额达 168.5 亿元拉动所致；1980—1990 年成立的企业注册资本总额最少，为 1.1 亿元（图 44）。

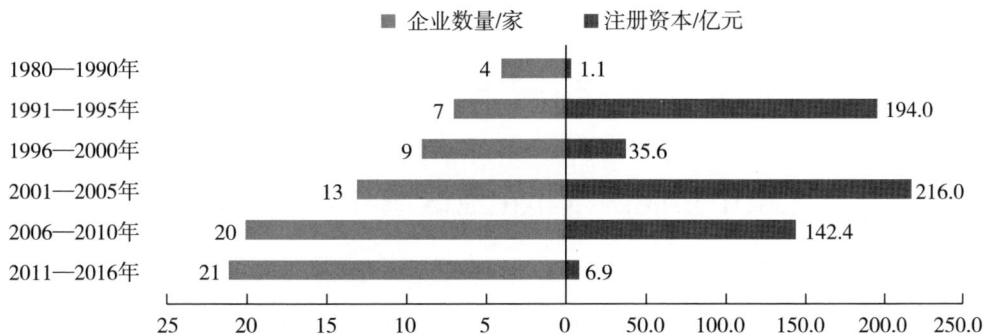

图 44　北京市新能源汽车企业成立时间分布情况

## （二）北京市新能源汽车产业链相对完整

目前，北京市新能源汽车产业链包含了其他零配件企业、电控企业、电池企业、电机企业、充电配套设备企业、整车企业和后服务企业7个环节，产业链相对完整。其中，后服务企业数量最多，为24家，占北京市新能源汽车企业总数的32.4%，其次是整车企业和电池企业，企业数量分别为19家和17家，占比分别为25.7%和23.0%。此外，整车企业注册资本总额最多，为542.2亿元，占比为90.96%，其次是充电配套设备企业和电池企业，注册资本分别为25.4亿元和23.7亿元，占比分别为4.3%和3.98%（图45）。

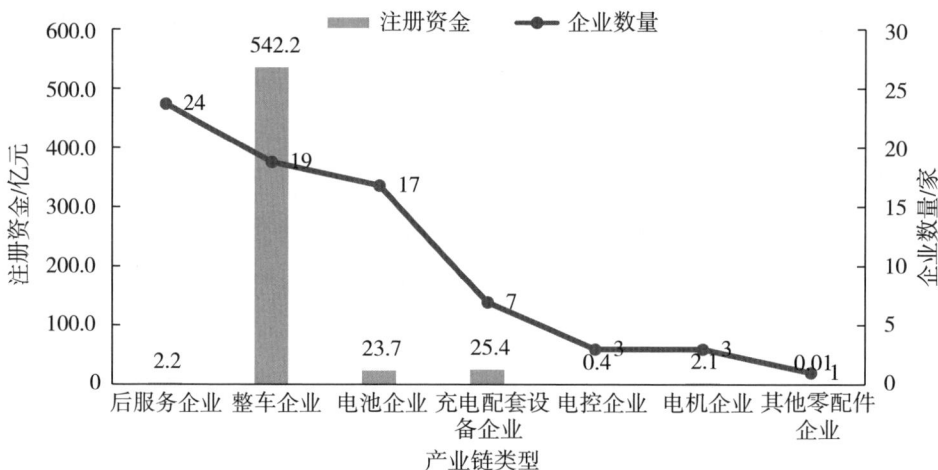

**图45　北京市新能源汽车企业产业链分布情况**

## （三）北京市新能源汽车企业区域分布较为集中

目前，北京市新能源汽车企业主要分布在海淀区、朝阳区和顺义区，企业数量总计40家，占北京市新能源汽车企业总数的54.1%；注册资本总计450.6亿元，占比为75.6%。其中仅顺义区注册资本就达416.5亿元，主要是由于北京现代汽车有限公司和北京汽车集团有限公司两家企业注册资本额较大拉动所致，其注册资本分别为 168.5 亿元和 171.3 亿元（图 46、图 47）。

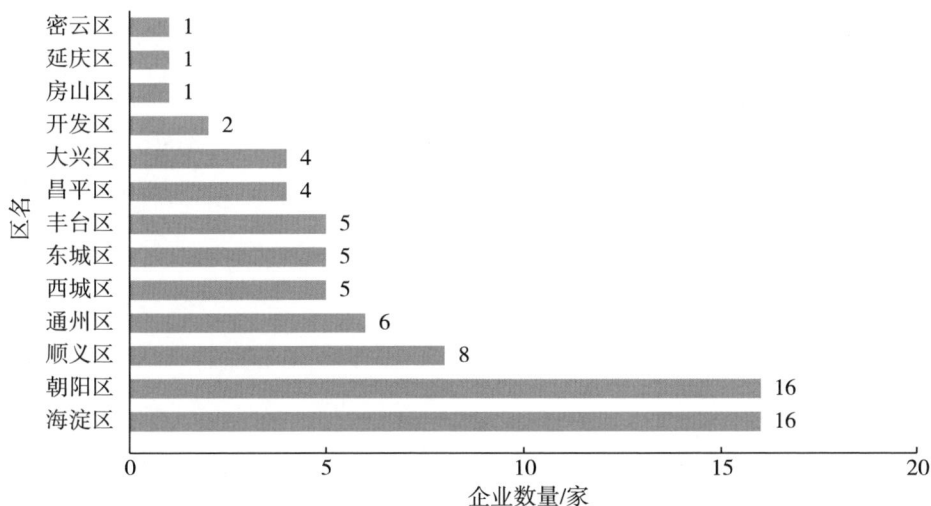

**图 46 北京市新能源汽车企业数量区域分布情况**

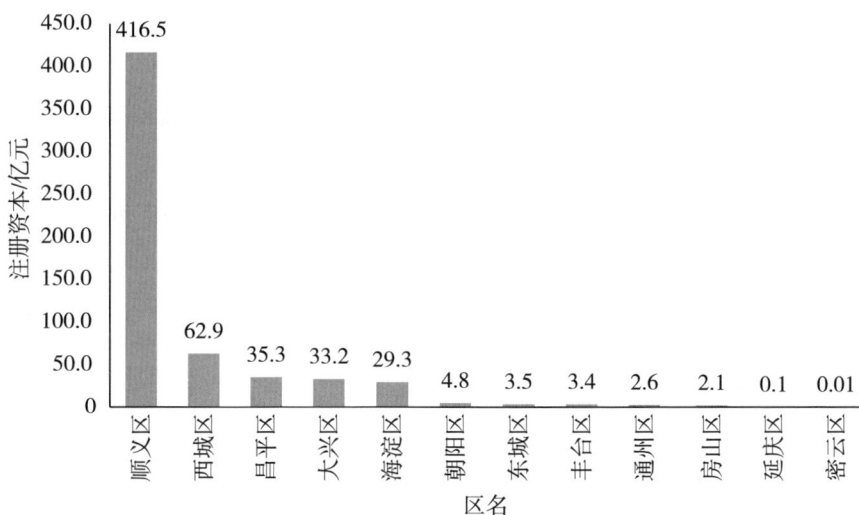

**图 47 北京市新能源汽车企业注册资本区域分布情况**

## 二、北京市新能源汽车产业投资情况

### （一）吸纳资本主要来源于本市，后服务和电池环节为吸纳投资热点

2011—2016 年 10 月，北京市新能源汽车企业共吸纳投资 50 次，吸纳投资总金额累计为 5.1 亿元。其中，2011 年吸纳投资次数和金额均为最多，分别为 16 次和 2.7 亿元，之后均逐年波动递减（图 48）。

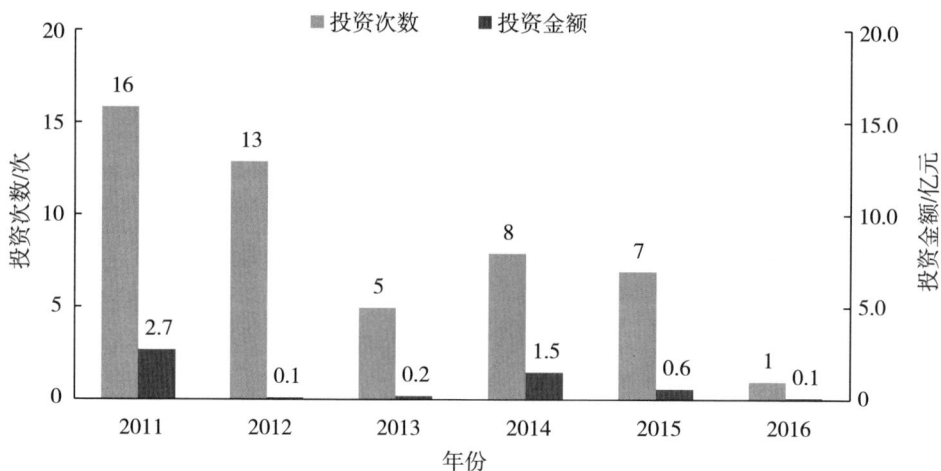

**图 48　2011—2016 年 10 月北京市新能源汽车企业吸纳投资年度变化情况**

从吸纳投资主体来看，2011—2016 年 10 月，北京市新能源汽车企业共吸纳企业投资 31 次，吸纳投资总金额累计 3.5 亿元；吸纳自然人投资 19 次，吸纳投资总金额累计 1.6 亿元（图 49）。

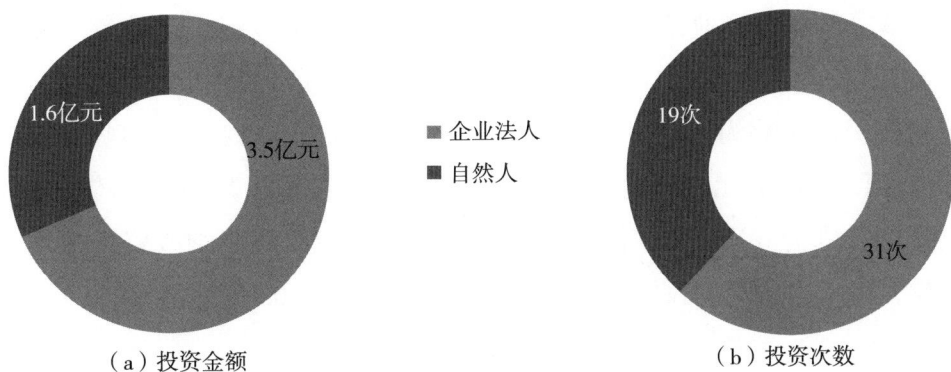

（a）投资金额　　　　　　　（b）投资次数

**图49　北京市新能源汽车企业吸纳投资主体分布情况**

　　从吸纳投资地区分布来看，北京市新能源汽车企业共吸纳本市企业投资 19 次，吸纳投资总金额累计 1.8 亿元，占所有地区投资次数和金额的比重分别为 61.3% 和 51.2%；吸纳其他地区投资 12 次，吸纳投资总金额累计 1.7 亿元（图 50）。

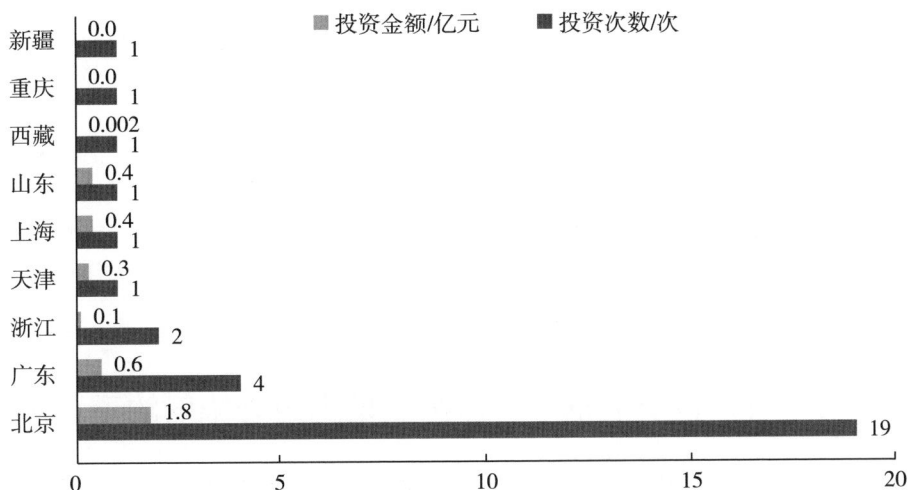

**图50　北京市新能源汽车企业吸纳投资地区分布情况**[①]

———————

① 说明：本图不含自然人投资数据。

从吸纳投资产业链分布来看，后服务企业吸纳投资次数最多，为 16 次，吸纳投资总金额为 1.7 亿元；电池企业吸纳投资金额最多，为 2.2 亿元，吸纳投资总次数为 13 次；整车企业吸纳投资次数为 13 次，但吸纳投资总金额仅 0.02 亿元；充电配套设备企业吸纳的投资次数和金额均居中间位置，分别为 6 次和 0.7 亿元；电机企业和电控企业吸纳投资次数均为最少，为 1 次，吸纳投资总金额分别为 0.4 亿元和 0.1 亿元（图 51）。

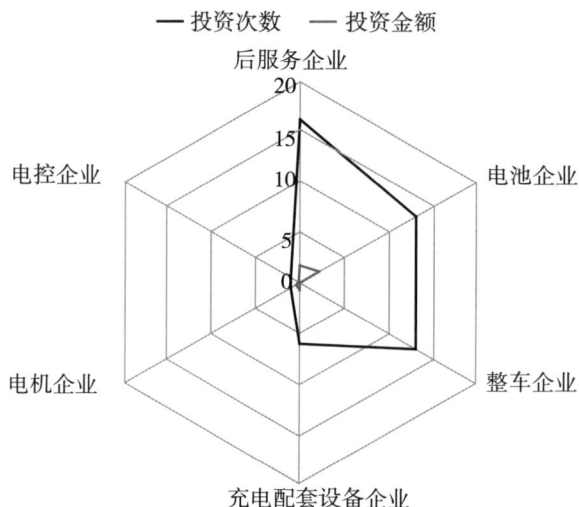

| | 后服务企业 | 电池企业 | 整车企业 | 充电配套设备企业 | 电机企业 | 电控企业 |
|---|---|---|---|---|---|---|
| 投资次数/次 | 16 | 13 | 13 | 6 | 1 | 1 |
| 投资金额/亿元 | 1.70 | 2.20 | 0.02 | 0.70 | 0.40 | 0.10 |

图 51　北京市新能源汽车企业吸纳投资产业链分布情况

## （二）对外投资活跃，苏津沪三地为对外辐射的重点区域

2011—2016 年 10 月，北京市新能源汽车企业累计对外投资 140 次，投资总金额为 177.1 亿元。其中，投资次数逐年递增，至 2016 年 10 月达到 34 次；投资金额波动递增，至 2016 年 10 月达到 63.7 亿元，同比 2015 年全年增长近 1 倍（图 52）。

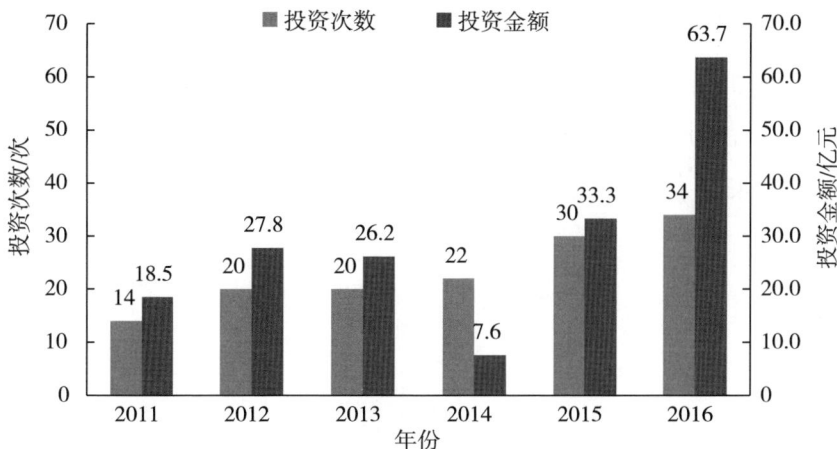

图 52　2011—2016 年 10 月北京市新能源汽车企业对外投资年度变化情况

　　从对外投资地区分布来看，北京市新能源汽车企业对外投资主要集中在北京本市，投资次数为 65 次，占比为 46.4%；投资金额为 87.3 亿元，占比为 49.3%。其他地区中，对江苏、天津、河北、上海、山东和广东的投资次数均超 5 次；对江苏、天津和上海的投资金额均超 10 亿元（图 53）。

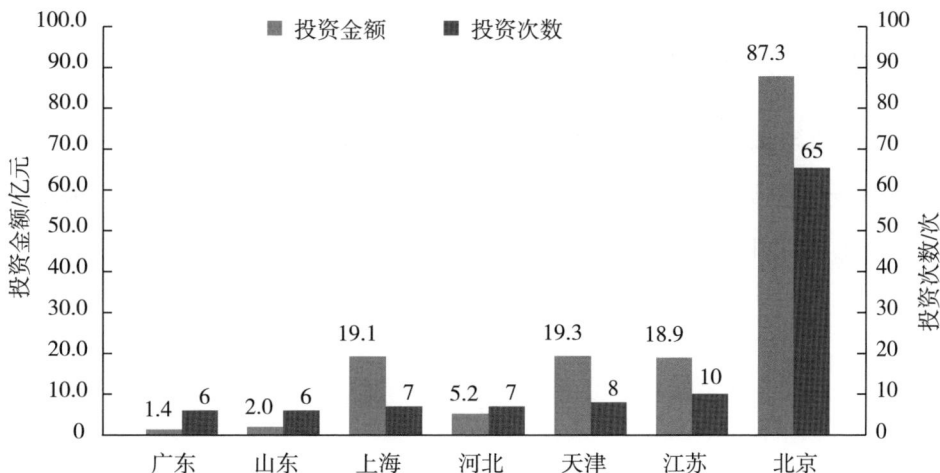

图 53　北京市新能源汽车企业对外投资主要城市分布情况

从产业链环节来看，北京市新能源汽车企业对外投资主体主要集中在整车企业和电池企业，其中整车企业对外投资 74 次，投资总金额为 126.6 亿元，占比分别为 52.9% 和 71.5%；电池企业对外投资 37 次，投资总金额为 43.1 亿元，占比分别为 26.4% 和 24.4%（图 54）。

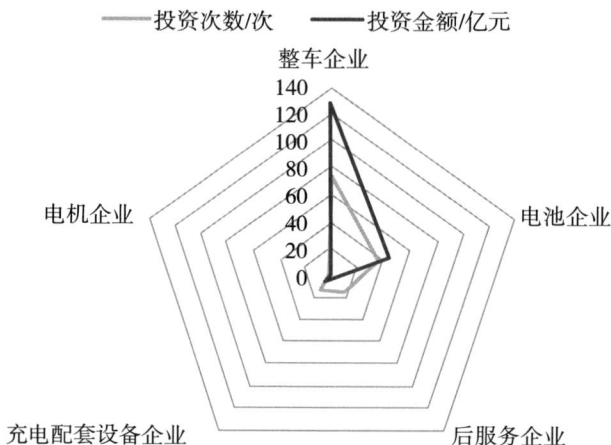

图 54　北京市新能源汽车企业对外投资产业链分布情况

# 三、北京市新能源汽车产业创新情况

## （一）专利情况

### 1. 专利申请和授权数量均居全国前列

2011—2016 年 10 月，北京市新能源汽车企业共申请专利 12 560 件，授权专利 10 574 件，均居全国前列（图 55、图 56）。

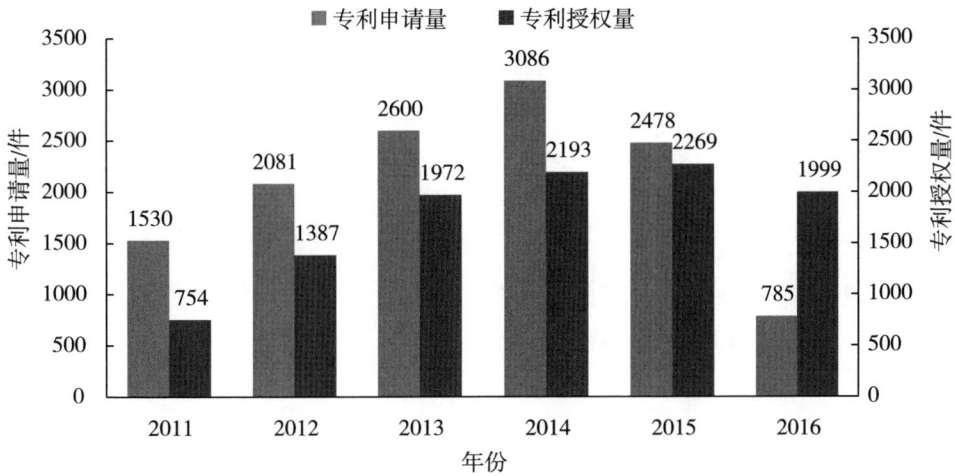

图 55　2011—2016 年 10 月北京市新能源汽车企业专利申请量和授权量分布

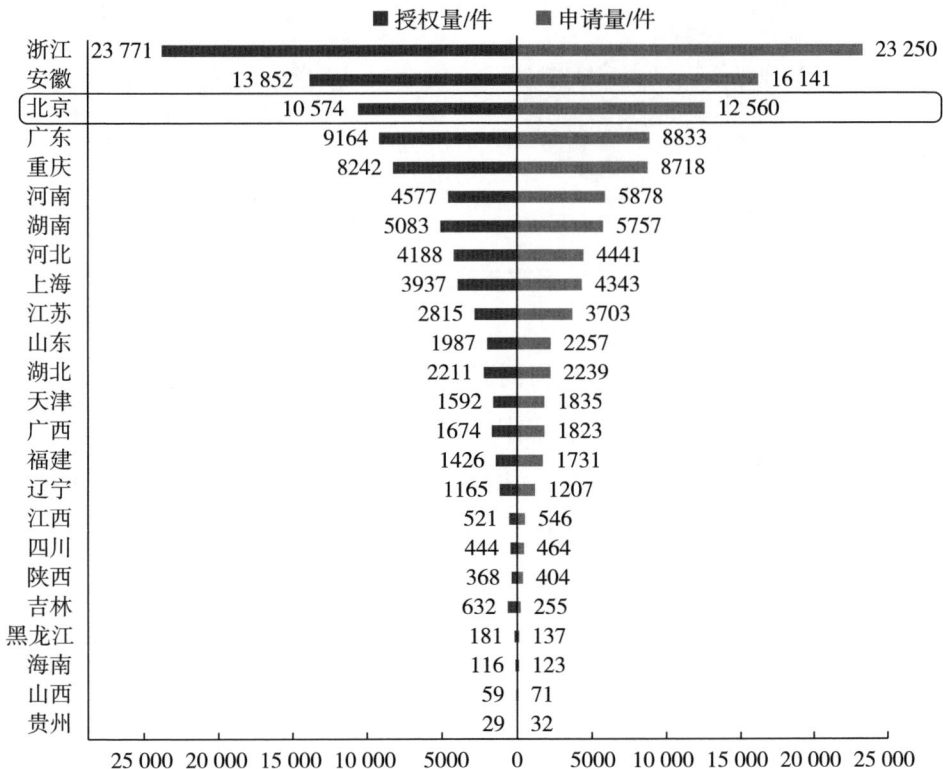

图 56　2011—2016 年 10 月新能源汽车企业专利申请和授权省份分布情况

## 2. 实用新型专利占主导地位

从专利申请类型来看，实用新型专利的申请数量最多，为 7535 件，占比为 60%；其次是发明专利，申请数量为 3576 件，占比为 28%；外观专利申请数量最少，为 1449 件，占比为 12%。从专利授权类型来看，实用新型专利占主导地位，其授权数量为 7895 件，占比为 75%；其次是外观专利，授权数量为 1488 件，占比为 14%；发明授权数量最少，为 1191 件，占比为 11%（图 57）。

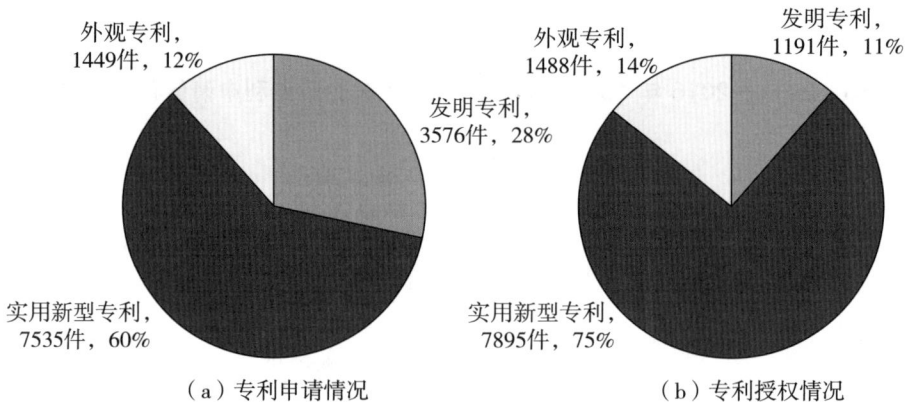

（a）专利申请情况　　　　　　（b）专利授权情况

**图 57　2011—2016 年 10 月北京市新能源汽车企业专利申请和授权类型分布**

## 3. 北汽福田和北汽股份专利创新优势明显

2011—2016 年 10 月，北汽福田汽车股份有限公司的专利申请量和授权量分别为 6093 件和 5197 件，北京汽车股份有限公司的专利申请量和授权量分别为 3628 件和 3387 件，两家企业专利申请和授权的总和分别占北京市新能源汽车企业专利申请总量和授权总量的 77.4% 和 81.2%。

# （二）软件著作权情况

**软件著作权登记数量稳步提升**

2011—2016 年 10 月，北京市新能源汽车企业共登记软件著作权 210

项，其登记数量呈逐年递增态势，2016 年 10 月达到最大值，为 43 项。其中，登记数量在 10 项以上的企业有 9 家，普天新能源有限责任公司的登记数量最多，为 30 项；其他登记数量超过 20 家的企业为北京中瑞蓝科电动汽车技术有限公司和北京汽车股份有限公司，登记数量分别为 24 项和 23 项（图 58）。

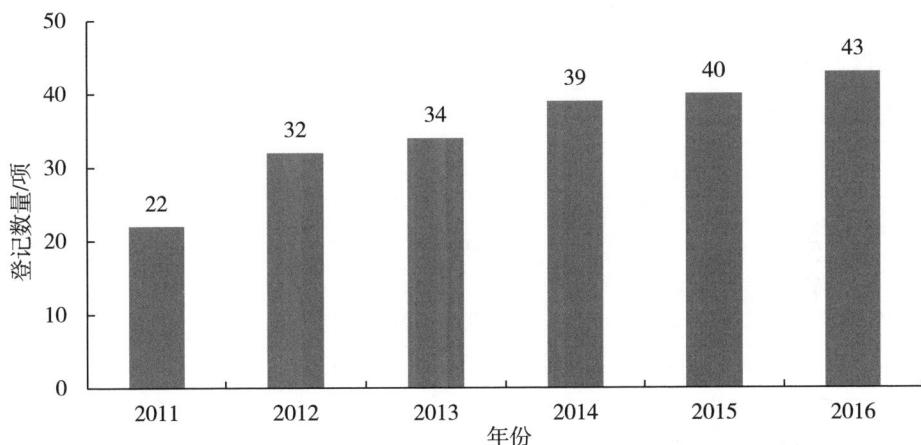

图 58　2011—2016 年 10 月北京市新能源汽车企业软件著作权登记情况

# 四、附录

附表 1　截至 2016 年 10 月北京市新能源汽车企业基本信息

| 企业名称 | 成立日期 | 注册资本 / 亿元 | 产业链类型 |
|---|---|---|---|
| 北京汽车集团有限公司 | 1994 年 6 月 30 日 | 171.30 | 整车企业 |
| 北京现代汽车有限公司 | 2002 年 10 月 16 日 | 168.50 | 整车企业 |
| 北京汽车股份有限公司 | 2010 年 9 月 20 日 | 75.10 | 整车企业 |
| 中国长安汽车集团股份有限公司 | 2005 年 12 月 26 日 | 45.80 | 整车企业 |
| 北汽福田汽车股份有限公司 | 1996 年 8 月 28 日 | 33.40 | 整车企业 |

续表

| 企业名称 | 成立日期 | 注册资本/亿元 | 产业链类型 |
|---|---|---|---|
| 北京新能源汽车股份有限公司 | 2009年10月23日 | 32.00 | 整车企业 |
| 普天新能源有限责任公司 | 2010年10月29日 | 23.80 | 充电配套设备企业 |
| 北京有色金属研究总院 | 1993年3月20日 | 14.00 | 电池企业 |
| 北京首汽（集团）股份有限公司 | 1993年12月14日 | 3.40 | 整车企业 |
| 北京首汽集团公司 | 1994年4月5日 | 3.30 | 整车企业 |
| 华泰汽车集团有限公司 | 2008年5月29日 | 3.00 | 整车企业 |
| 北京国能电池科技有限公司 | 2011年11月14日 | 2.10 | 电池企业 |
| 北京神州巨电新能源技术开发有限公司 | 2007年8月3日 | 2.00 | 电池企业 |
| 大洋电机新动力科技有限公司 | 2009年5月27日 | 1.60 | 电机企业 |
| 北京中瑞蓝科电动汽车技术有限公司 | 2010年7月16日 | 1.40 | 电池企业 |
| 北京长城华冠汽车科技股份有限公司 | 2012年7月9日 | 1.40 | 整车企业 |
| 北京北方华德尼奥普兰客车股份有限公司 | 1998年11月17日 | 1.40 | 整车企业 |
| 精进电动科技（北京）有限公司 | 2008年2月25日 | 1.20 | 电池企业 |
| 北京市京华客车有限责任公司 | 1985年4月1日 | 1.10 | 整车企业 |
| 北京恒誉新能源汽车租赁有限公司 | 2014年6月18日 | 1.00 | 后服务企业 |
| 中信国安盟固利动力科技有限公司 | 2002年5月27日 | 1.00 | 整车企业 |
| 北京华林特装车有限公司 | 1993年10月19日 | 1.00 | 整车企业 |
| 北京普莱德新能源电池科技有限公司 | 2010年4月7日 | 1.00 | 电池企业 |
| 北京华商三优新能源科技有限公司 | 2010年2月8日 | 0.90 | 充电配套设备企业 |
| 北大先行科技产业有限公司 | 1999年12月10日 | 0.80 | 电池企业 |
| 北京天路通科技有限责任公司 | 1995年10月19日 | 0.50 | 整车企业 |

| 企业名称 | 成立日期 | 注册资本/亿元 | 产业链类型 |
|---|---|---|---|
| 有车（北京）新能源汽车租赁有限公司 | 2014年10月15日 | 0.50 | 后服务企业 |
| 北京中华汽车制造有限公司 | 1994年2月22日 | 0.50 | 电池企业 |
| 北京中科绿能科技有限公司 | 2011年8月8日 | 0.50 | 充电配套设备企业 |
| 尼得科（北京）传动技术有限公司 | 2015年5月21日 | 0.40 | 电机企业 |
| 时光科技有限公司 | 2002年3月8日 | 0.30 | 电控企业 |
| 北京友友联创信息技术有限公司 | 2014年3月6日 | 0.20 | 后服务企业 |
| 易卡绿色（北京）汽车租赁有限公司 | 2013年6月14日 | 0.20 | 后服务企业 |
| 北京中纺锐力机电有限公司 | 2004年7月5日 | 0.20 | 电池企业 |
| 北京东方聚合新能源技术有限公司 | 2004年11月2日 | 0.10 | 电池企业 |
| 拓速乐汽车销售（北京）有限公司 | 2012年11月7日 | 0.10 | 充电配套设备企业 |
| 北京盟友聚德商务服务有限公司 | 2008年7月30日 | 0.10 | 后服务企业 |
| 北京华特智控电动汽车技术有限公司 | 2016年4月22日 | 0.10 | 电控企业 |
| 北京安耐祺科技有限公司 | 2008年1月8日 | 0.10 | 电池企业 |
| 安耐信（北京）储能技术有限公司 | 2007年8月29日 | 0.10 | 电池企业 |
| 北京波士顿动力电池有限公司 | 2013年5月20日 | 0.10 | 电池企业 |
| 北京嘉昌机电设备制造有限公司 | 1996年11月1日 | 0.10 | 电机企业 |
| 苏打（北京）交通网络科技有限公司 | 2015年7月23日 | 0.10 | 后服务企业 |
| 北京叮叮宜维汽车租赁有限公司 | 2013年5月16日 | 0.10 | 后服务企业 |
| 北京首汽智行科技有限公司 | 2015年8月25日 | 0.10 | 后服务企业 |
| 北京一度用车信息科技有限公司 | 2015年5月13日 | 0.10 | 后服务企业 |
| 北京启源新能科技有限公司 | 2011年3月25日 | 0.10 | 充电配套设备企业 |

| 企业名称 | 成立日期 | 注册资本 / 亿元 | 产业链类型 |
|---|---|---|---|
| 北京利维能电源设备有限公司 | 2009 年 4 月 13 日 | 0.10 | 电池企业 |
| 北京奥思源科技有限公司 | 2002 年 7 月 23 日 | 0.10 | 充电配套设备企业 |
| 远望创新科技（北京）有限公司 | 2004 年 3 月 5 日 | 0.03 | 电池企业 |
| 北京凯源新能科技有限公司 | 2007 年 9 月 6 日 | 0.02 | 充电配套设备企业 |
| 北京易行绿动信息技术有限公司 | 2006 年 6 月 1 日 | 0.02 | 后服务企业 |
| 北京华特时代电动汽车技术有限公司 | 2014 年 1 月 28 日 | 0.02 | 整车企业 |
| 力柏时代锂动力科技（北京）有限公司 | 2009 年 6 月 10 日 | 0.01 | 其他零配件企业 |
| 北京汽车集团有限公司动力总成分公司 | 2009 年 8 月 6 日 | 0 | 整车企业 |
| 北京汽车集团有限公司越野车分公司 | 2013 年 5 月 29 日 | 0 | 整车企业 |
| 北京祥龙博瑞汽车服务（集团）有限公司八分公司 | 1980 年 12 月 27 日 | 0 | 后服务企业 |
| 北京祥龙博瑞汽车服务（集团）有限公司二分公司 | 2011 年 7 月 20 日 | 0 | 后服务企业 |
| 北京祥龙博瑞汽车服务（集团）有限公司九分公司 | 2011 年 6 月 21 日 | 0 | 后服务企业 |
| 北京祥龙博瑞汽车服务（集团）有限公司六分公司 | 1997 年 3 月 14 日 | 0 | 后服务企业 |
| 北京祥龙博瑞汽车服务（集团）有限公司七分公司 | 2014 年 3 月 24 日 | 0 | 后服务企业 |
| 北京祥龙博瑞汽车服务（集团）有限公司三分公司 | 1981 年 2 月 15 日 | 0 | 后服务企业 |
| 北京祥龙博瑞汽车服务（集团）有限公司五分公司 | 1980 年 7 月 5 日 | 0 | 后服务企业 |

| 企业名称 | 成立日期 | 注册资本/亿元 | 产业链类型 |
|---|---|---|---|
| 北京祥龙博瑞汽车服务（集团）有限公司一分公司 | 1997年3月12日 | 0 | 后服务企业 |
| 北京北汽出租汽车集团有限责任公司旅游客运分公司 | 1998年8月28日 | 0 | 后服务企业 |
| 北京北汽出租汽车集团有限责任公司汽车销售分公司 | 2007年7月24日 | 0 | 后服务企业 |
| 北京北汽出租汽车集团有限责任公司汽车修理分公司 | 1998年8月28日 | 0 | 后服务企业 |
| 北京首汽（集团）股份有限公司第五运营分公司 | 2001年3月26日 | 0 | 整车企业 |
| 美国江森自控国际有限公司北京代表处 | 2005年7月8日 | 未公开 | 电控企业 |
| 韩国LS电缆株式会社北京代表处 | 2003年7月2日 | 未公开 | 后服务企业 |
| 日本洋马能源系统株式会社北京代表处 | 2004年3月22日 | 未公开 | 后服务企业 |
| 日本宇宙能源株式会社北京代表处 | 2001年4月17日 | 未公开 | 后服务企业 |
| 美国先进电池技术集团公司北京代表处 | 1998年11月5日 | 未公开 | 电池企业 |
| 美国先进电池科技公司北京代表处 | 2010年1月14日 | 未公开 | 电池企业 |

**附表2　2011—2016年10月北京市新能源汽车企业吸纳投资地区分布汇总数据**

| | 投资次数/次 | 占比 | 投资金额/亿元 | 占比 |
|---|---|---|---|---|
| 北京 | 19 | 38.0% | 1.800 | 34.7% |
| 广东 | 4 | 8.0% | 0.600 | 10.9% |
| 浙江 | 2 | 4.0% | 0.100 | 1.3% |
| 天津 | 1 | 2.0% | 0.300 | 5.7% |

|  | 投资次数/次 | 占比 | 投资金额/亿元 | 占比 |
|---|---|---|---|---|
| 上海 | 1 | 2.0% | 0.400 | 7.8% |
| 山东 | 1 | 2.0% | 0.400 | 7.8% |
| 西藏 | 1 | 2.0% | 0.002 | 0 |
| 重庆 | 1 | 2.0% | 未公开 | 未公开 |
| 新疆 | 1 | 2.0% | 未公开 | 未公开 |
| 自然人 | 19 | 38.0% | 1.600 | 31.9% |
| 总计 | 50 | 100 | 5.200 | 100 |

**附表3　2011—2016年10月北京市新能源汽车企业对外投资地区分布汇总数据**

| 地区 | 投资次数/次 | 占比 | 投资金额/亿元 | 占比 |
|---|---|---|---|---|
| 北京 | 65 | 46.4% | 87.3 | 49.3% |
| 江苏 | 10 | 7.1% | 18.9 | 10.6% |
| 天津 | 8 | 5.7% | 19.3 | 10.9% |
| 河北 | 7 | 5.0% | 5.2 | 2.9% |
| 上海 | 7 | 5.0% | 19.1 | 10.8% |
| 山东 | 6 | 4.3% | 2.0 | 1.2% |
| 广东 | 6 | 4.3% | 1.4 | 0.8% |
| 重庆 | 4 | 2.9% | 7.0 | 4.0% |
| 四川 | 4 | 2.9% | 0.8 | 0.5% |
| 浙江 | 3 | 2.1% | 2.1 | 1.2% |
| 河南 | 3 | 2.1% | 2.0 | 1.1% |
| 湖北 | 3 | 2.1% | 1.1 | 0.6% |
| 湖南 | 3 | 2.1% | 0.5 | 0.3% |
| 安徽 | 2 | 1.4% | 4.0 | 2.3% |

续表

| 地区 | 投资次数/次 | 占比 | 投资金额/亿元 | 占比 |
|---|---|---|---|---|
| 陕西 | 2 | 1.4% | 0.5 | 0.3% |
| 江西 | 1 | 0.7% | 2.0 | 1.1% |
| 辽宁 | 1 | 0.7% | 1.0 | 0.6% |
| 青海 | 1 | 0.7% | 1.5 | 0.8% |
| 云南 | 1 | 0.7% | 0.7 | 0.4% |
| 海南 | 1 | 0.7% | 0.5 | 0.3% |
| 贵州 | 1 | 0.7% | 0.2 | 0.1% |
| 福建 | 1 | 0.7% | 未公开 | 未公开 |
| 合计 | 140 | 100 | 177.1 | 100 |

**附表4　2011—2016年10月北京市新能源汽车企业专利申请量和授权量汇总数据**
单位：件

| 企业名称 | 专利申请量 | 专利授权量 |
|---|---|---|
| 北汽福田汽车股份有限公司 | 6093 | 5197 |
| 北京汽车股份有限公司 | 3628 | 3387 |
| 北京有色金属研究总院 | 956 | 743 |
| 北京新能源汽车股份有限公司 | 709 | 287 |
| 北京长城华冠汽车科技股份有限公司 | 283 | 171 |
| 大洋电机新动力科技有限公司 | 152 | 146 |
| 普天新能源有限责任公司 | 106 | 83 |
| 北京现代汽车有限公司 | 80 | 74 |
| 北京普莱德新能源电池科技有限公司 | 61 | 52 |
| 中信国安盟固利动力科技有限公司 | 61 | 45 |
| 北京华商三优新能源科技有限公司 | 58 | 54 |
| 北京中纺锐力机电有限公司 | 48 | 58 |

续表

| 企业名称 | 专利申请量 | 专利授权量 |
|---|---|---|
| 北京中瑞蓝科电动汽车技术有限公司 | 42 | 32 |
| 精进电动科技（北京）有限公司 | 42 | 40 |
| 北大先行科技产业有限公司 | 35 | 17 |
| 北京汽车集团有限公司 | 31 | 31 |
| 北京波士顿动力电池有限公司 | 30 | 25 |
| 北京北方华德尼奥普兰客车股份有限公司 | 28 | 25 |
| 北京华林特装车有限公司 | 25 | 25 |
| 北京国能电池科技有限公司 | 20 | 8 |
| 北京华特时代电动汽车技术有限公司 | 18 | 13 |
| 北京天路通科技有限责任公司 | 11 | 10 |
| 北京嘉昌机电设备制造有限公司 | 10 | 11 |
| 北京利维能电源设备有限公司 | 9 | 9 |
| 北京神州巨电新能源技术开发有限公司 | 5 | 5 |
| 时光科技有限公司 | 5 | 4 |
| 北京奥思源科技有限公司 | 4 | 5 |
| 北京凯源新能科技有限公司 | 2 | 2 |
| 北京启源新能科技有限公司 | 2 | 1 |
| 力柏时代锂动力科技（北京）有限公司 | 2 | 9 |
| 尼得科（北京）传动技术有限公司 | 2 | 3 |
| 有车（北京）新能源汽车租赁有限公司 | 1 | 1 |
| 易卡绿色（北京）汽车租赁有限公司 | 1 | 0 |
| 安耐信（北京）储能技术有限公司 | 0 | 1 |
| 总计 | 12 560 | 10 574 |

**附表 5　2011—2016 年 10 月北京市新能源汽车企业软件著作权登记量汇总数据**

单位：项

| 企业名称 | 登记数量 |
| --- | --- |
| 普天新能源有限责任公司 | 30 |
| 北京中瑞蓝科电动汽车技术有限公司 | 24 |
| 北京汽车股份有限公司 | 23 |
| 北京凯源新能科技有限公司 | 13 |
| 北汽福田汽车股份有限公司 | 13 |
| 北京启源新能科技有限公司 | 12 |
| 时光科技有限公司 | 12 |
| 北京长城华冠汽车科技股份有限公司 | 11 |
| 北京神州巨电新能源技术开发有限公司 | 10 |
| 苏打（北京）交通网络科技有限公司 | 8 |
| 北京一度用车信息科技有限公司 | 7 |
| 北京奥思源科技有限公司 | 6 |
| 北京首汽智行科技有限公司 | 6 |
| 有车（北京）新能源汽车租赁有限公司 | 6 |
| 北京华商三优新能源科技有限公司 | 5 |
| 北京嘉昌机电设备制造有限公司 | 5 |
| 北京利维能电源设备有限公司 | 5 |
| 精进电动科技（北京）有限公司 | 4 |
| 北京普莱德新能源电池科技有限公司 | 3 |
| 北京新能源汽车股份有限公司 | 3 |
| 北京汽车集团有限公司 | 1 |
| 北京友友联创信息技术有限公司 | 1 |
| 北京有色金属研究总院 | 1 |
| 易卡绿色（北京）汽车租赁有限公司 | 1 |
| 总计 | 210 |

# 上海市新能源汽车产业分析

## 【主要分析结论】

● **新能源汽车产业规模保持平稳增长**。截至 2016 年 10 月，上海市新能源汽车企业共计 53 家，注册资本总额达 396.9 亿元，新能源汽车产业规模保持平稳发展态势。

● **电控企业规模位居全国之首**。截至 2016 年 10 月，全国新能源汽车企业中电控企业数量为 36 家，注册资本总额为 36.0 亿元。其中，上海市电控企业数量为 10 家，占比为 27.8%；注册资本总额为 23.3 亿元，占比为 64.7%，电控企业数量和注册资本均居全国首位。

● **新能源汽车产业投资以本市互投为主**。截至 2016 年 10 月，上海市新能源汽车企业共吸纳本市投资 7 次和 7.7 亿元，占吸纳投资总次数和总金额的 41.2% 和 86.9%；投向本市企业 14 次，投资金额 131.2 亿元，占上海市新能源汽车企业对外投资总次数和总金额的 46.7% 和 92.1%。

● **产业创新势头强劲，上汽成为创新龙头**。2011—2016 年 10 月，上海市新能源汽车企业获得专利授权 979 件，是 2011 年专利授权数量的 2 倍；登记软件著作权 41 项，是 2012 年登记数量的近 6 倍。其中，上海汽车集团股份有限公司专利申请和授权数量分别达 1743 件和 1648 件，软件著作权登记量高达 65 项，均居全市首位。

# 一、上海市新能源汽车产业基本情况

## （一）上海市新能源汽车产业规模保持平稳增长

截至 2016 年 10 月，上海市新能源汽车企业共计 53 家，注册资本总额达 396.9 亿元，占全国新能源汽车企业数量和注册资本总额的比重分别为 8.1% 和 12.2%。2011—2016 年 10 月新能源汽车领域新增企业共 9 家，新增企业注册资本总额达 8.9 亿元（表 6、图 59）。

表 6　上海市新能源汽车产业对比全国基本情况

| 产业 | 企业数量 / 家 | 注册资本 / 亿元 |
| --- | --- | --- |
| 上海市新能源汽车产业 | 53 | 396.9 |
| 全国新能源汽车产业 | 658 | 3244.3 |

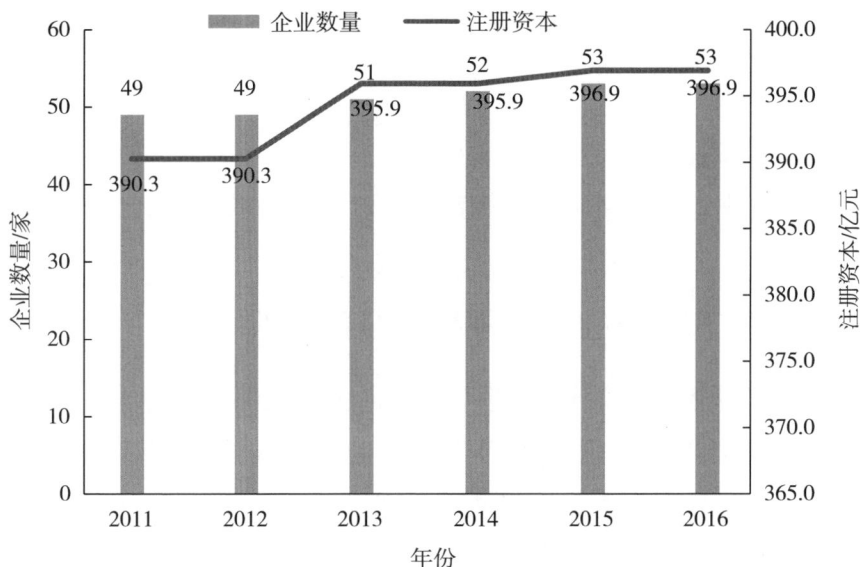

图 59　2011—2016 年 10 月上海市新能源汽车企业数量及注册资本情况

上海市新能源汽车产业以老牌大型车企为支柱。截至 2016 年 10 月，注册资本较高的企业主要集中在 2000 年以前，主要包括上汽大众汽车有限公司（注册资本为 126.7 亿元）、上海汽车集团股份有限公司（注册资本为 110.3 亿元）、上汽通用汽车有限公司（注册资本为 89.8 亿元）等老牌大型车企，而 2000 年后成立的新能源汽车企业多为中小型企业（图 60）。

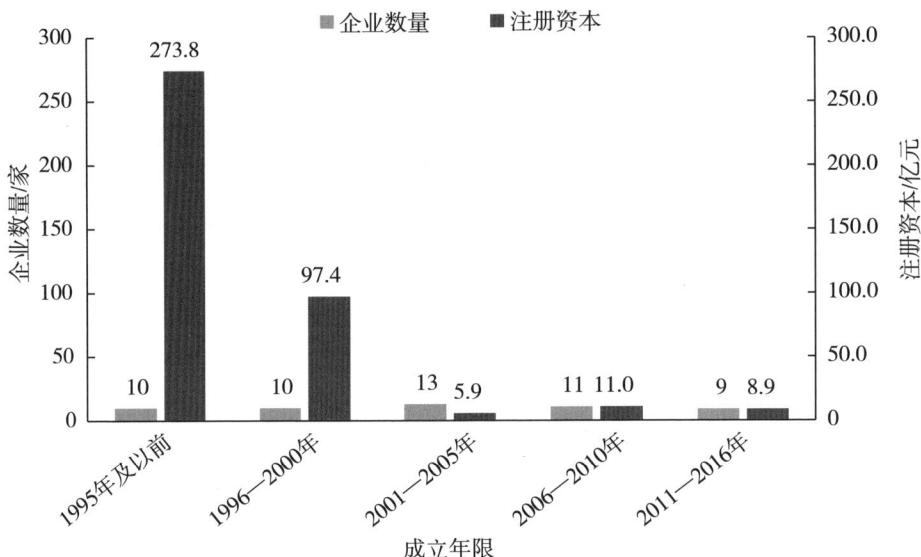

图 60　截至 2016 年 10 月上海市新能源汽车企业成立时间分布情况

## （二）上海市电控企业规模居全国之首

从产业链来看，上海市新能源汽车企业产业链相对完整，以电池、整车、电控企业为主，这三大产业环节企业总数量为 38 家，注册资本为 374.2 亿元，分别占上海市新能源汽车总数量及注册资本的 71.7% 和 94.3%。尤其是电控企业数量和注册资本均居全国首位，电控产业环节比较优势突出（图 61、图 62）。

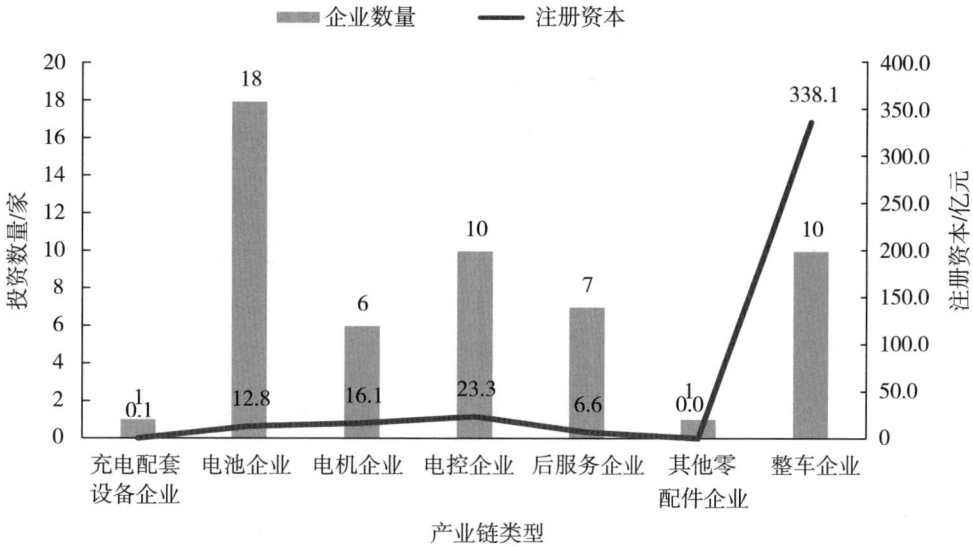

图 61  截至 2016 年 10 月上海市新能源汽车企业数量注册资本产业链分布情况

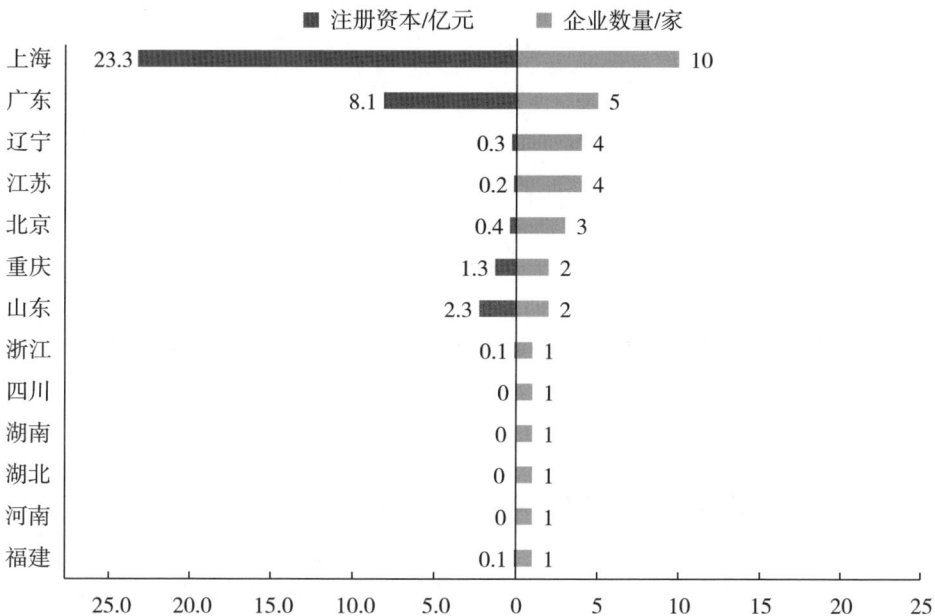

图 62  截至 2016 年 10 月全国电控企业数量及注册资本省份分布情况

注：注册资本为 0 的为代表处或分公司。

## （三）上海市新能源汽车企业集中分布在浦东和嘉定两区

截至 2016 年 10 月，上海市新能源汽车企业主要集中在浦东新区和嘉定区，企业数量为 28 家，占比为 52.8%，注册资本为 378.1 亿元，占比为 95.3%。其中，浦东新区注册资本金额最高，达 237.3 亿元，占比为 59.8%。嘉定区企业数量最多，达 16 家，占比为 30.2%（图 63）。

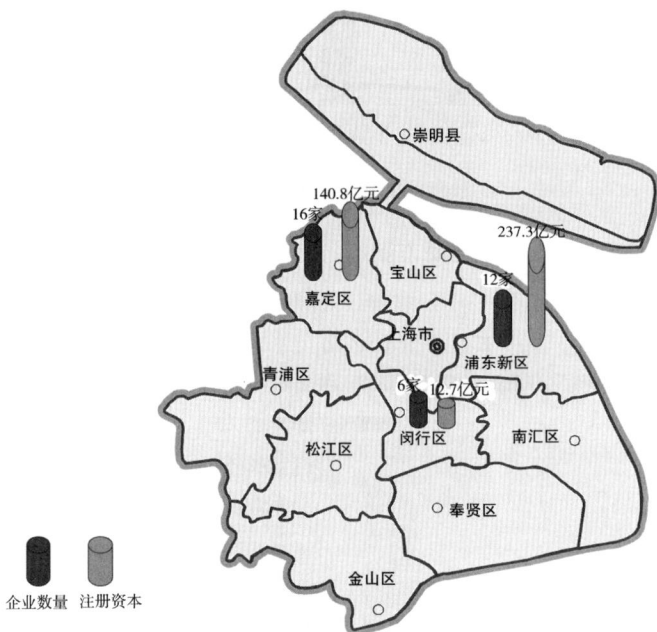

**图 63　上海市新能源汽车企业数量及注册资本 Top3 区域分布情况**

# 二、上海市新能源汽车产业投资情况

## （一）吸纳投资集中来源于本市，后服务环节为吸纳投资热点

2011—2016 年 10 月，上海市新能源汽车企业共吸纳投资 17 次，吸

纳投资金额 8.9 亿元。吸纳投资来自上海、北京、贵州及自然人。其中，吸纳上海本市投资次数和金额均最高，分别为 7 次、7.7 亿元，占比为上海市吸纳投资总次数和总金额的 41.2% 和 86.5%（图 64）。

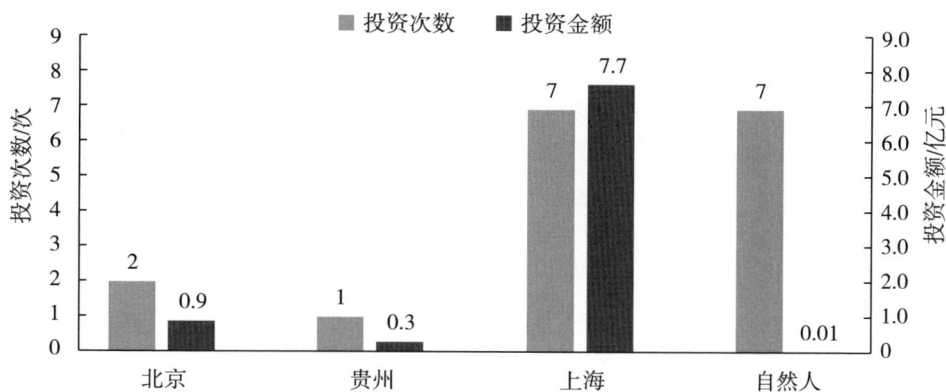

**图 64　2011—2016 年 10 月上海市新能源汽车企业吸纳投资地区分布情况**

从产业链来看，电控企业吸纳投资次数最多为 6 次，占比为 35.3%。后服务企业近年来吸纳投资金额最高，为 6.63 亿元，占比为 74.5%（图 65）。

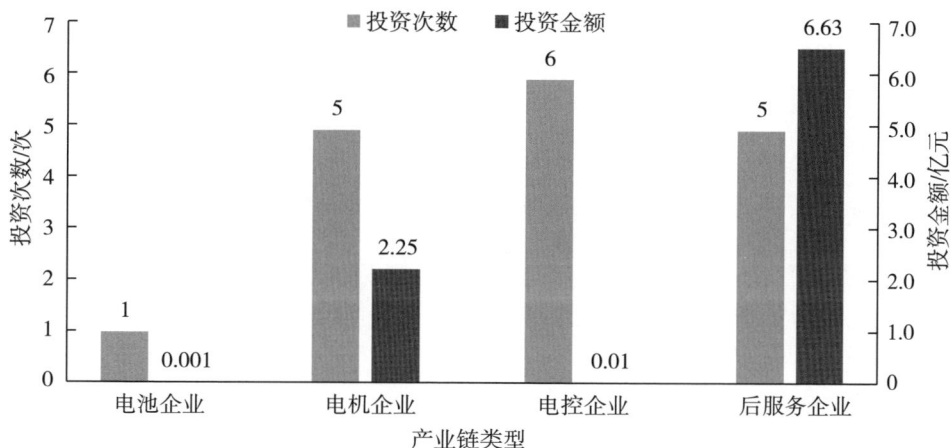

**图 65　2011—2016 年 10 月上海市新能源汽车企业产业链接受投资类型情况**

## （二）浦东新区和闵行区新能源汽车企业对外投资活跃

2011—2016 年 10 月，上海市新能源汽车企业对外投资 30 次，投资金额 142.6 亿元。其中，2011 年投资额最高为 71.8 亿元；2015 年对外投资最频繁，投资 8 次（图 66）。

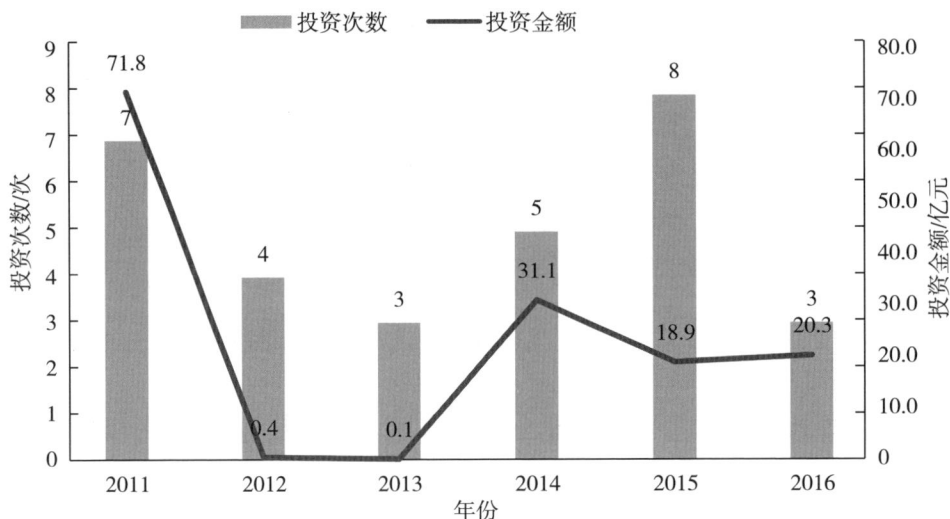

图 66　2011—2016 年 10 月上海市新能源汽车企对外投资情况

2011—2016 年 10 月，上海市新能源汽车企业对外投资主要集中在浦东新区和闵行区，对外投资共 21 次，投资金额 133.2 亿元。其中，浦东新区对外投资次数及金额均为最高，分别为 13 次和 132.8 亿元，占比为上海市新能源汽车企业对外投资次数和金额的 43.3% 和 93.1%（图 67）。

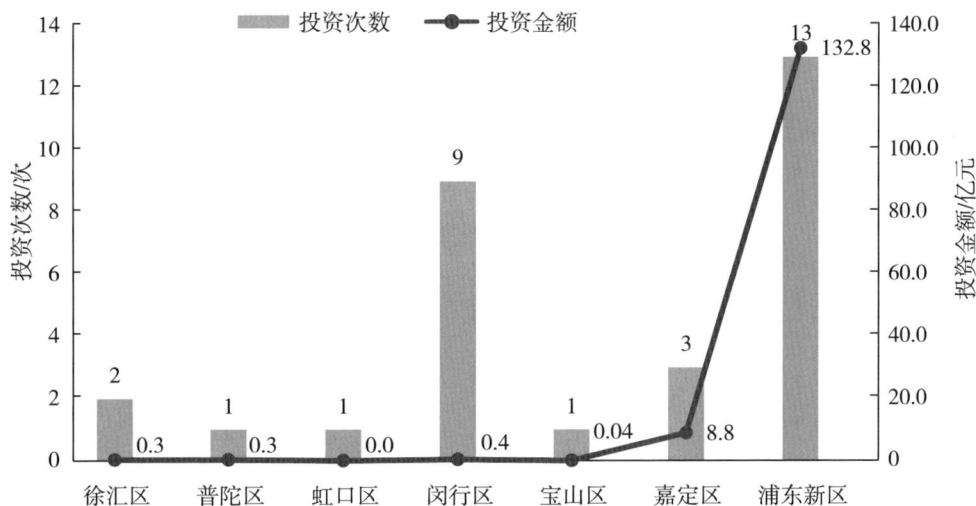

图 67　2011—2016 年 10 月上海市各区新能源汽车企业对外投资情况

2011—2016 年 10 月，上海市新能源汽车企业对外投资主要投向本市企业，投资共 14 次，投资金额 131.2 亿元，占比为上海市新能源汽车企业对外投资总次数的 46.7%，总投资金额的 92.1%。对其他各省投资额均小于 1 亿元（图 68）。

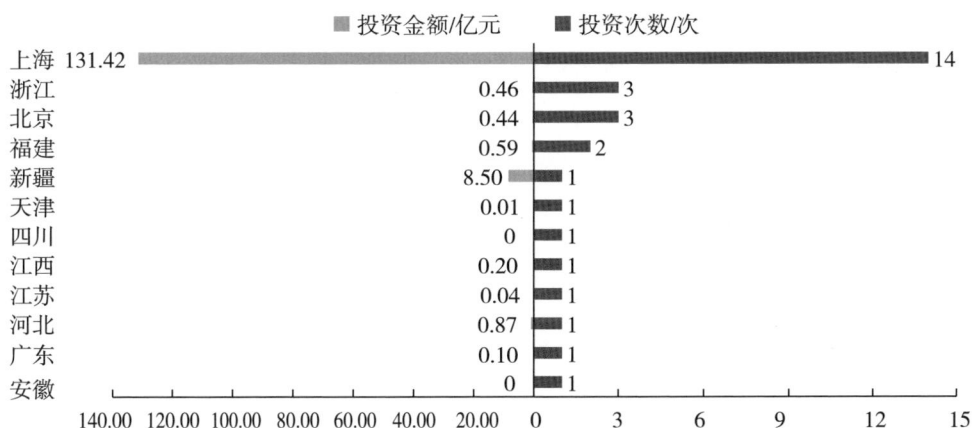

图 68　2011—2016 年 10 月上海市新能源汽车企业对外投资省份分布情况

从产业链环节来看，上海市新能源汽车企业对外投资主要以整车企业为主，投资额达 140.2 亿元，占比为 98.3%；投资次数 12 次，占比为40.0%（图 69）。

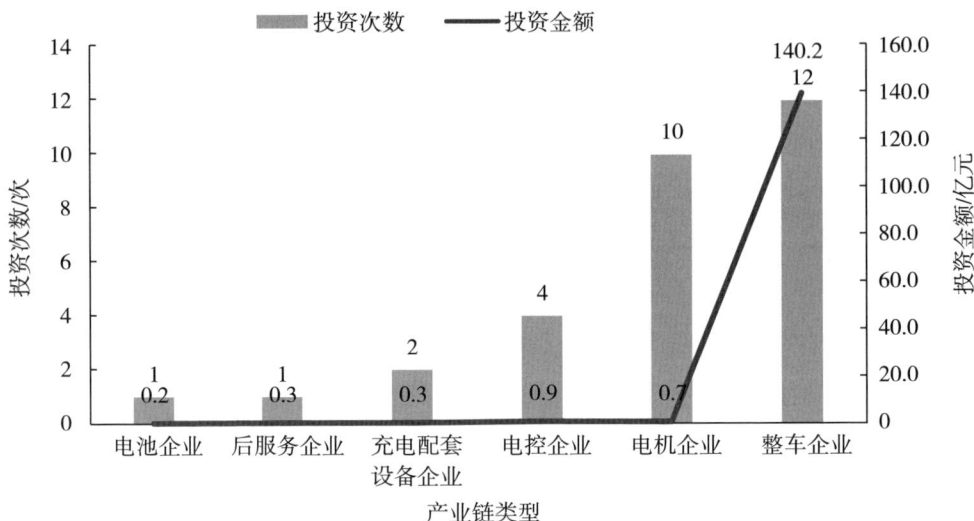

图 69　2011—2016 年 10 月上海市新能源汽车企业对外投资产业链分布情况

# 三、上海市新能源汽车产业创新情况

## （一）专利情况

### 1. 专利授权量增长迅速

2011—2016 年 10 月，上海市新能源汽车企业专利申请和授权数量分别为 4343 件和 3937 件。尤其 2016 年 1—10 月专利授权量达 979 件，超过 2015 年全年水平，但申请量出现大幅下滑，仅为 261 件（图 70）。

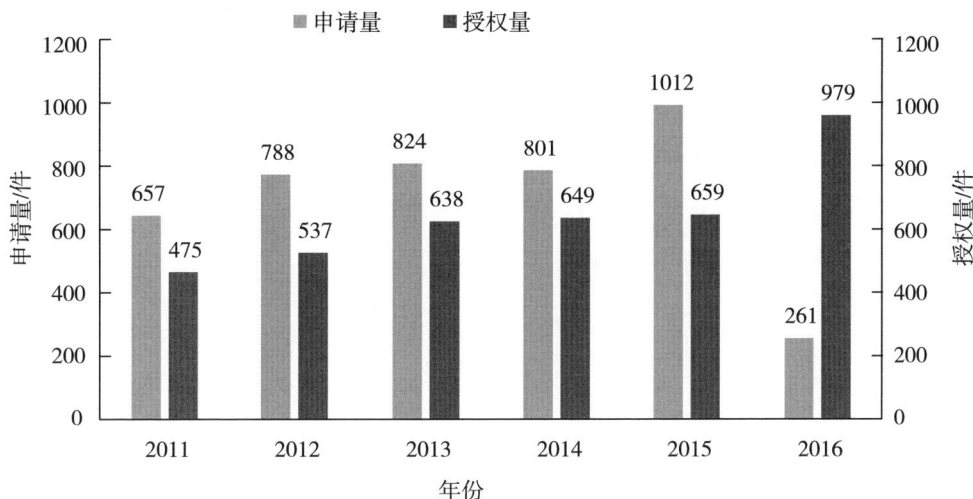

图 70　2011—2016 年 10 月上海市新能源汽车企业对专利申请和授权情况

## 2. 专利类型以实用新型专利为主

从专利类型来看，实用新型专利均占主导地位，其中申请数量为 2344 件，占比为 54%；授权量为 2615 件，占比为 66%。其次是发明专利，申请量为 1388 件，占比为 32%；授权量为 641 件，占比为 16%（图 71）。

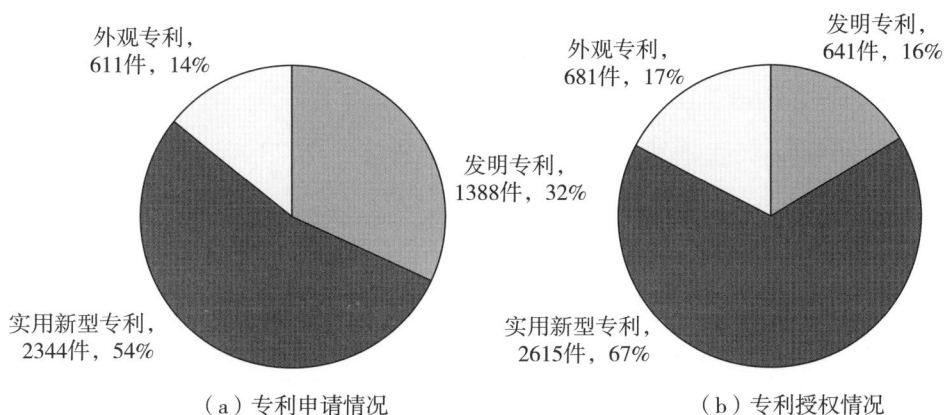

（a）专利申请情况　　　　　　　（b）专利授权情况

图 71　2011—2016 年 10 月上海市新能源汽车企业专利申请和授权类型分布情况

## （二）软件著作权情况

### 1. 软件著作权登记量迅速增长

2011—2016 年 10 月，上海市新能源汽车企业软件著作权登记数量 122 项。尤其 2016 年 1—10 月软件著作权登记数量已达 41 项，超过 2015 年全年登记总量，是 2011 年登记数量的近 4 倍（图 72）。

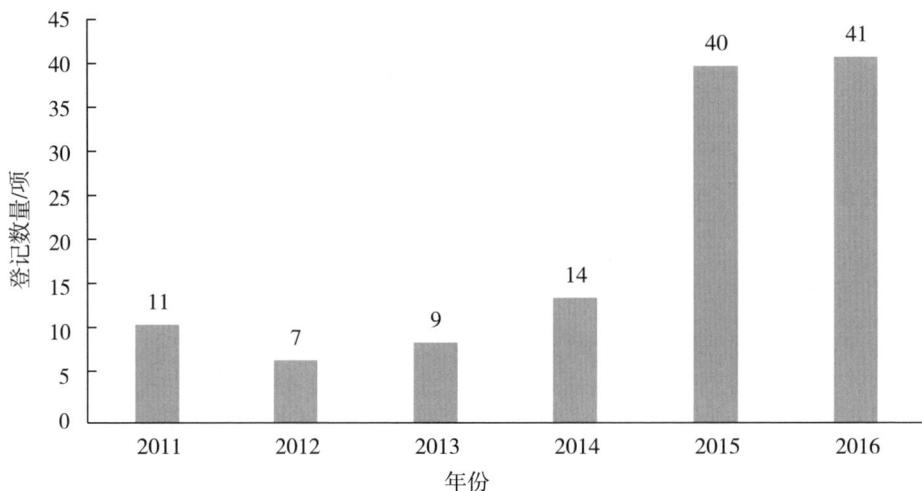

图 72　2011—2016 年 10 月上海市新能源汽车企业软件著作权登记情况

### 2. 上汽集团软件著作权登记量居上海市之首

2011—2016 年 10 月，上海汽车集团股份有限公司软件著作权登记数量达 65 项，居上海市新能源汽车企业之首（图 73）。

| 上海汽车集团股份有限公司 | 65项 |
|---|---|
| 上海赛可电子商务有限公司 | 13项 |
| 上海埃士工业科技有限公司 | 9项 |
| 上汽通用汽车有限公司 | 8项 |
| 上海大郡动力控制技术有限公司 | 7项 |
| 上海鼎研智能科技有限公司 | 6项 |
| 上汽大众汽车有限公司 | 4项 |
| 华域汽车电动系统有限公司 | 3项 |
| 上海申龙客车有限公司 | 2项 |
| 上海航天电源技术有限责任公司 | 2项 |
| 复盛实业（上海）有限公司 | 2项 |
| 上海燃料电池汽车动力系统有限公司 | 1项 |

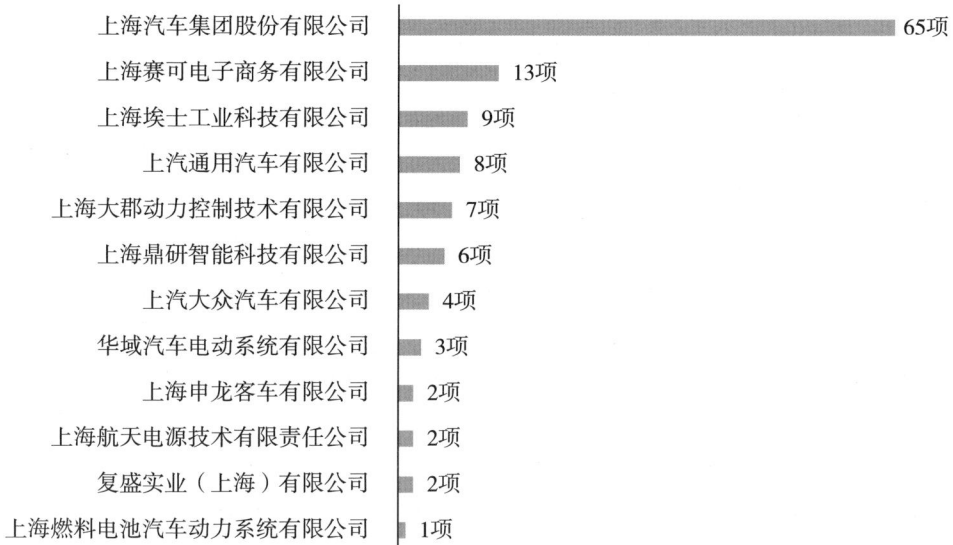

**图 73　2011—2016 年 10 月上海市新能源汽车各企业软件著作权登记情况**

# 四、附录

附表 1　截至 2016 年 10 月上海市新能源汽车企业基本信息

| 企业名称 | 成立日期 | 注册资本/万元 | 产业链类型 |
|---|---|---|---|
| 上汽大众汽车有限公司 | 1985 年 2 月 16 日 | 1 267 066.7 | 整车企业 |
| 上海汽车集团股份有限公司 | 1984 年 4 月 16 日 | 1 102 556.7 | 整车企业 |
| 上汽通用汽车有限公司 | 1997 年 5 月 16 日 | 898 066.9 | 整车企业 |
| 上海日立电器有限公司 | 1993 年 1 月 30 日 | 205 599.1 | 电控企业 |
| 上海海立（集团）股份有限公司 | 1993 年 3 月 26 日 | 106 441.0 | 电机企业 |
| 上海赛可电子商务有限公司 | 2013 年 12 月 3 日 | 50 000.0 | 后服务企业 |
| 上海申沃客车有限公司 | 2000 年 8 月 8 日 | 44 891.9 | 整车企业 |
| 上海航天电源技术有限责任公司 | 2009 年 2 月 24 日 | 36 483.4 | 电池企业 |
| 上海申龙客车有限公司 | 2001 年 4 月 13 日 | 30 000.0 | 整车企业 |
| 上海江森自控国际蓄电池有限公司 | 1995 年 11 月 24 日 | 29 097.1 | 电池企业 |

| 企业名称 | 成立日期 | 注册资本/万元 | 产业链类型 |
| --- | --- | --- | --- |
| 华域汽车电动系统有限公司 | 2011 年 3 月 10 日 | 17 500.0 | 电机企业 |
| 上海贯裕能源科技有限公司 | 2007 年 3 月 12 日 | 17 302.2 | 电池企业 |
| 复盛实业（上海）有限公司 | 1995 年 1 月 16 日 | 16 882.1 | 电机企业 |
| 上海雷博新能源汽车技术有限公司 | 2007 年 8 月 10 日 | 15 000.0 | 整车企业 |
| 上海日用—友捷汽车电气有限公司 | 1998 年 4 月 1 日 | 14 074.6 | 整车企业 |
| 上海捷新动力电池系统有限公司 | 2010 年 4 月 29 日 | 10 300.0 | 电池企业 |
| 上海赛可汽车租赁有限公司 | 2015 年 2 月 27 日 | 10 000.0 | 后服务企业 |
| 上海中科深江电动车辆有限公司 | 2009 年 7 月 2 日 | 9374.0 | 电控企业 |
| 上海恒动汽车电池有限公司 | 2010 年 1 月 8 日 | 8425.0 | 电池企业 |
| 上海万象汽车制造有限公司 | 1985 年 8 月 29 日 | 8100.0 | 整车企业 |
| 上海大郡动力控制技术有限公司 | 2005 年 11 月 11 日 | 7680.7 | 电机企业 |
| 上海电驱动股份有限公司 | 2008 年 7 月 8 日 | 7541.1 | 电机企业 |
| 上海雷博司电气股份有限公司 | 2004 年 1 月 12 日 | 7500.0 | 电控企业 |
| 泰科电子（上海）有限公司 | 1998 年 9 月 10 日 | 6706.0 | 电控企业 |
| 上海国际汽车城新能源汽车运营服务有限公司 | 2013 年 7 月 26 日 | 6300.0 | 后服务企业 |
| 上海奥威科技开发有限公司 | 1998 年 4 月 1 日 | 6000.0 | 电池企业 |
| 上海大郡驱动系统有限公司 | 2011 年 11 月 21 日 | 5000.0 | 电机企业 |
| 上海燃料电池汽车动力系统有限公司 | 2001 年 12 月 14 日 | 4705.0 | 电池企业 |
| 上海索锂科技股份有限公司 | 2001 年 6 月 4 日 | 4200.0 | 电池企业 |
| 上海神力科技有限公司 | 1998 年 6 月 25 日 | 3673.1 | 电池企业 |
| 上海万宏动力能源有限公司 | 2006 年 8 月 7 日 | 2500.0 | 电池企业 |
| 上海鼎研智能科技有限公司 | 2010 年 5 月 20 日 | 2200.0 | 电池企业 |
| 上海三玖电气设备有限公司 | 2004 年 10 月 26 日 | 1787.7 | 电池企业 |
| 上海康丘乐电子电器科技有限公司 | 2003 年 1 月 2 日 | 1500.0 | 电控企业 |
| 上海鹰峰电子科技有限公司 | 2003 年 9 月 2 日 | 1434.8 | 电控企业 |
| 上海电车厂 | 1993 年 10 月 26 日 | 945.4 | 整车企业 |
| 上海海宝特种电源有限公司 | 1993 年 5 月 26 日 | 600.0 | 电池企业 |

| 企业名称 | 成立日期 | 注册资本/万元 | 产业链类型 |
|---|---|---|---|
| 上海埃士工业科技有限公司 | 2006 年 11 月 24 日 | 551.7 | 充电配套设备企业 |
| 莱茵技术（上海）有限公司 | 1995 年 8 月 28 日 | 415.4 | 电池企业 |
| 攸质能科技（上海）有限公司 | 2005 年 2 月 5 日 | 165.5 | 电控企业 |
| 上海西埃电器有限公司 | 1998 年 3 月 16 日 | 156.0 | 电控企业 |
| 上海立凯电控科技有限公司 | 2011 年 10 月 17 日 | 100.0 | 电控企业 |
| 上海奕代汽车技术有限公司 | 2004 年 1 月 6 日 | 100.0 | 整车企业 |
| 上海鼎昌科技有限公司 | 2011 年 1 月 18 日 | 10.0 | 电池企业 |
| 美国江森自控有限公司上海代表处 | 1998 年 8 月 3 日 | 0 | 电控企业 |
| 美国帕瓦（强能）电池公司上海代表处 | 2001 年 8 月 23 日 | 0 | 电池企业 |
| 上海捷新动力电池系统有限公司塔山路分公司 | 2011 年 3 月 18 日 | 0 | 电池企业 |
| 韩国 LS 产电株式会社上海代表处 | 2001 年 3 月 12 日 | 0 | 后服务企业 |
| 韩国 LS 电缆株式会社上海代表处 | 2003 年 7 月 31 日 | 0 | 后服务企业 |
| 日本矢崎能源系统株式会社上海代表处 | 2014 年 11 月 5 日 | 0 | 其他零配件企业 |
| 日本宇宙能源株式会社上海代表处 | 2006 年 10 月 24 日 | 0 | 后服务企业 |
| 日立（中国）有限公司上海分公司 | 1997 年 2 月 13 日 | 0 | 后服务企业 |
| 美国伊顿公司上海代表处 | 1996 年 1 月 31 日 | 0 | 电池企业 |

**附表 2  2011—2016 年 10 月上海市新能源汽车企业吸纳投资地区分布汇总数据**

| | 投资次数/次 | 占比 | 投资金额/万元 | 占比 |
|---|---|---|---|---|
| 上海 | 7 | 41.2% | 77 300.0 | 86.9% |
| 北京 | 2 | 11.8% | 8700.0 | 9.8% |
| 贵州 | 1 | 5.9% | 2800.0 | 3.1% |
| 自然人 | 7 | 41.2% | 110.0 | 0.1% |
| 总计 | 17 | 100.0% | 88 910.0 | 100.0% |

附表3　2011—2016 年 10 月上海市新能源汽车企业对外投资地区分布汇总数据

| 省份 | 投资次数 / 次 | 占比 | 投资金额 / 万元 | 占比 |
|---|---|---|---|---|
| 上海 | 14 | 46.7% | 1 314 244.9 | 92.1% |
| 北京 | 3 | 10.0% | 4390.0 | 0.3% |
| 浙江 | 3 | 10.0% | 4600.0 | 0.3% |
| 福建 | 2 | 6.7% | 5900.0 | 0.4% |
| 安徽 | 1 | 3.3% | 0 | 0 |
| 广东 | 1 | 3.3% | 1000.0 | 0.1% |
| 河北 | 1 | 3.3% | 8670.0 | 0.6% |
| 江苏 | 1 | 3.3% | 400.0 | 0 |
| 江西 | 1 | 3.3% | 2000.0 | 0.1% |
| 四川 | 1 | 3.3% | 0 | 0 |
| 天津 | 1 | 3.3% | 50.0 | 0 |
| 新疆 | 1 | 3.3% | 85 000.0 | 6.0% |
| 总计 | 30 | 100.0% | 1 426 254.9 | 100.0% |

附表4　2011—2016 年 10 月上海市新能源汽车企业专利申请量和授权量汇总数据

单位：件

| 企业名称 | 申请量 | 授权量 |
|---|---|---|
| 上海汽车集团股份有限公司 | 1743 | 1648 |
| 泰科电子（上海）有限公司 | 781 | 709 |
| 上汽通用汽车有限公司 | 344 | 296 |
| 上海日立电器有限公司 | 300 | 273 |
| 上海中科深江电动车辆有限公司 | 248 | 212 |
| 上海大郡动力控制技术有限公司 | 135 | 101 |
| 上海鹰峰电子科技有限公司 | 120 | 95 |
| 上海航天电源技术有限责任公司 | 83 | 58 |
| 上海日用—友捷汽车电气有限公司 | 78 | 78 |
| 上海申龙客车有限公司 | 69 | 67 |
| 上汽大众汽车有限公司 | 54 | 52 |

| 企业名称 | 申请量 | 授权量 |
|---|---|---|
| 华域汽车电动系统有限公司 | 48 | 37 |
| 上海奥威科技开发有限公司 | 47 | 29 |
| 上海雷博司电气股份有限公司 | 46 | 37 |
| 上海恒动汽车电池有限公司 | 42 | 28 |
| 上海索锂科技股份有限公司 | 33 | 27 |
| 上海神力科技有限公司 | 29 | 34 |
| 上海电驱动股份有限公司 | 21 | 19 |
| 复盛实业（上海）有限公司 | 18 | 16 |
| 上海鼎研智能科技有限公司 | 18 | 14 |
| 上海埃士工业科技有限公司 | 17 | 8 |
| 上海万宏动力能源有限公司 | 15 | 14 |
| 上海贯裕能源科技有限公司 | 13 | 11 |
| 上海三玖电气设备有限公司 | 10 | 10 |
| 上海雷博新能源汽车技术有限公司 | 7 | 6 |
| 上海申沃客车有限公司 | 6 | 8 |
| 上海奕代汽车技术有限公司 | 5 | 24 |
| 上海燃料电池汽车动力系统有限公司 | 3 | 17 |
| 上海捷新动力电池系统有限公司 | 2 | 0 |
| 上海赛可电子商务有限公司 | 2 | 0 |
| 上海西埃电器有限公司 | 2 | 1 |
| 莱茵技术（上海）有限公司 | 1 | 0 |
| 上海海立（集团）股份有限公司 | 1 | 4 |
| 上海康丘乐电子电器科技有限公司 | 1 | 2 |
| 上海立凯电控科技有限公司 | 1 | 1 |
| 上海海宝特种电源有限公司 | 0 | 1 |
| 总计 | 4343 | 3937 |

**附表 5　2011—2016 年 10 月上海市新能源汽车企业软件著作权登记量汇总数据**

单位：项

| 企业名称 | 登记数量 |
| --- | --- |
| 上海汽车集团股份有限公司 | 65 |
| 上海赛可电子商务有限公司 | 13 |
| 上海埃士工业科技有限公司 | 9 |
| 上汽通用汽车有限公司 | 8 |
| 上海大郡动力控制技术有限公司 | 7 |
| 上海鼎研智能科技有限公司 | 6 |
| 上汽大众汽车有限公司 | 4 |
| 华域汽车电动系统有限公司 | 3 |
| 复盛实业（上海）有限公司 | 2 |
| 上海航天电源技术有限责任公司 | 2 |
| 上海申龙客车有限公司 | 2 |
| 上海燃料电池汽车动力系统有限公司 | 1 |
| 总计 | 122 |

# 深圳市新能源汽车产业分析

## 【主要分析结论】

- **企业数量居广东省之首**。截至 2016 年 10 月，深圳市新能源汽车企业共计 40 家，注册资本总计 112.0 亿元，企业数量居广东省首位，注册资本仅次于广州市（192.4 亿元）。

- **电池为全市新能源汽车产业的主导环节**。深圳市电池企业数量和注册资本均为最多，分别为 19 家和 61.7 亿元，占深圳市新能源汽车企业总数量和注册资本总额的 47.5% 和 55.1%。

- **南山、宝安两区为新能源汽车企业的集聚地**。深圳市南山区和宝安区的新能源汽车企业数量共计 25 家，占深圳市新能源汽车企业总数量的比重为 62.5%。

- **产业投资以区域内投资为主，跨区域辐射能力偏弱**。2011—2016 年 10 月，深圳市新能源汽车企业共吸纳本市企业投资 5 次，吸纳投资总金额累计 1.3 亿元，占所有地区投资次数和金额的比重分别为 38.5% 和 44.8%；对本市企业投资 46 次，占比为 29.5%；投资金额为 19.5 亿元，占比为 35.0%。

- **产业创新能力居于全国前列**。2011—2016 年 10 月，深圳市新能源汽车企业发明专利累计授权 2727 件，软件著作权累计登记 150 项，分别位居全国首位和第 3 位。其中，2016 年 1—10 月软件著作权登记数量达 90 项，遥遥领先于其他主要新能源汽车示范城市。

# 一、深圳市新能源汽车产业基本情况

## （一）深圳市新能源汽车企业数量居广东省首位

截至 2016 年 10 月，深圳市新能源汽车企业共计 40 家，注册资本总计 112.0 亿元，占广东省新能源汽车企业数量和注册资本总额的比重分别为 54.8% 和 31.8%（表 7、图 74）。企业数量居广东省首位，注册资本仅次于广州市（192.4 亿元）。

表 7　深圳市新能源汽车产业对比广东省基本情况

| 产业 | 企业数量 / 家 | 注册资本 / 亿元 |
|---|---|---|
| 深圳市新能源汽车产业 | 40 | 112.0 |
| 广东省新能源汽车产业 | 73 | 352.1 |

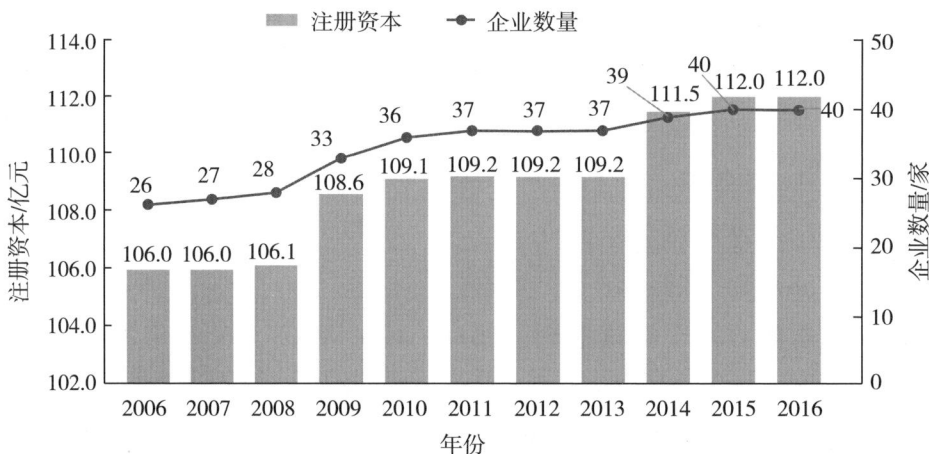

图 74　2006—2016 年 10 月深圳市新能源汽车企业数量和注册资本年度变化情况

从深圳市新能源汽车企业的成立时间来看，2006—2010 年成立的企业数量最多，为 14 家；其次是 2001—2005 年成立的企业，其数量为 13 家；1991—1995 年成立的企业数量最少，仅为 2 家。

从注册资本分布来看，2006—2010 年成立的企业注册资本总额最多，为 39.4 亿元，主要由于比亚迪汽车工业有限公司单家企业注册资本额达 35.7 亿元拉动所致；其次是 1991—1995 年成立的企业，其注册资本额超过 30 亿元；2011—2015 年成立的企业注册资本总额最少，仅为 2.9 亿元（图 75）。

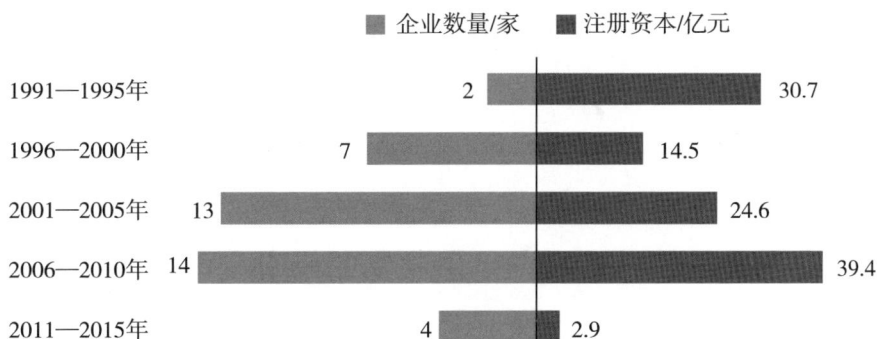

图 75　深圳市新能源汽车企业成立时间分布情况

## （二）深圳市新能源汽车产业链相对完整，电池企业占主导地位

目前，深圳市新能源汽车产业链包含了电池企业、后服务企业、整车企业、其他零配件企业、充电配套设备企业、电机企业、电控企业、仪器仪表企业和原材料企业，产业链完整。其中，电池企业数量和注册资本均为最多，分别为 19 家和 61.7 亿元，占深圳市新能源汽车企业总数量和注册资本总额的 47.5% 和 55.1%（图 76）。

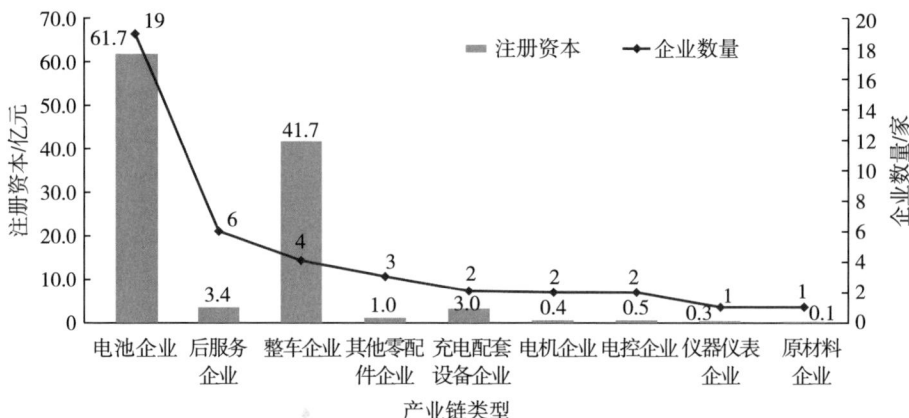

**图 76  深圳市新能源汽车企业产业结构分布情况**

## （三）深圳市新能源汽车企业主要集中在南山区和宝安区

目前，深圳市新能源汽车企业主要分布在南山区、宝安区、龙岗区、福田区、坪山区和罗湖区，其中南山区和宝安区企业数量共计 25 家，占深圳市新能源汽车企业总数量的比重为 62.5%；坪山区注册资本总额最多，为 66.7 亿元，占比为 59.6%（图 77）。

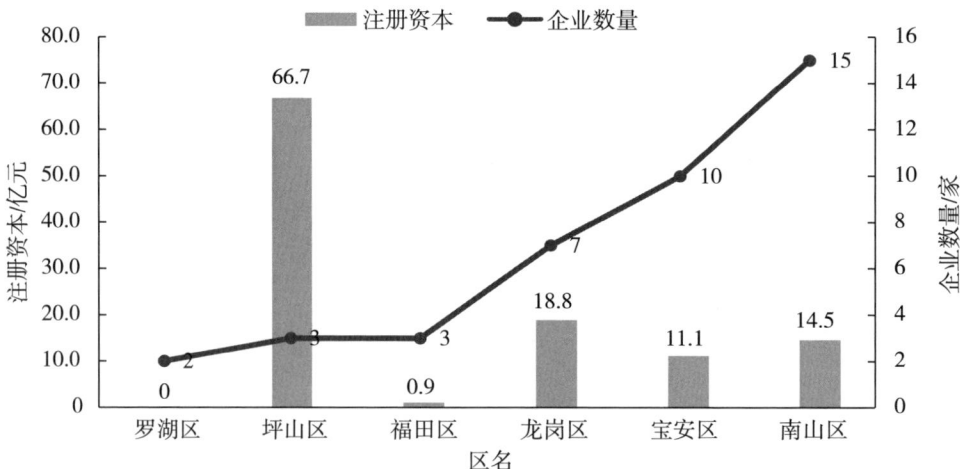

**图 77  深圳市新能源汽车企业数量和注册资本区域分布情况**

## 二、深圳市新能源汽车产业投资情况

### （一）吸纳投资呈波动变化，本市企业为核心投资主体

2011—2016 年 10 月，深圳市新能源汽车企业共吸纳投资 13 次，吸纳投资总金额累计为 2.9 亿元。其中，2014 年吸纳投资次数和金额均为最多，分别为 8 次和 2.3 亿元（图 78）。

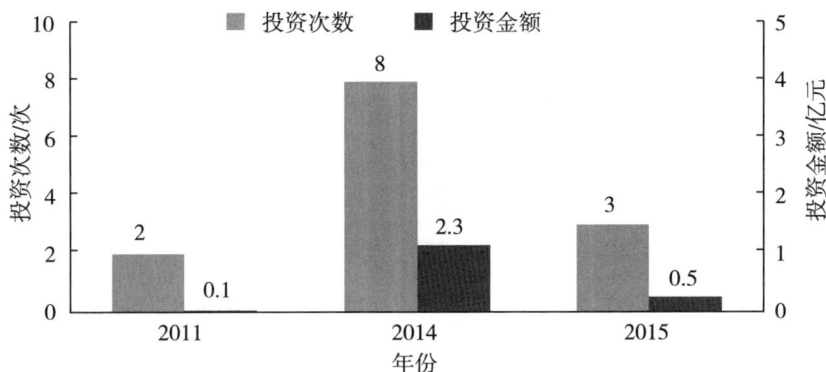

图 78 2011—2016 年 10 月深圳市新能源汽车企业吸纳投资年度变化情况

从吸纳投资主体来看，2011—2016 年 10 月，深圳市新能源汽车企业共吸纳企业法人投资 7 次，吸纳投资总金额累计 1.9 亿元；吸纳自然人投资 6 次，吸纳投资总金额累计 1.0 亿元（图 79）。

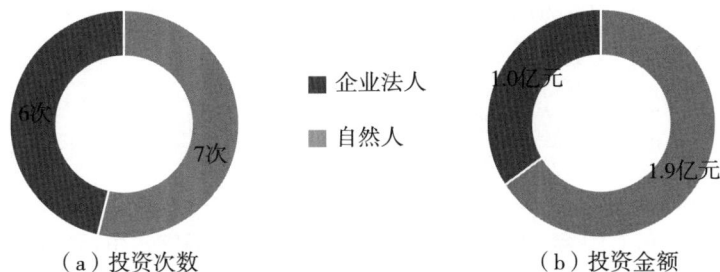

（a）投资次数　　　　　　　　（b）投资金额

图 79 2011—2016 年 10 月深圳市新能源汽车企业吸纳投资主体分布情况

从吸纳投资地区分布来看，深圳市新能源汽车企业共吸纳本市企业投资5次，吸纳投资总金额累计1.3亿元，占所有地区投资次数和金额的比重分别为38.5%和44.8%；吸纳其他地区投资2次，吸纳投资总金额累计0.7亿元（图80）。

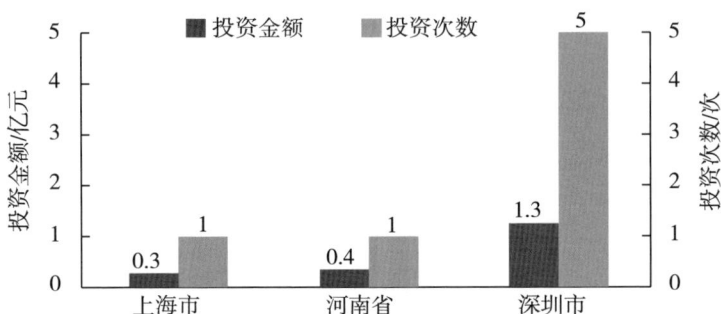

**图80 2011—2016年10月深圳市新能源汽车企业吸纳投资地区分布情况** [1]

从吸纳投资产业链分布来看，深圳市新能源汽车产业仅有2个产业链环节发生吸纳投资行为，分别是后服务企业和原材料企业。其中，后服务企业吸纳投资最多，投资次数和投资金额分别为11次和2.8亿元；原材料企业吸纳投资次数和投资金额分别为2次和0.1亿元（图81）。

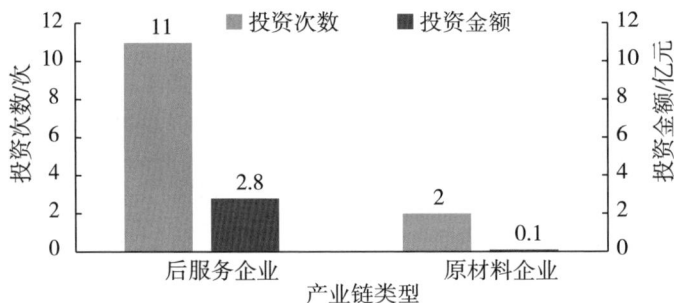

**图81 2011—2016年10月深圳市新能源汽车企业吸纳投资产业链分布情况**

---

[1] 说明：本图不含自然人投资数据。

## （二）对外投资以辐射本省为主，整车和电池企业对外投资活跃

2011—2016 年 10 月，深圳市新能源汽车企业累计对外投资 156 次，投资总金额为 55.8 亿元。其中，除 2011 年外，投资次数逐年递增，至 2016 年 10 月达到 64 次；投资金额逐年递增，至 2016 年 10 月达到 16.7 亿元（图 82）。

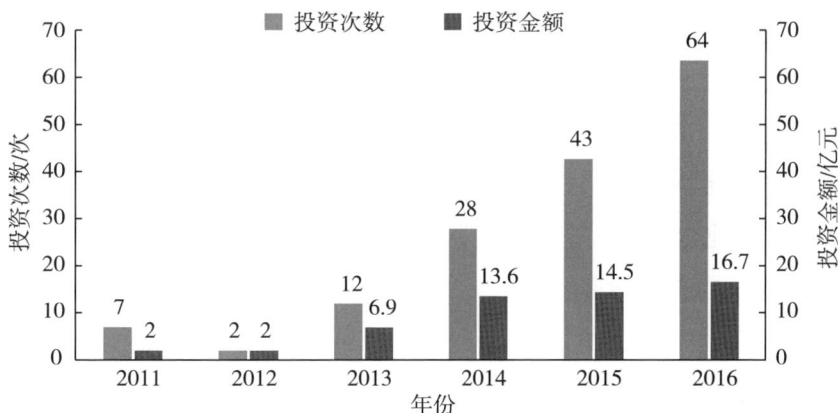

图 82　2011—2016 年 10 月深圳市新能源汽车企业对外投资年度变化情况

从对外投资地区分布来看，深圳市新能源汽车企业对外投资主要集中在广东本省，投资次数为 62 次，占比为 39.7%（其中对本市企业投资 46 次，占比为 29.5%）；投资金额为 26.8 亿元，占比为 48.0%（其中对本市企业的投资金额为 19.5 亿元，占比为 34.9%）（图 83）。

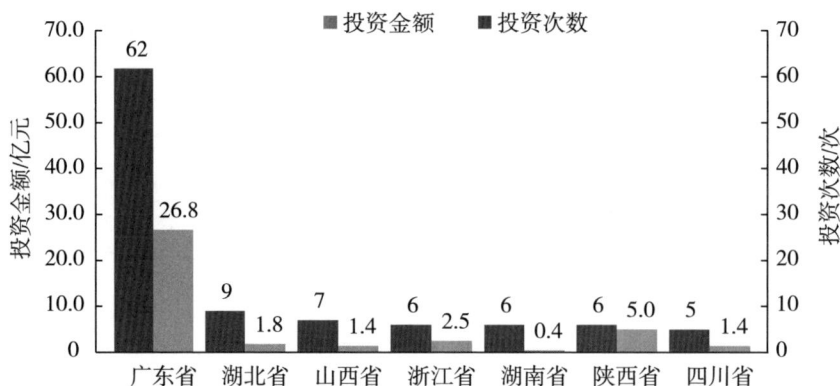

图 83　2011—2016 年 10 月深圳市新能源汽车企业对外出资 5 次以上的地区分布

从产业链环节来看，深圳市整车企业和电池企业对外投资活跃。其中，整车企业对外投资 80 次，投资总金额为 20.9 亿元，占比分别为 51.3% 和 37.5%；电池企业对外投资 47 次，投资总金额为 31.4 亿元，占比分别为 30.1% 和 56.3%（图 84）。

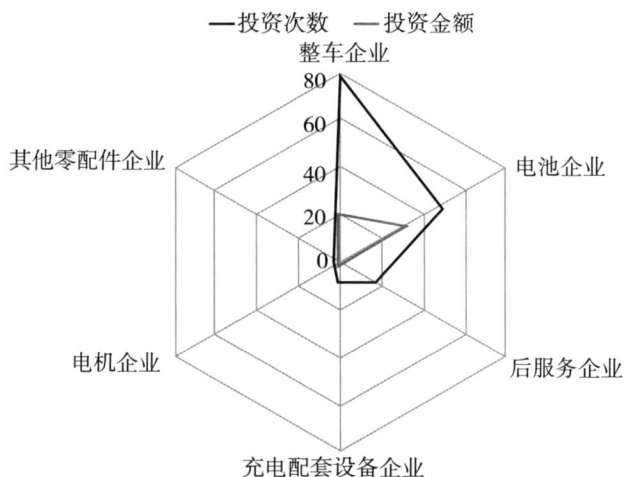

| | 整车企业 | 电池企业 | 后服务企业 | 充电配套设备企业 | 电机企业 | 其他零配件企业 |
|---|---|---|---|---|---|---|
| 投资次数/次 | 80 | 47 | 17 | 9 | 2 | 1 |
| 投资金额/亿元 | 20.90 | 31.40 | 1.20 | 1.90 | 0.30 | 0.05 |

图 84　2011—2016 年 10 月深圳市新能源汽车企业对外出资产业链分布情况

# 三、深圳市新能源汽车产业创新情况

## （一）专利情况

### 1. 专利申请和授权数量整体趋向下滑

2011—2016 年 10 月，深圳市新能源汽车企业共申请专利 5910 件，获专利授权 6661 件。尤其近 3 年专利申请和授权数量整体趋向下滑（图 85）。

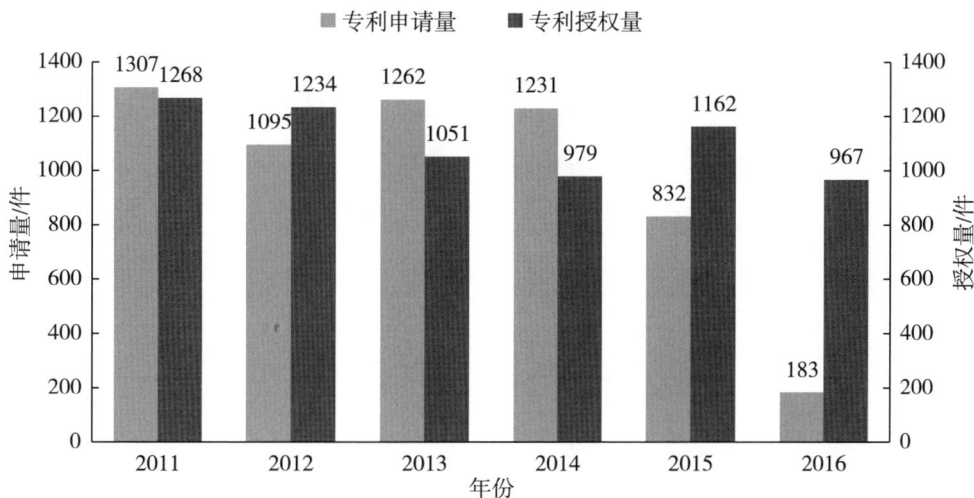

图 85　2011—2016 年 10 月深圳市新能源汽车企业专利申请量和授权量分布

### 2. 实用新型专利占主导地位

从专利类型来看，实用新型专利的申请和授权数量均为最多，分别为 2732 件和 3192 件，占比分别为 46.2% 和 47.9%；其次是发明专利，申请和授权数量分别为 2559 件和 2727 件，占比分别为 43.3% 和 40.9%；外观专利申请和授权数量最少，分别为 619 件和 742 件，占比均为 11%（图 86）。

外观专利，
619件，10.5%

实用新型专利，
3192件，47.9%

外观专利，
742件，11.1%

实用新型专利，
2732件，46.2%

发明专利，
2559件，43.3%

发明专利，
2727件，40.9%

（a）专利申请情况　　　　　　（b）专利授权情况

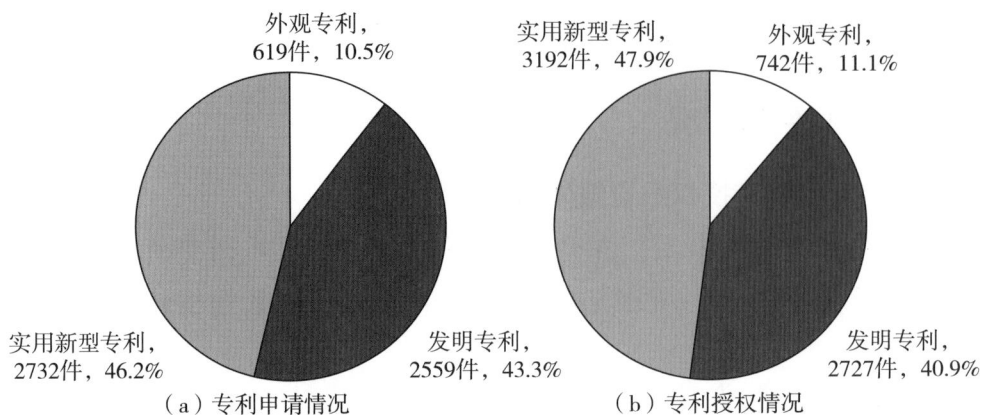

**图 86　2011—2016 年 10 月深圳市新能源汽车企业专利申请和授权类型分布**

### 3. 发明专利授权量居全国之首，企业原始创新优势逐步凸显

2011—2016 年 10 月，深圳市新能源汽车企业发明专利累计授权数量达到 2727 件，居全国新能源汽车企业发明专利授权量之首，企业原始创新优势逐步显现（图 87）。

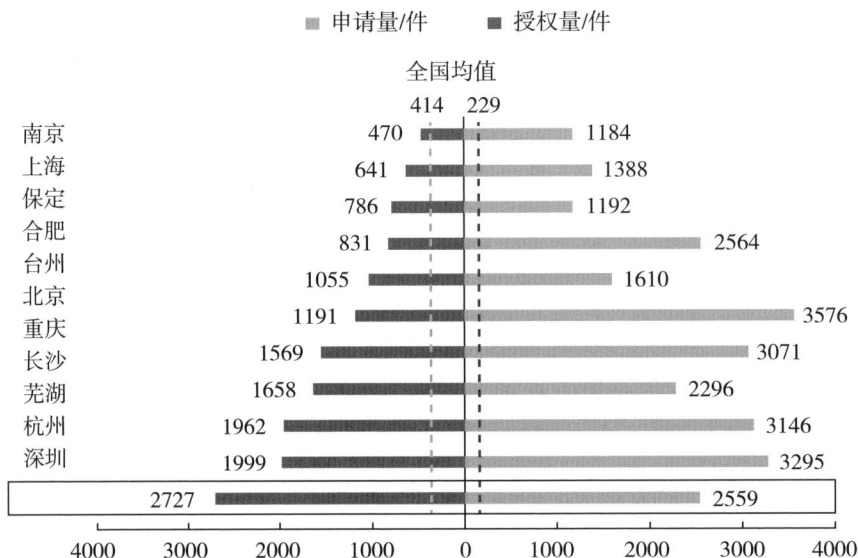

■ 申请量/件　　■ 授权量/件

全国均值
414　229

| 地区 | 申请量 | 授权量 |
|---|---|---|
| 南京 | 470 | 1184 |
| 上海 | 641 | 1388 |
| 保定 | 786 | 1192 |
| 合肥 | 831 | 2564 |
| 台州 | 1055 | 1610 |
| 北京 | 1191 | 3576 |
| 重庆 | 1569 | 3071 |
| 长沙 | 1658 | 2296 |
| 芜湖 | 1962 | 3146 |
| 杭州 | 1999 | 3295 |
| 深圳 | 2727 | 2559 |

**图 87　2011—2016 年 10 月全国新能源汽车企业发明专利申请和授权地区分布**

#### 4. 比亚迪为深圳市新能源汽车产业创新主体

2011—2016 年 10 月，比亚迪股份有限公司的专利申请量和授权量分别为 4710 件和 5455 件，占深圳市新能源汽车企业专利申请总量和授权总量的比重分别为 79.7% 和 81.9%。

### （二）软件著作权情况

#### 软件著作权登记数量大幅攀升

2011—2016 年 10 月，深圳市新能源汽车企业共登记软件著作权 150 项。尤其 2016 年 1—10 月软件著作权登记数量达到 90 项，是 2011 年的 9 倍。其中，深圳欣锐科技股份有限公司的登记数量最多，高达 78 项（图 88、图 89）。

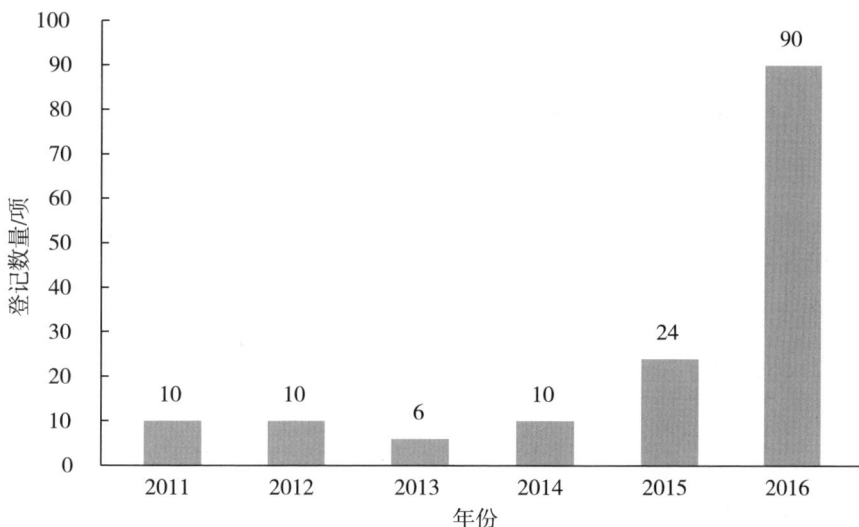

图 88　2011—2016 年 10 月深圳市新能源汽车企业软件著作权登记变化情况

| 深圳欣锐科技股份有限公司 | 78项 |
| 深圳核达中远通电源技术有限公司 | 17项 |
| 欣旺达电子股份有限公司 | 13项 |
| 深圳国能环保节能科技有限公司 | 9项 |
| 行之有道汽车服务股份有限公司 | 9项 |
| 深圳中聚电池有限公司 | 7项 |
| 比亚迪汽车工业有限公司 | 6项 |
| 深圳市大地和电气股份有限公司 | 5项 |
| 深圳巴斯巴科技发展有限公司 | 4项 |
| 深圳奥特迅电力设备股份有限公司 | 2项 |

（横轴刻度：0 10 20 30 40 50 60 70 80 90）

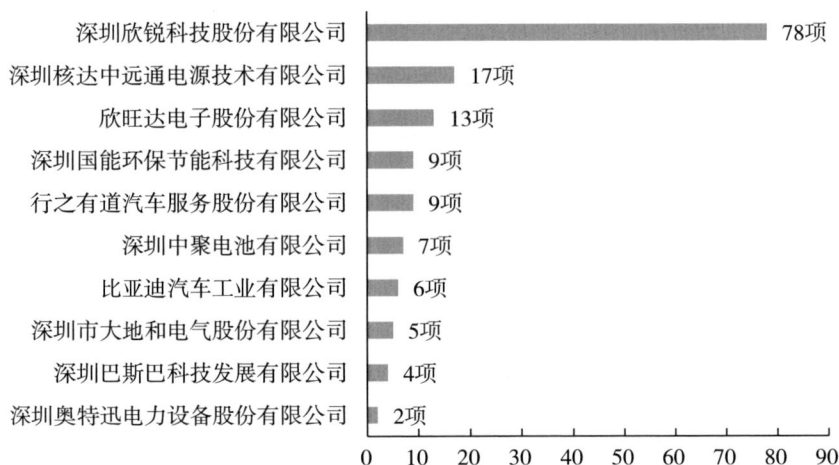

**图 89  2011—2016 年 10 月深圳市新能源汽车企业软件著作权登记企业情况**

# 四、附录

附表 1   截至 2016 年 10 月深圳市新能源汽车企业基本信息

| 企业名称 | 成立日期 | 注册资本 /亿元 | 产业链类型 |
| --- | --- | --- | --- |
| 比亚迪汽车工业有限公司 | 2006 年 8 月 3 日 | 35.7 | 整车企业 |
| 比亚迪股份有限公司 | 1995 年 2 月 10 日 | 30.7 | 电池企业 |
| 深圳市比克电池有限公司 | 2001 年 8 月 3 日 | 13.9 | 电池企业 |
| 欣旺达电子股份有限公司 | 1997 年 12 月 9 日 | 6.4 | 电池企业 |
| 深圳市五洲龙汽车股份有限公司 | 2002 年 5 月 17 日 | 3.0 | 整车企业 |
| 深圳拓邦股份有限公司 | 1996 年 2 月 9 日 | 3.0 | 电池企业 |
| 深圳奥特迅电力设备股份有限公司 | 1998 年 2 月 20 日 | 2.7 | 充电配套设备企业 |
| 深圳市陆地方舟新能源电动车集团有限公司 | 2005 年 6 月 15 日 | 2.0 | 整车企业 |
| 行之有道汽车服务股份有限公司 | 2014 年 10 月 29 日 | 1.8 | 后服务企业 |

续表

| 企业名称 | 成立日期 | 注册资本/亿元 | 产业链类型 |
|---|---|---|---|
| 深圳市瑞达电源有限公司 | 2002 年 5 月 28 日 | 1.6 | 电池企业 |
| 深圳霸特尔防爆科技有限公司 | 2009 年 2 月 19 日 | 1.0 | 整车企业 |
| 深圳市核达中远通电源技术有限公司 | 1999 年 8 月 24 日 | 1.0 | 电池企业 |
| 深圳市星源材质科技股份有限公司 | 2003 年 9 月 17 日 | 0.9 | 电池企业 |
| 深圳欣锐科技股份有限公司 | 2005 年 1 月 11 日 | 0.8 | 其他零配件企业 |
| 深圳市沃特玛电池有限公司 | 2002 年 4 月 30 日 | 0.7 | 电池企业 |
| 深圳市华程交通有限公司 | 1999 年 7 月 14 日 | 0.6 | 后服务企业 |
| 深圳市今朝时代股份有限公司 | 2009 年 8 月 6 日 | 0.5 | 电池企业 |
| 雷天绿色电动源（深圳）有限公司 | 1998 年 8 月 10 日 | 0.5 | 电池企业 |
| 埃梯梯科能电子（深圳）有限公司 | 2003 年 10 月 8 日 | 0.5 | 电控企业 |
| 深圳金钱潮电动汽车租赁有限公司 | 2014 年 12 月 31 日 | 0.5 | 后服务企业 |
| 深圳市联程共享电动汽车租赁有限公司 | 2015 年 8 月 10 日 | 0.5 | 后服务企业 |
| 深圳毅力能源有限公司 | 2003 年 5 月 20 日 | 0.5 | 电池企业 |
| 深圳煜城鑫电源科技有限公司 | 2009 年 8 月 12 日 | 0.5 | 电池企业 |
| 深圳市铂科新材料股份有限公司 | 2009 年 9 月 17 日 | 0.4 | 电池企业 |
| 深圳市景佑能源科技有限公司 | 2002 年 9 月 30 日 | 0.4 | 电池企业 |
| 中茂电子（深圳）有限公司 | 1998 年 3 月 10 日 | 0.3 | 仪器仪表企业 |
| 深圳巴斯巴科技发展有限公司 | 2010 年 4 月 7 日 | 0.3 | 充电配套设备企业 |
| 深圳市大地和电气股份有限公司 | 2005 年 5 月 17 日 | 0.3 | 电机企业 |
| 深圳吉阳智云科技有限公司 | 2006 年 2 月 17 日 | 0.2 | 电池企业 |

| 企业名称 | 成立日期 | 注册资本 / 亿元 | 产业链类型 |
|---|---|---|---|
| 安费诺精密连接器（深圳）有限公司 | 2006 年 7 月 13 日 | 0.2 | 其他零配件企业 |
| 深圳市长河动力技术有限公司 | 2010 年 1 月 11 日 | 0.2 | 电池企业 |
| 深圳华任兴科技有限公司 | 2008 年 9 月 1 日 | 0.1 | 电机企业 |
| 深圳市崧鼎科技有限公司 | 2009 年 7 月 22 日 | 0.1 | 电池企业 |
| 深圳中聚电池有限公司 | 2010 年 9 月 27 日 | 0.1 | 电池企业 |
| 深圳国能环保节能科技有限公司 | 2011 年 5 月 5 日 | 0.1 | 原材料企业 |
| 深圳市科安特电子有限公司 | 2004 年 7 月 7 日 | 0.1 | 其他零配件企业 |
| 波士顿电池（深圳）有限公司 | 2006 年 7 月 26 日 | 0.0 | 电池企业 |
| 深圳市森图科技有限公司 | 2007 年 6 月 8 日 | 0.01 | 后服务企业 |
| 美国江森自控国际有限公司深圳代表处 | 1994 年 11 月 9 日 | 0.0 | 电控企业 |
| 日立（中国）有限公司深圳分公司 | 2005 年 8 月 24 日 | 0.0 | 后服务企业 |

附表 2　2011—2016 年 10 月深圳市新能源汽车企业吸纳投资地区分布汇总数据

| | 投资次数 / 次 | 占比 | 投资金额 / 亿元 | 占比 |
|---|---|---|---|---|
| 广东 | 5 | 38.5% | 1.3 | 43.3% |
| 河南 | 1 | 7.7% | 0.4 | 13.3% |
| 上海 | 1 | 7.7% | 0.3 | 10.0% |
| 自然人 | 6 | 46.2% | 1.0 | 33.3% |
| 总计 | 13 | 100.0% | 3.0 | 100.0% |

**附表3　2011—2016 年 10 月深圳市新能源汽车企业对外投资地区分布汇总数据**

| 地区 | 投资次数 / 次 | 占比 | 投资金额 / 亿元 | 占比 |
|---|---|---|---|---|
| 广东 | 62 | 39.7% | 26.8 | 48.2% |
| 湖北 | 9 | 5.8% | 1.8 | 3.2% |
| 山西 | 7 | 4.5% | 1.4 | 2.5% |
| 浙江 | 6 | 3.8% | 2.5 | 4.5% |
| 湖南 | 6 | 3.8% | 0.4 | 0.7% |
| 陕西 | 6 | 3.8% | 5.0 | 9.0% |
| 四川 | 5 | 3.2% | 1.4 | 2.5% |
| 河北 | 4 | 2.6% | 1.6 | 2.9% |
| 辽宁 | 4 | 2.6% | 0.6 | 1.1% |
| 江苏 | 4 | 2.6% | 1.1 | 2.0% |
| 安徽 | 4 | 2.6% | 3.1 | 5.6% |
| 福建 | 4 | 2.6% | 0.1 | 0.2% |
| 山东 | 4 | 2.6% | 1.1 | 2.0% |
| 北京 | 3 | 1.9% | 3.6 | 6.5% |
| 上海 | 3 | 1.9% | 0.1 | 0.2% |
| 河南 | 3 | 1.9% | 0.1 | 0.2% |
| 贵州 | 3 | 1.9% | 1.4 | 2.5% |
| 天津 | 2 | 1.3% | 0.2 | 0.4% |
| 内蒙古 | 2 | 1.3% | 1.3 | 2.3% |
| 吉林 | 2 | 1.3% | 1.1 | 2.0% |
| 广西 | 2 | 1.3% | 0.1 | 0.2% |
| 重庆 | 2 | 1.3% | 0.1 | 0.2% |
| 甘肃 | 2 | 1.3% | 0.02 | 0 |
| 青海 | 2 | 1.3% | 0.5 | 0.9% |

| 地区 | 投资次数/次 | 占比 | 投资金额/亿元 | 占比 |
|---|---|---|---|---|
| 宁夏 | 2 | 1.3% | 0.02 | 0 |
| 江西 | 1 | 0.6% | 0.01 | 0 |
| 云南 | 1 | 0.6% | 0.1 | 0.2% |
| 西藏 | 1 | 0.6% | 0.002 | 0 |
| 总计 | 156 | 100.0% | 55.6 | 100.0% |

**附表4　2011—2016年10月深圳市新能源汽车企业专利申请量和授权量汇总数据**

单位：件

| 企业名称 | 专利申请量 | 专利授权量 |
|---|---|---|
| 比亚迪股份有限公司 | 4710 | 5455 |
| 深圳市沃特玛电池有限公司 | 349 | 279 |
| 深圳巴斯巴科技发展有限公司 | 138 | 115 |
| 深圳拓邦股份有限公司 | 109 | 105 |
| 欣旺达电子股份有限公司 | 86 | 86 |
| 深圳市星源材质科技股份有限公司 | 80 | 31 |
| 深圳奥特迅电力设备股份有限公司 | 72 | 54 |
| 深圳市比克电池有限公司 | 63 | 197 |
| 深圳市核达中远通电源技术有限公司 | 44 | 40 |
| 深圳霸特尔防爆科技有限公司 | 31 | 37 |
| 深圳市铂科新材料股份有限公司 | 28 | 28 |
| 深圳市陆地方舟新能源电动车集团有限公司 | 28 | 27 |
| 深圳市崧鼎科技有限公司 | 28 | 20 |
| 比亚迪汽车工业有限公司 | 26 | 20 |
| 深圳吉阳智云科技有限公司 | 25 | 12 |

续表

| 企业名称 | 专利申请量 | 专利授权量 |
|---|---|---|
| 深圳市大地和电气股份有限公司 | 22 | 23 |
| 深圳市瑞达电源有限公司 | 15 | 8 |
| 深圳华任兴科技有限公司 | 13 | 24 |
| 行之有道汽车服务股份有限公司 | 10 | 9 |
| 安费诺精密连接器（深圳）有限公司 | 9 | 6 |
| 埃梯梯科能电子（深圳）有限公司 | 6 | 10 |
| 深圳市今朝时代股份有限公司 | 5 | 5 |
| 深圳欣锐科技股份有限公司 | 4 | 6 |
| 深圳国能环保节能科技有限公司 | 3 | 3 |
| 深圳中聚电池有限公司 | 3 | 3 |
| 深圳市景佑能源科技有限公司 | 1 | 22 |
| 深圳市科安特电子有限公司 | 1 | 2 |
| 深圳市森图科技有限公司 | 1 | 1 |
| 中茂电子（深圳）有限公司 | 0 | 33 |
| 总计 | 5910 | 6661 |

附表5　2011—2016年10月深圳市新能源汽车企业软件著作权登记量汇总数据

单位：项

| 企业名称 | 登记数量 |
|---|---|
| 深圳欣锐科技股份有限公司 | 78 |
| 深圳市核达中远通电源技术有限公司 | 17 |
| 欣旺达电子股份有限公司 | 13 |
| 行之有道汽车服务股份有限公司 | 9 |
| 深圳国能环保节能科技有限公司 | 9 |

| 企业名称 | 登记数量 |
| --- | --- |
| 深圳中聚电池有限公司 | 7 |
| 比亚迪汽车工业有限公司 | 6 |
| 深圳市大地和电气股份有限公司 | 5 |
| 深圳巴斯巴科技发展有限公司 | 4 |
| 深圳奥特迅电力设备股份有限公司 | 2 |
| 总计 | 150 |

# 重庆市新能源汽车产业分析

## 【主要分析结论】

- **企业数量居全国第 4 位**。截至 2016 年 10 月，重庆市新能源汽车企业共计 31 家，注册资本总计 111.0 亿元，企业数量居全国第 4 位，注册资本超过百亿元。

- **整车制造为全市新能源汽车产业链的主导环节**。截至 2016 年 10 月，重庆市整车企业数量和注册资本分别为 15 家和 90.2 亿元，占重庆市新能源汽车企业总数量和注册资本总额的 48.4% 和 81.3%，两者均居产业链首位。

- **渝北、九龙坡和南岸 3 区为新能源汽车企业的集聚地**。截至 2016 年 10 月，重庆市渝北区、九龙坡区和南岸区的新能源汽车企业数量分别为 6 家、6 家和 4 家，占重庆市新能源汽车企业总数量的比重为 51.6%。

- **产业投资主要流向本市且处于净流出状态**。2011—2016 年 10 月，重庆市新能源汽车企业共对本市企业投资 27 次，占比为 62.8%；投资金额为 28.2 亿元，占比为 79.7%。

- **长安汽车、力帆实业、金美通信为产业创新主体**。2011—2016 年 10 月，重庆市新能源汽车企业发明专利累计授权 1569 件，软件著作权累计登记 97 项，分别居全国第 5 位和第 6 位。其中，重庆长安汽车股份有限公司的专利申请量和授权量分别为 3674 件和 3086 件，占重庆市新能源汽车企业专利申请总量和授权总量的比重分别为 42.1% 和 37.4%；力帆实业（集团）股份有限公司的专利申请量和授权量分别为 3025 件和 3177 件；占比分别为 34.7% 和 38.5%；重庆金美通信有限责任公司共登记软件著作权 47 项，占比为 48.5%，居全市首位。

# 一、重庆市新能源汽车产业基本情况

## （一）重庆市新能源汽车企业数量居全国前列

截至 2016 年 10 月，重庆市新能源汽车企业共计 31 家，注册资本总计 111.0 亿元，占全国新能源汽车企业数量和注册资本总额的比重分别为 4.7% 和 3.4%（表 8、图 90）。企业数量居全国第 4 位，注册资本超过百亿元。

表 8　重庆市新能源汽车产业对比全国基本情况

| 产业 | 企业数量 / 家 | 注册资本 / 亿元 |
|---|---|---|
| 重庆市新能源汽车产业 | 31 | 111.0 |
| 全国新能源汽车产业 | 658 | 3244.3 |

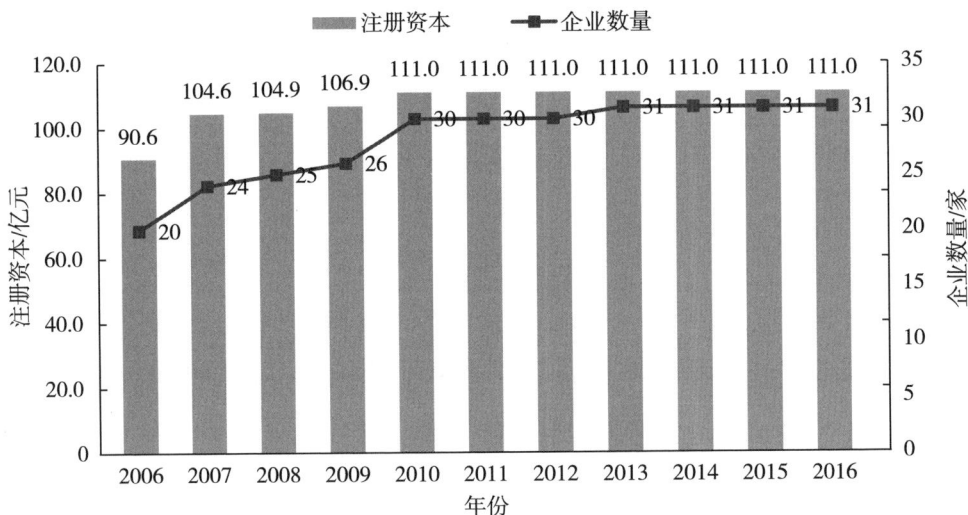

图 90　2006—2016 年 10 月重庆市新能源汽车企业数量和注册资本年度变化情况

从重庆市新能源汽车企业的成立时间来看，2006—2010 年成立的企业数量最多，为 13 家；其次是 1996—2000 年成立的企业，其数量为 6 家；

2011—2015 年成立的企业数量最少，仅为 1 家。

从注册资本分布来看，1996—2000 年成立的企业注册资本总额最多，为 60.9 亿元，主要是由于重庆长安汽车股份有限公司和力帆实业（集团）股份有限公司 2 家企业注册资本总额达 59.2 亿元拉动所致；其次是 2001—2005 年成立的企业，其注册资本额为 25.7 亿元；2011—2015 年成立的企业注册资本额为 0，由于该时间段成立的唯一一家公司为分公司所致（图 91）。

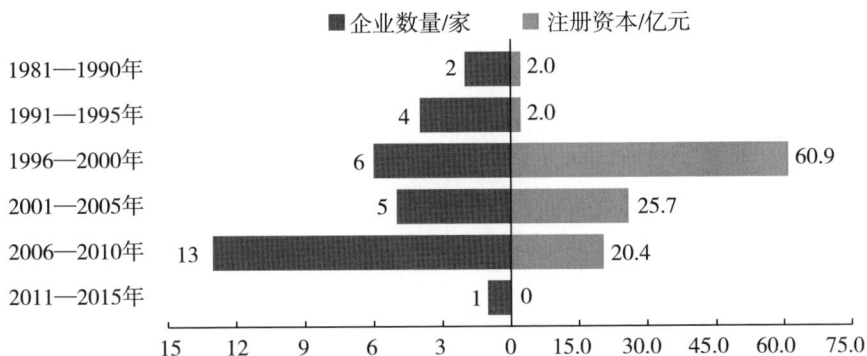

图 91　重庆市新能源汽车企业成立时间分布情况

## （二）重庆市新能源汽车产业以整车企业为主

目前，重庆市新能源汽车产业链包含了整车企业、电池企业、电机企业、电控企业和后服务企业。其中，整车企业数量和注册资本均为最多，分别为 15 家和 90.2 亿元，占重庆市新能源汽车企业总数量和注册资本总额的 48.4% 和 81.3%（图 92）。

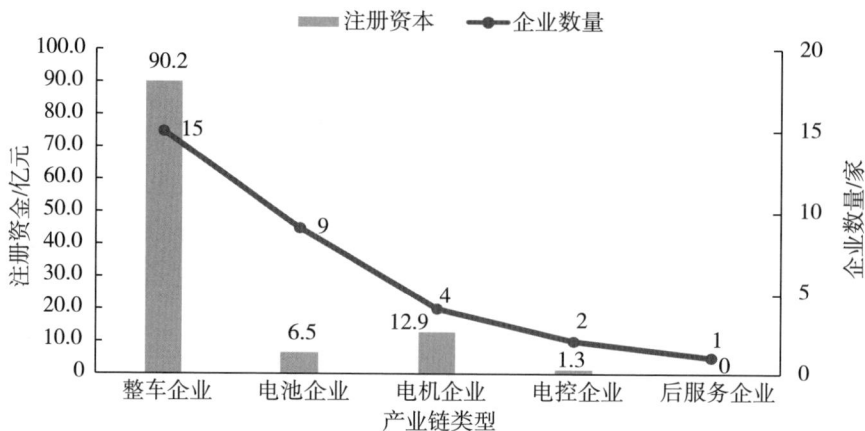

**图 92　重庆市新能源汽车企业产业结构分布情况**

## （三）重庆市新能源汽车企业主要集中在渝北区、九龙坡区和南岸区

目前，重庆市渝北区、九龙坡区和南岸区的新能源汽车企业数量分别为 6 家、6 家和 4 家，占重庆市新能源汽车企业总数量的比重为51.6%；江北区仅 1 家企业，为重庆长安汽车股份有限公司，其注册资本额为 46.6 亿元，占比为 42.0%（图 93）。

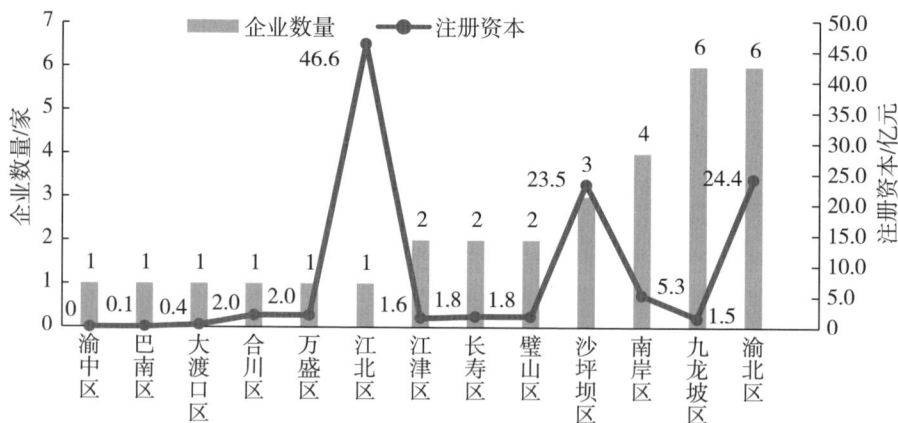

**图 93　重庆市新能源汽车企业数量和企业注册资本区域分布情况**

## 二、重庆市新能源汽车产业投资流向本市且处于净流出状态

工商登记数据显示，2011—2016 年 10 月，重庆市新能源汽车企业累计对外投资 43 次，投资总金额为 35.4 亿元，产业投资流向处于净流出状态（图 94）。

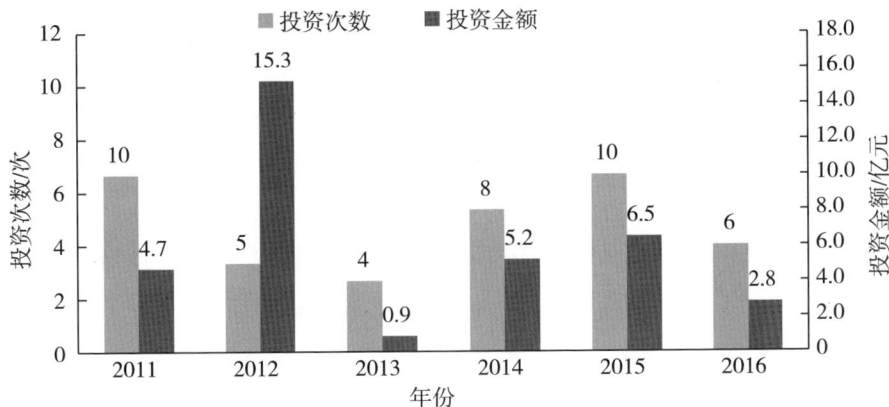

图 94　2011—2016 年 10 月重庆市新能源汽车企业对外出资年度变化情况

从对外投资地区分布来看，重庆市新能源汽车企业对外投资主要集中在重庆本市，投资次数为 27 次，占比为 62.8%；投资金额为 28.2 亿元，占比为 79.7%。对其他地区的投资次数均少于 5 次，投资金额均少于 5 亿元（图 95）。

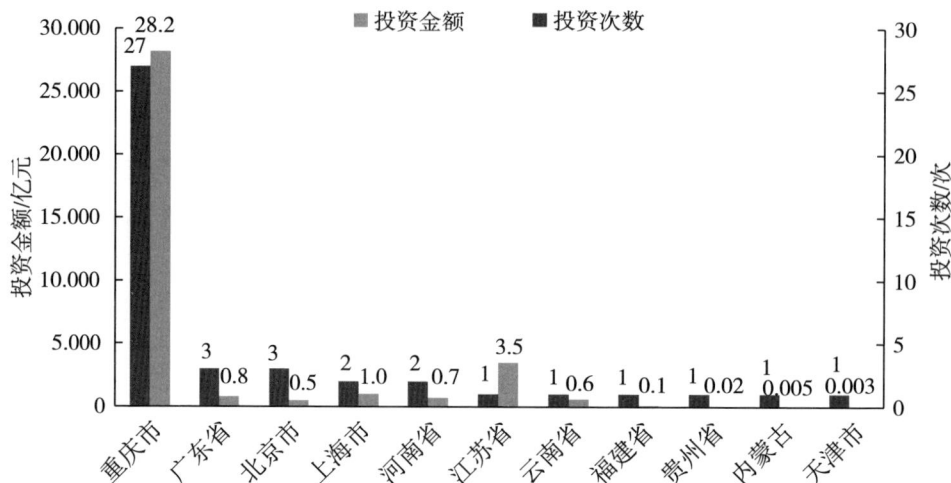

图 95　2011—2016 年 10 月重庆市新能源汽车企业对外投资地区分布情况

　　从产业链环节来看，重庆市新能源汽车企业对外投资主体主要集中在整车企业，对其投资次数为 31 次，投资总金额为 28 亿元，占比分别为 72.1% 和 79.0%（图 96）。

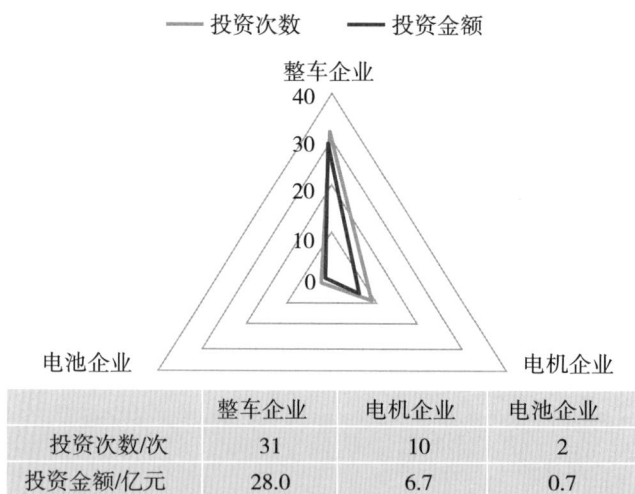

| | 整车企业 | 电机企业 | 电池企业 |
|---|---|---|---|
| 投资次数/次 | 31 | 10 | 2 |
| 投资金额/亿元 | 28.0 | 6.7 | 0.7 |

图 96　2011—2016 年 10 月重庆市新能源汽车企业对外投资产业链分布情况

# 三、重庆市新能源汽车产业创新情况

## （一）专利情况

### 1. 专利申请量和授权量呈波动变化

2011—2016 年 10 月，重庆市新能源汽车企业共申请专利 8718 件，获得专利授权 8242 件，专利申请量和授权量均逐年波动变化（图 97）。

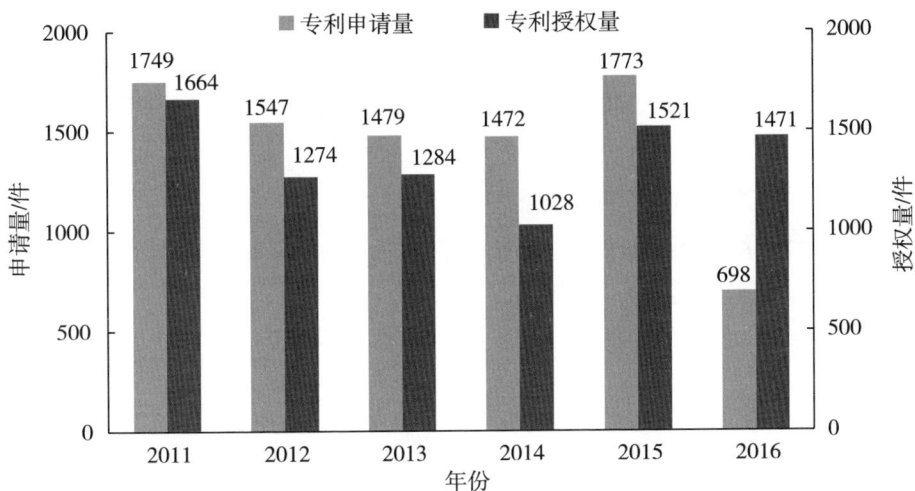

图 97　2011—2016 年 10 月重庆市新能源汽车企业专利申请量和授权量分布

### 2. 实用新型专利占主导地位

从专利类型来看，实用新型专利的申请和授权数量均为最多，分别为 3722 件和 4138 件，占比分别为 43% 和 50%。此外，发明专利的申请量为 3071 件，外观专利的授权量为 2535 件，占比均超过 30%（图 98）。

实用新型专利，
3722件，42.7%

外观专利，
1925件，22.1%

发明专利，
3071件，35.2%

（a）专利申请情况

实用新型专利，
4138件，50.2%

外观专利，
2535件，30.8%

发明专利，
1569件，19.0%

（b）专利授权情况

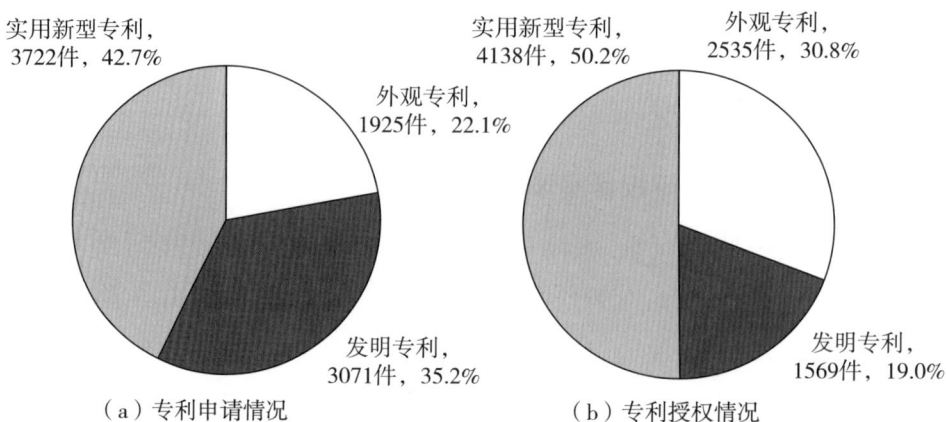

**图98　2011—2016年10月重庆市新能源汽车企业专利申请和授权类型分布**

### 3. 企业原始创新能力较为突出

2011—2016年10月，重庆市新能源汽车企业共申请发明专利3071件，获得发明授权1569件，授权量居全国前5位（图99）。

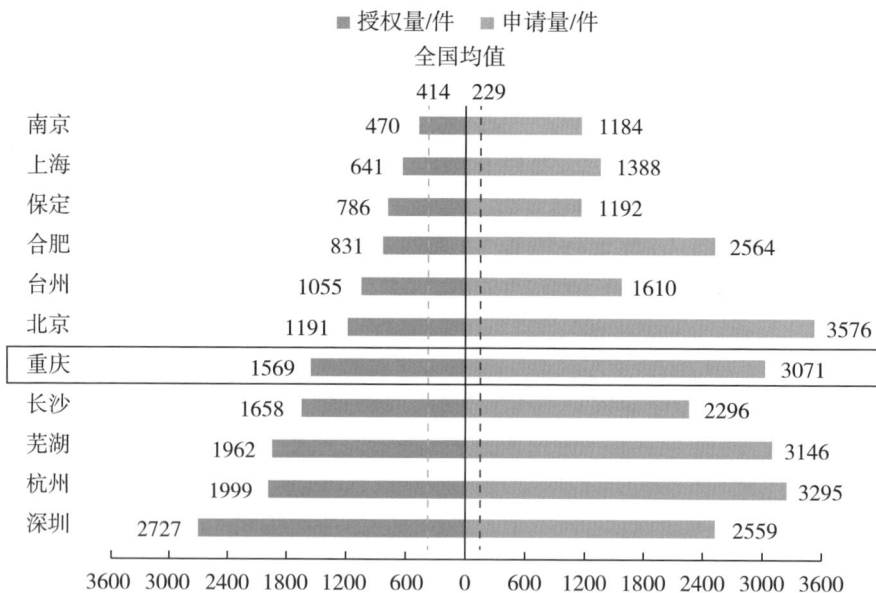

■ 授权量/件　　■ 申请量/件

全国均值

414　229

| 地区 | 授权量 | 申请量 |
|------|--------|--------|
| 南京 | 470 | 1184 |
| 上海 | 641 | 1388 |
| 保定 | 786 | 1192 |
| 合肥 | 831 | 2564 |
| 台州 | 1055 | 1610 |
| 北京 | 1191 | 3576 |
| 重庆 | 1569 | 3071 |
| 长沙 | 1658 | 2296 |
| 芜湖 | 1962 | 3146 |
| 杭州 | 1999 | 3295 |
| 深圳 | 2727 | 2559 |

3600 3000 2400 1800 1200 600　0　600 1200 1800 2400 3000 3600

**图99　2011—2016年10月重庆新能源汽车企业发明专利申请和授权地区分布**

### 4. 长安汽车和力帆实业专利申请量和授权量遥遥领先

从企业层面来看，2011—2016 年 10 月，重庆长安汽车股份有限公司的专利申请量和授权量分别为 3674 件和 3086 件，力帆实业（集团）股份有限公司的专利申请量和授权量分别为 3025 件和 3177 件；总和占重庆市新能源汽车企业专利申请总量和授权总量的比重分别为 76.8% 和 76.0%。

## （二）软件著作权情况

### 1. 重庆市软件著作权登记量居全国前列

2011—2016 年 10 月，重庆市新能源汽车企业共登记软件著作权 97 项，居全国第 6 位（图 100 和图 101）。

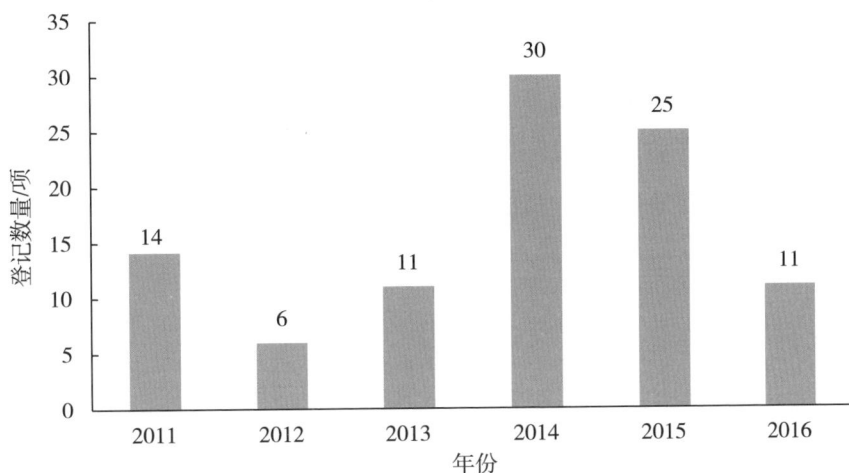

图 100　2011—2016 年 10 月重庆市新能源汽车企业软件著作权登记情况

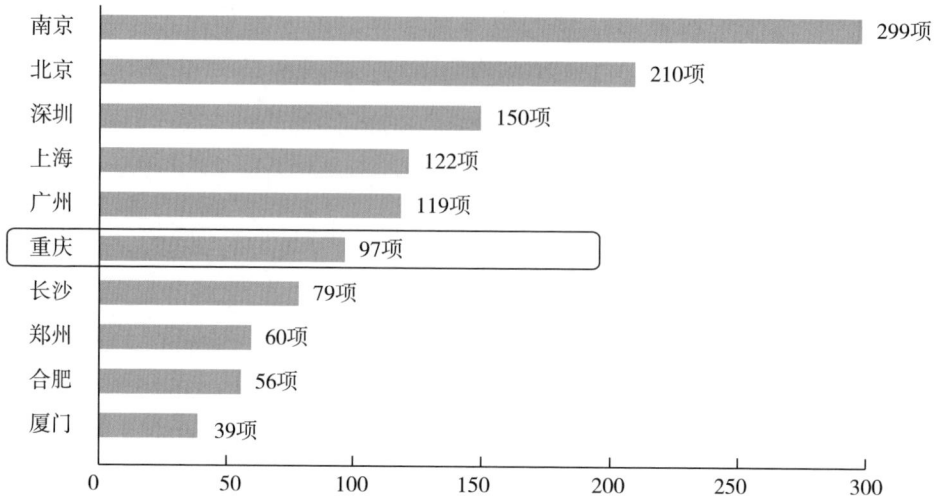

图 101　2011—2016 年 10 月全国新能源汽车企业软件著作权
登记量前 10 名城市情况

## 2.重庆金美通信软件著作权登记量居全市首位

从企业层面来看，2011—2016 年 10 月，重庆金美通信有限责任公司共登记软件著作权 47 项，占比为 48.5%，居全市首位（图 102）。

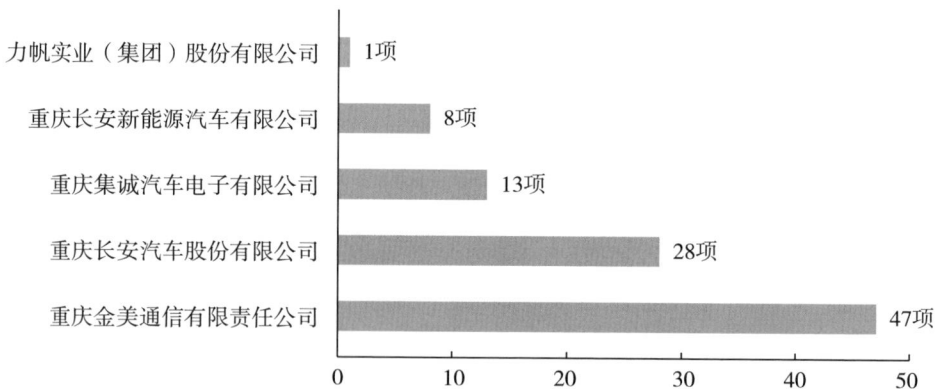

图 102　2011—2016 年 10 月重庆市新能源汽车企业软件著作权登记分布情况

# 四、附录

### 附表1　截至2016年10月重庆市新能源汽车企业基本信息

| 企业名称 | 成立日期 | 注册资本 /亿元 | 产业链类型 |
|---|---|---|---|
| 重庆长安汽车股份有限公司 | 1996 年 10 月 31 日 | 46.600 | 整车企业 |
| 重庆力帆乘用车有限公司 | 2005 年 12 月 31 日 | 21.100 | 整车企业 |
| 力帆实业（集团）股份有限公司 | 1997 年 12 月 1 日 | 12.600 | 整车企业 |
| 重庆小康工业集团股份有限公司 | 2007 年 5 月 11 日 | 8.900 | 电机企业 |
| 重庆隆鑫机车有限公司 | 2007 年 7 月 13 日 | 5.000 | 整车企业 |
| 重庆恒通客车有限公司 | 2003 年 7 月 4 日 | 2.300 | 整车企业 |
| 新普科技（重庆）有限公司 | 2010 年 8 月 20 日 | 2.000 | 电池企业 |
| 重庆五洲龙新能源汽车有限公司 | 2009 年 8 月 24 日 | 2.000 | 整车企业 |
| 綦江齿轮传动有限公司 | 2002 年 12 月 28 日 | 2.000 | 电机企业 |
| 重庆红宇精密工业有限责任公司 | 1981 年 10 月 8 日 | 1.800 | 电机企业 |
| 重庆云天化纽米科技股份有限公司 | 2010 年 2 月 4 日 | 1.800 | 电池企业 |
| 重庆万里新能源股份有限公司 | 1992 年 7 月 18 日 | 1.600 | 电池企业 |
| 重庆金美通信有限责任公司 | 1997 年 7 月 24 日 | 1.000 | 电控企业 |
| 重庆永通信息工程实业有限公司 | 1998 年 4 月 20 日 | 0.400 | 电池企业 |
| 重庆力可达电池有限公司 | 1995 年 4 月 27 日 | 0.400 | 电池企业 |
| 重庆隆鑫新能源机车有限公司 | 2010 年 5 月 4 日 | 0.300 | 整车企业 |
| 重庆集诚汽车电子有限责任公司 | 1998 年 12 月 21 日 | 0.300 | 电控企业 |
| 重庆长安新能源汽车有限公司 | 2008 年 7 月 7 日 | 0.300 | 电池企业 |
| 重庆瑞驰汽车实业有限公司 | 2003 年 9 月 27 日 | 0.300 | 整车企业 |
| 重庆电机厂 | 1981 年 12 月 1 日 | 0.200 | 电机企业 |
| 重庆裕祥新能源电池有限公司 | 1994 年 7 月 28 日 | 0.100 | 电池企业 |

续表

| 企业名称 | 成立日期 | 注册资本 /<br>亿元 | 产业链类型 |
|---|---|---|---|
| 重庆果岭电动车有限公司 | 2007 年 8 月 7 日 | 0.100 | 整车企业 |
| 重庆隆鑫三轮机车制造有限公司 | 1999 年 12 月 23 日 | 0.005 | 整车企业 |
| 重庆万里创新蓄电池有限公司 | 2003 年 4 月 1 日 | 0.005 | 电池企业 |
| 中国长安汽车集团股份有限公司重庆建安车桥分公司 | 2006 年 9 月 18 日 | 0 | 整车企业 |
| 中国长安汽车集团股份有限公司重庆建安底盘系统分公司 | 2013 年 8 月 26 日 | 0 | 整车企业 |
| 中国长安汽车集团股份有限公司重庆青山变速器分公司 | 2006 年 8 月 28 日 | 0 | 整车企业 |
| 重庆隆鑫机车有限公司三轮车分公司 | 2007 年 7 月 24 日 | 0 | 整车企业 |
| 重庆隆鑫汽油机制造有限公司机车制造分公司 | 1995 年 5 月 22 日 | 0 | 整车企业 |
| 云南云天化股份有限公司重庆分公司 | 2006 年 7 月 31 日 | 0 | 电池企业 |
| 日立 ( 中国 ) 有限公司重庆分公司 | 2010 年 4 月 14 日 | 0 | 后服务企业 |

**附表 2 2011—2016 年 10 月重庆市新能源汽车企业对外投资地区分布汇总数据**

| 地区 | 投资次数 / 次 | 占比 | 投资金额 / 亿元 | 占比 |
|---|---|---|---|---|
| 重庆 | 27 | 62.8% | 28.2 | 79.7% |
| 广东 | 3 | 7.0% | 0.8 | 2.3% |
| 北京 | 3 | 7.0% | 0.5 | 1.4% |
| 上海 | 2 | 4.7% | 1.0 | 2.8% |
| 河南 | 2 | 4.7% | 0.7 | 2.0% |
| 江苏 | 1 | 2.3% | 3.5 | 9.9% |
| 云南 | 1 | 2.3% | 0.6 | 1.7% |

续表

| 地区 | 投资次数 / 次 | 占比 | 投资金额 / 亿元 | 占比 |
|---|---|---|---|---|
| 福建 | 1 | 2.3% | 0.1 | 0.3% |
| 贵州 | 1 | 2.3% | 0.02 | 0.1% |
| 内蒙古 | 1 | 2.3% | 0.005 | 0 |
| 天津 | 1 | 2.3% | 0.003 | 0 |
| 总计 | 43 | 100.0% | 35.4 | 100.0% |

**附表 3　2011—2016 年 10 月重庆市新能源汽车企业专利申请量和授权量汇总数据**

单位：件

| 企业名称 | 专利申请量 | 专利授权量 |
|---|---|---|
| 重庆长安汽车股份有限公司 | 3674 | 3086 |
| 力帆实业（集团）股份有限公司 | 3025 | 3177 |
| 重庆小康工业集团股份有限公司 | 510 | 445 |
| 重庆隆鑫机车有限公司 | 487 | 694 |
| 重庆长安新能源汽车有限公司 | 368 | 246 |
| 綦江齿轮传动有限公司 | 198 | 192 |
| 重庆五洲龙新能源汽车有限公司 | 168 | 152 |
| 重庆金美通信有限责任公司 | 99 | 42 |
| 重庆红宇精密工业有限责任公司 | 61 | 66 |
| 重庆集诚汽车电子有限责任公司 | 53 | 63 |
| 重庆恒通客车有限公司 | 38 | 34 |
| 重庆永通信息工程实业有限公司 | 18 | 12 |
| 重庆云天化纽米科技股份有限公司 | 12 | 12 |
| 重庆裕祥新能源电池有限公司 | 6 | 4 |
| 重庆瑞驰汽车实业有限公司 | 1 | 17 |
| 总计 | 8718 | 8242 |

附表4　2011—2016年10月重庆市新能源汽车企业软件著作权登记量汇总数据

单位：项

| 企业名称 | 登记数量 |
|---|---|
| 重庆金美通信有限责任公司 | 47 |
| 重庆长安汽车股份有限公司 | 28 |
| 重庆集诚汽车电子有限责任公司 | 13 |
| 重庆长安新能源汽车有限公司 | 8 |
| 力帆实业（集团）股份有限公司 | 1 |
| 总计 | 97 |

# 天津市新能源汽车产业分析

## 【主要分析结论】

- **天津市新能源汽车产业规模增速放缓**。2011—2016 年 10 月，天津市新能源汽车产业新增企业 2 家，注册资本增加 0.6 亿元，较"十一五"期间的 11 家新增企业（注册资本合计 26.0 亿元），产业规模增速放缓。

- **滨海新区为天津新能源汽车的集聚地**。天津市新能源汽车企业主要集中在滨海新区，企业数量达 14 家，占天津市新能源汽车企业总数量的 46.7%，注册资本 68.1 亿元，占比为 70.6%。

- **产业对外投资活跃，且主要流向本市**。2011—2016 年 10 月，天津市新能源汽车企业累计对外投资 25 次，投资金额 16.6 亿元。其中，对天津本市，投资次数 7 次，占比为 28.0%，投资金额 7.2 亿元，占比为 43.4%。

- **企业创新能力相对较弱，产业创新比较优势并不明显**。2011—2016 年 10 月，天津市新能源汽车企业专利申请量 1835 件，授权量 1592 件；软件著作权登记量 13 项。从全国来看，天津市新能源汽车企业的创新能力并不突出，整体处于全国的中下游水平。

# 一、天津市新能源汽车产业基本情况

## （一）天津市新能源汽车产业规模增速放缓

截至 2016 年 10 月，天津市新能源汽车企业共计 30 家，注册资本总额 96.5 亿元，占全国新能源汽车企业数量和注册资本总额的比重分别为 4.6% 和 3.0%（表 9）。

表 9　天津市新能源汽车产业对比全国基本情况

| 产业 | 企业数量 / 家 | 注册资本 / 亿元 |
| --- | --- | --- |
| 天津市新能源汽车产业 | 30 | 96.5 |
| 全国新能源汽车产业 | 658 | 3244.3 |

"十一五"期间，天津市新能源汽车企业数量从 2006 年的 19 家增加到 2010 年的 28 家，期间增加了 9 家；注册资本从 72.8 亿元增加至 95.9 亿元，增加了 23.1 亿元。2011—2016 年，天津市新能源汽车企业数量从 2011 年的 29 家增加到 2016 年的 30 家，仅增加 1 家，注册资本增加 0.1 亿元，较"十一五"期间的增速放缓（图 103）。

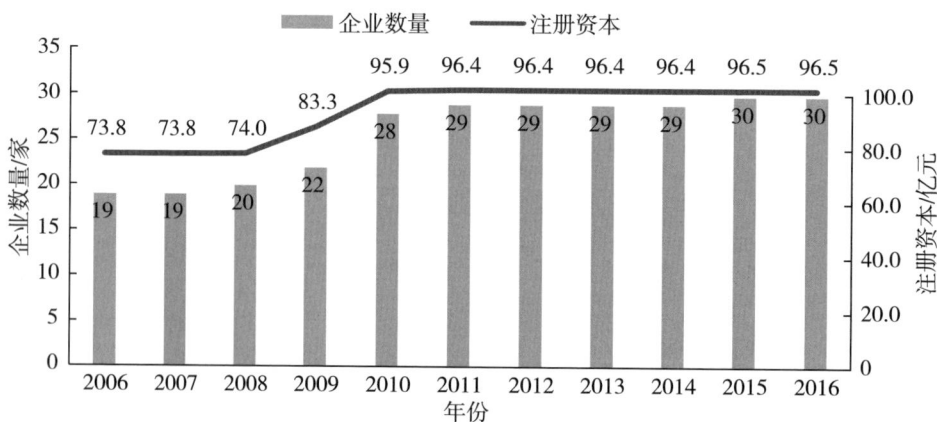

图 103　2006—2016 年 10 月天津市新能源汽车产业注册资本和企业数量情况

　　"十五"和"十一五"期间天津市新能源汽车企业数量增长迅速，5年期间分别增加11家。大笔注册资本主要集中在2000年以前，主要是由于大额注册资本公司成立导致。如天津一汽丰田汽车有限公司，注册资本33.8亿元；天津一汽夏利汽车股份有限公司，注册资本16.0亿元；天津力神电池股份有限公司，注册资本12.5亿元（图104）。

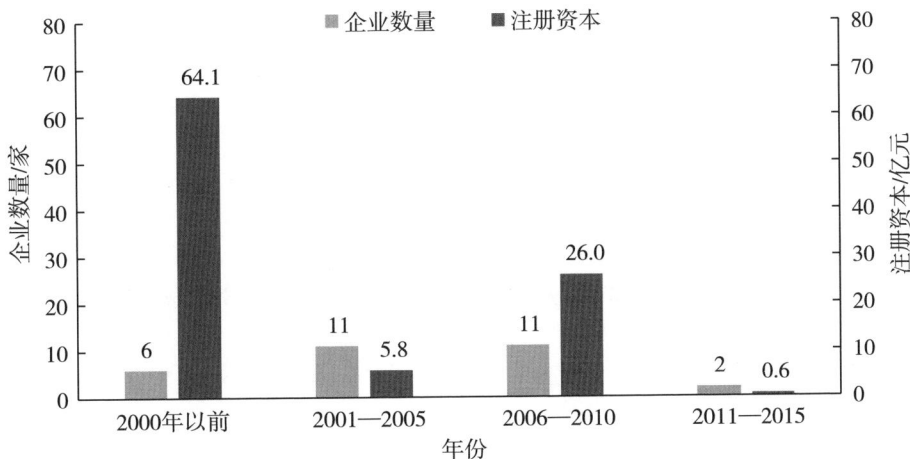

**图104　天津市新能源汽车产业新增企业注册资本和企业数量情况**

## （二）整车企业、电池企业为天津新能源汽车产业优势环节

　　天津市新能源汽车企业主要集中在整车和电池两大环节。其中，电池企业数量最多，为17家，占比为56.7%。整车企业注册资本最高，54.5亿元，占比为56.5%（图105）。

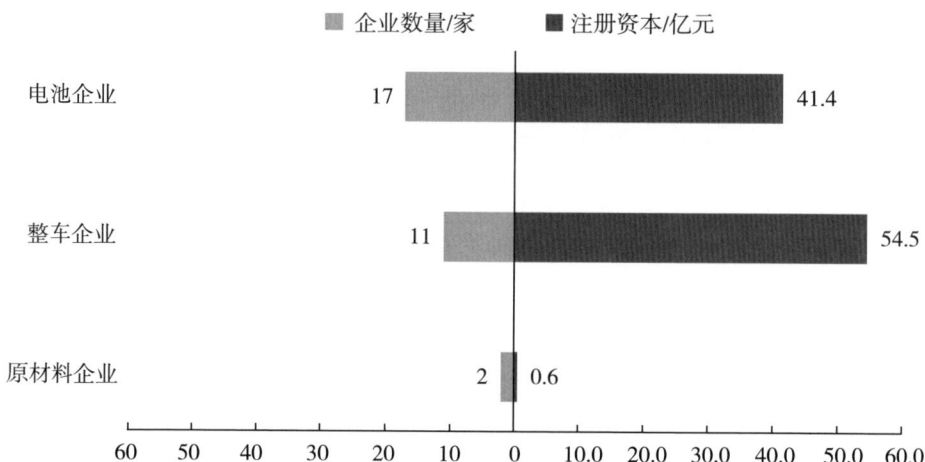

图 105　天津市新能源汽车企业注册资本、企业数量产业链分布情况

## （三）天津市新能源汽车企业集中分布在滨海新区

天津市新能源汽车企业主要集中在滨海新区，企业数量为 14 家，占天津市新能源汽车企业总数量的 46.7%；注册资本 68.1 亿元，占比为 70.6%。其他各区企业数量均未超过 5 家（图 106）。

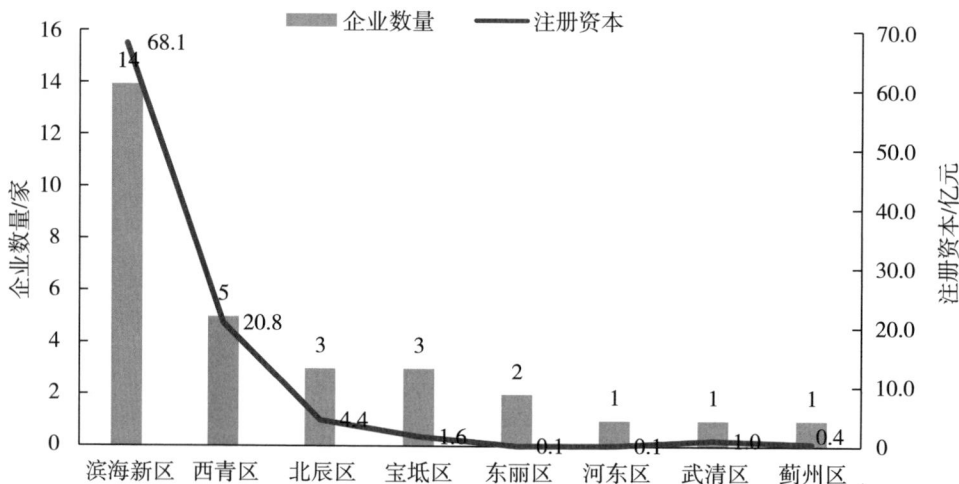

图 106　天津市新能源汽车企业注册资本、企业数量区域分布情况

## 二、天津市新能源汽车产业投资情况

### （一）产业吸纳投资较少，主要流向电池企业

2011—2016 年 10 月，天津市新能源汽车企业共吸纳投资 3 次，吸纳金额 0.6 亿元。吸纳投资来自北京、天津、自然人。从产业链来看，3 笔投资中 2 次发生在电池环节，1 次发生在整车环节。吸纳投资企业为鸥瑞智诺能源科技（天津）有限公司和扫地王（天津）环保科技有限公司，吸纳投资金额分别为 0.5 亿元和 0.1 亿元（表 10）。

表 10　2011—2016 年 10 月天津市新能源汽车企业接受投资情况

单位：亿元

| 企业名称 | 投资金额 | 投资人 | 产业链类型 |
|---|---|---|---|
| 鸥瑞智诺能源科技（天津）有限公司 | 0.04 | 自然人 | 电池企业 |
| 鸥瑞智诺能源科技（天津）有限公司 | 0.46 | 北京 | 电池企业 |
| 扫地王（天津）环保科技有限公司 | 0.1 | 天津 | 整车企业 |

### （二）产业对外投资较为活跃，主要流向本市企业

2011—2016 年 10 月，天津市新能源汽车企业对外投资 25 次，投资金额 16.6 亿元。其中，2015 年对外投资最频繁，投资 10 次；2012 年对外投资金额最高，为 8.9 亿元（图 107）。

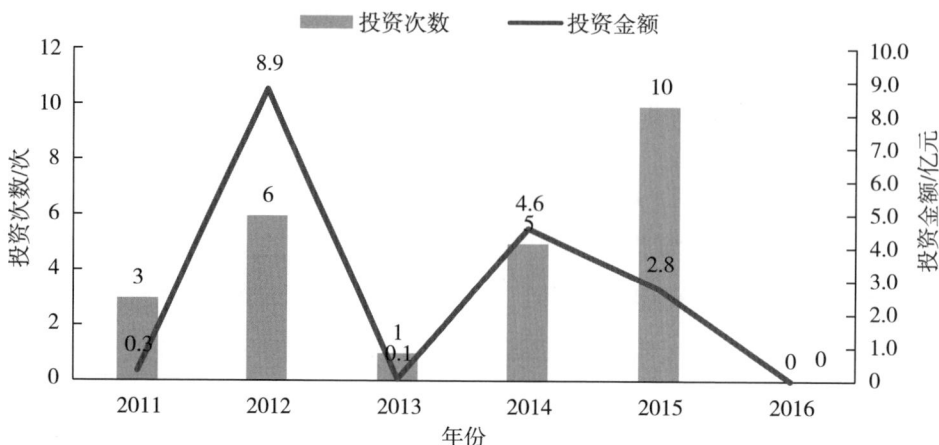

图107 2011—2016年10月天津市新能源汽车企业对外投资情况

从省份来看，天津市新能源汽车企业主要投向天津本市，投资次数7次，占比为28.0%；投资金额7.2亿元，占比为43.4%。其次是江苏，投资次数3次，投资金额4.0亿元（图108）。

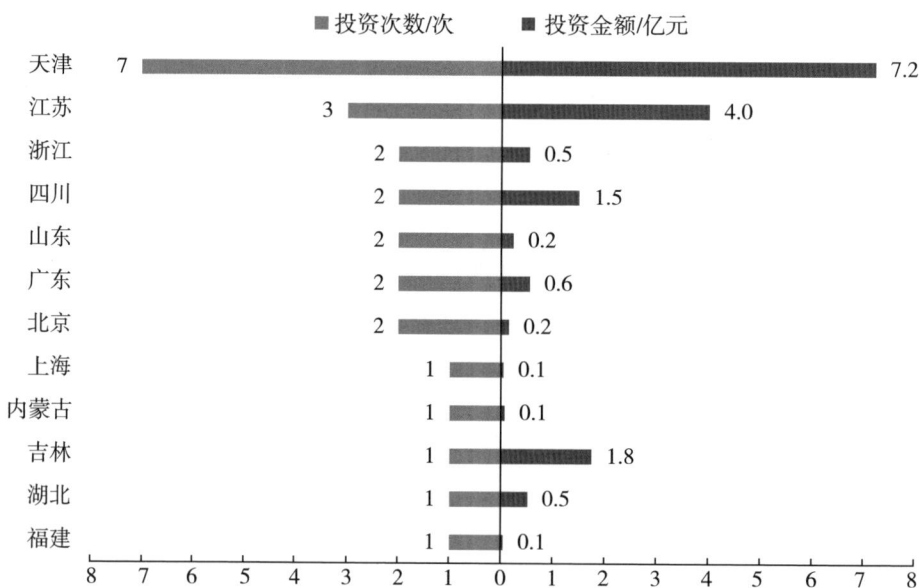

图108 2011—2016年10月天津市新能源汽车企业对外投资省份分布情况

118

从产业链环节来看，天津市新能源汽车企业对外投资集中在电池企业和整车企业两大环节。其中，电池企业对外投资次数最高，为 18 次，占比为 72%；整车企业对外投资金额最高，投资 8.8 亿元，占比为 53%（图 109）。

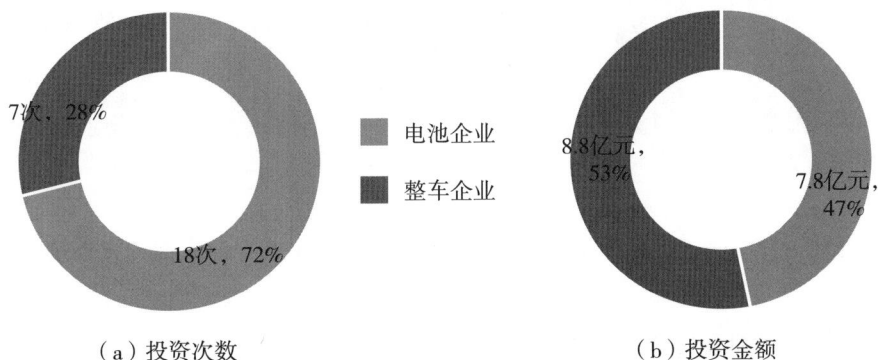

（a）投资次数　　　　　　　　　（b）投资金额

图 109　2011—2016 年 10 月天津市新能源汽车企业对外投资产业链分布情况

## 三、天津市新能源汽车产业创新情况

### （一）专利情况

#### 1. 专利申请及授权量出现逐步下降趋势

2011—2016 年 10 月，天津市新能源汽车企业专利申请量 1835 件，授权量 1592 件。自 2012 年开始，专利申请量出现下降趋势，2015 年略有升高后，2016 年又出现明显下滑（图 110）。

申请量    授权量

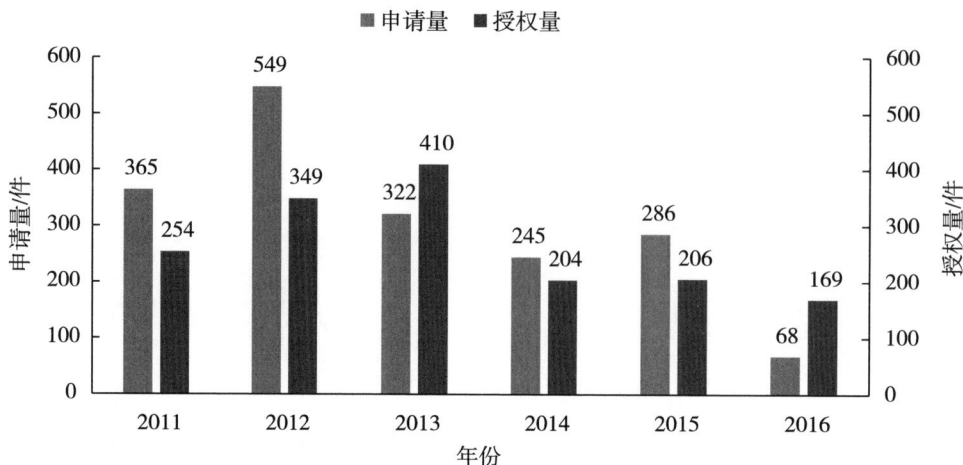

图 110　2011—2016 年 10 月天津市新能源汽车企业专利申请和授权情况

## 2. 企业创新能力相对较弱

从全国各省份新能源汽车专利申请和授权数量来看，天津市专利申请量和授权量在全国排名处于中下游位置，与浙江、安徽排名靠前的省份差距较大，创新能有待进一步提升（图 111）。

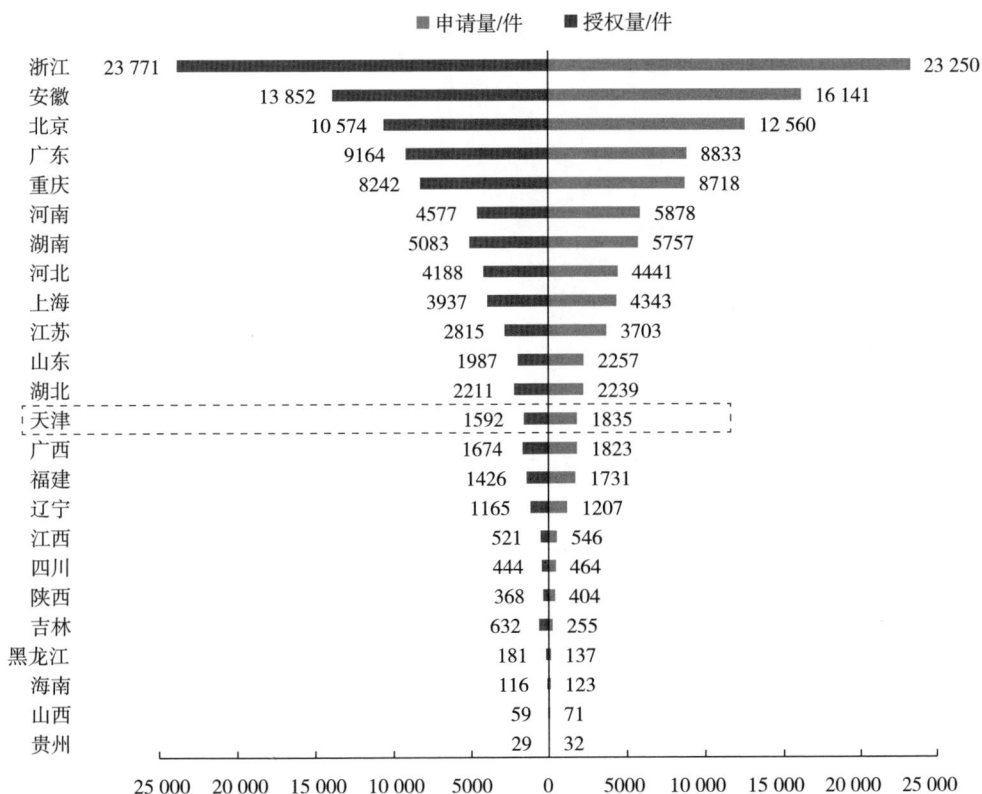

图 111　2011—2016 年 10 月新能源汽车企业专利申请和授权省份分布情况

### 3. 实用新型专利占主导，超三成专利申请为发明专利

从专利类型来看，实用新型专利占主导地位，申请量 943 件，占比为 51%；授权量 1136 件，占比为 71%。其次为发明专利，申请量 623 件，占比为 34%；授权量 170 件，占比为 11%（图 112）。

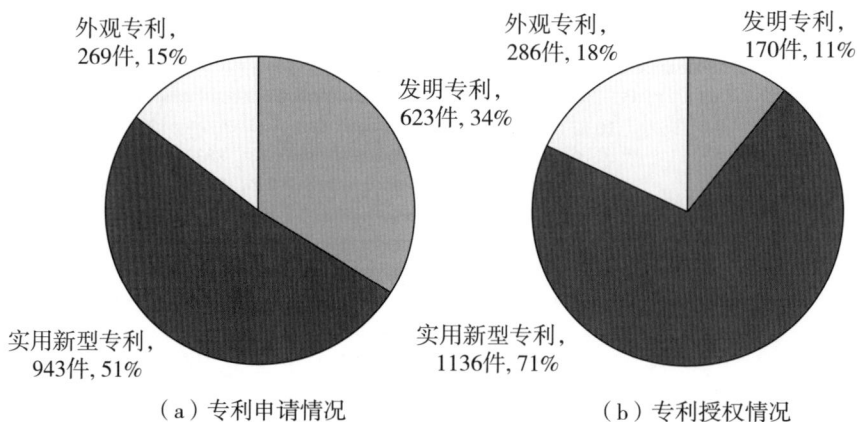

（a）专利申请情况　　　　　　　　（b）专利授权情况

**图 112　2011—2016 年 10 月天津市新能源汽车企业申请和授权专利类型情况**

### 4. 天津力神电池创新能力居天津首位

2011—2016 年 10 月，天津市新能源汽车企业中，专利申请量超过 500 件的公司有天津力神电池股份有限公司、天津市松正电动汽车技术股份有限公司。其中，天津力神电池股份有限公司专利申请量和授权量全市最高，为 852 件和 899 件（图 113）。

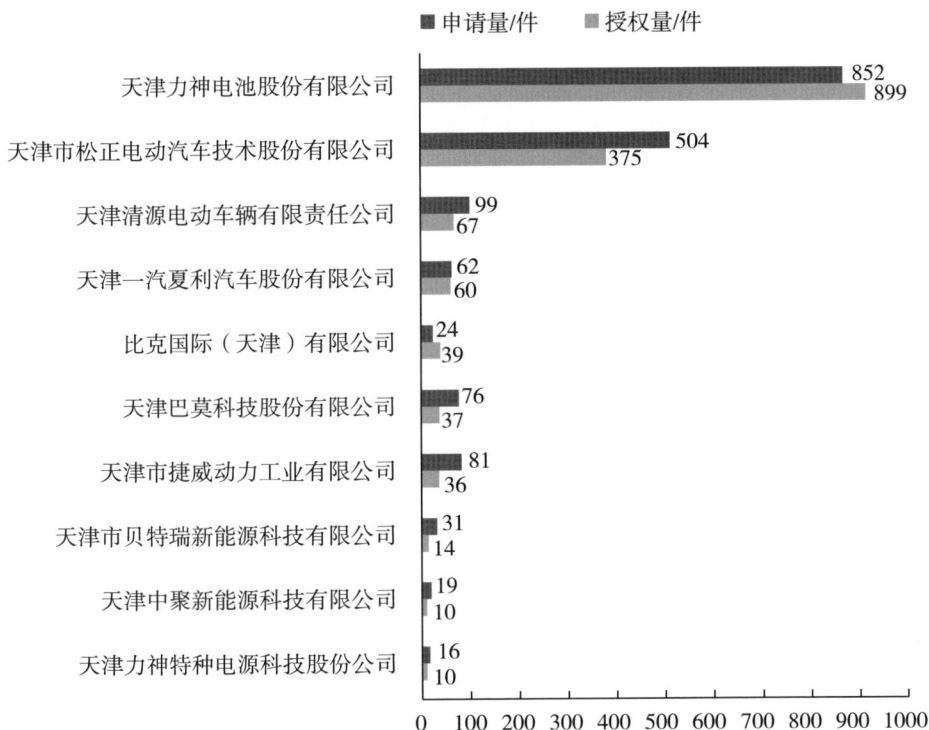

■ 申请量/件　■ 授权量/件

天津力神电池股份有限公司　852　899

天津市松正电动汽车技术股份有限公司　504　375

天津清源电动车辆有限责任公司　99　67

天津一汽夏利汽车股份有限公司　62　60

比克国际（天津）有限公司　24　39

天津巴莫科技股份有限公司　76　37

天津市捷威动力工业有限公司　81　36

天津市贝特瑞新能源科技有限公司　31　14

天津中聚新能源科技有限公司　19　10

天津力神特种电源科技股份公司　16　10

0　100　200　300　400　500　600　700　800　900　1000

图 113　2011—2016 年 10 月天津市新能源汽车产业专利申请和授权 Top10 企业

## （二）软件著作权情况

### 1. 软件著作权登记数量处于全国中下游水平

2011—2016 年 10 月，天津市新能源汽车企业软件著作权登记量 13 项，主要集中在 2013 年和 2016 年，4 个直辖市中排名最后，全国排名 16，较为靠后（图 114）。

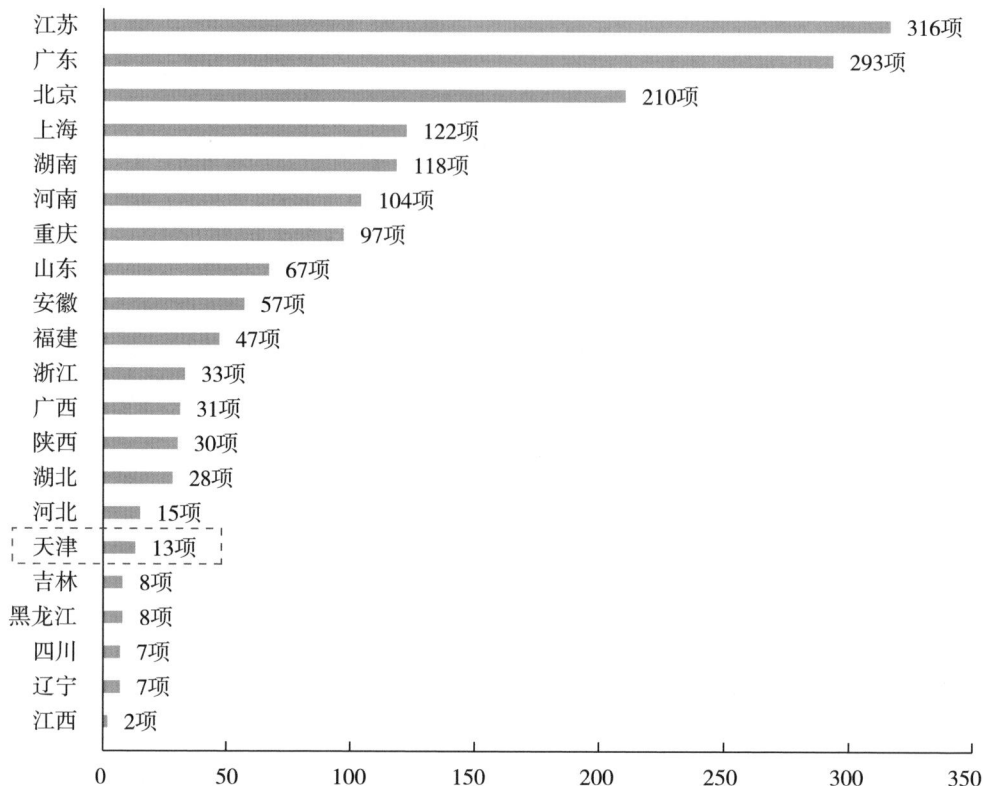

**图 114  2011—2016 年 10 月新能源汽车企业软件著作权登记省份分布情况**

### 2. 超 9 成软件著作权登记量来自天津市松正电动汽车

从登记企业来看，天津市新能源汽车企业中仅有 2 家有软件著作权登记，为天津市松正电动汽车技术股份有限公司、天津一汽夏利汽车股份有限公司。其中，天津市松正电动汽车技术股份有限公司软件著作权登记数量为 12 项，占比为 92.3%（表 11）。

表 11　2011—2016 年 10 月天津市新能源汽车企业软件著作权登记情况

单位：项

| 企业名称 | 登记年份 | 登记量 |
|---|---|---|
| 天津市松正电动汽车技术股份有限公司 | 2013 年 | 5 |
| 天津市松正电动汽车技术股份有限公司 | 2016 年 | 7 |
| 天津一汽夏利汽车股份有限公司 | 2014 年 | 1 |
| 总计 | | 13 |

# 四、附录

附表 1　截至 2016 年 10 月天津市新能源汽车企业基本信息

| 企业名称 | 成立日期 | 注册资本 / 万元 | 产业链类型 |
|---|---|---|---|
| 天津金牛电源材料有限责任公司 | 2001 年 12 月 10 日 | 4615.4 | 电池企业 |
| 天津力神特种电源科技股份公司 | 2008 年 7 月 17 日 | 1500.0 | 电池企业 |
| 鸥瑞智诺能源科技（天津）有限公司 | 2011 年 8 月 29 日 | 5000.0 | 电池企业 |
| 扫地王（天津）专用车辆装备有限公司 | 2005 年 7 月 18 日 | 4004.5 | 整车企业 |
| 天津扫地王专用汽车有限公司 | 1993 年 9 月 9 日 | 163.5 | 整车企业 |
| 扫地王（天津）环保科技有限公司 | 2015 年 2 月 28 日 | 1000.0 | 整车企业 |
| 中聚（天津）新能源投资有限公司 | 2010 年 6 月 24 日 | 30 722.2 | 电池企业 |
| 双一力（天津）新能源有限公司 | 2005 年 3 月 21 日 | 4072.7 | 电池企业 |
| 天津市松正电子有限公司 | 2004 年 10 月 19 日 | 400.0 | 整车企业 |
| 天津市松正半导体技术有限公司 | 2006 年 4 月 27 日 | 500.0 | 原材料企业 |
| 天津巴莫科技股份有限公司 | 2002 年 8 月 15 日 | 14 368.2 | 电池企业 |
| 天津东皋膜技术有限公司 | 2010 年 5 月 13 日 | 5856.8 | 电池企业 |
| 天津蓝天高科电源股份有限公司 | 2000 年 4 月 26 日 | 8540.0 | 电池企业 |

| 企业名称 | 成立日期 | 注册资本 / 万元 | 产业链类型 |
|---|---|---|---|
| 天津力神电池股份有限公司 | 1997 年 12 月 25 日 | 125 000.0 | 电池企业 |
| 天津清源电动车辆有限责任公司 | 2001 年 11 月 16 日 | 2483.7 | 整车企业 |
| 天津市贝特瑞新能源科技有限公司 | 2010 年 12 月 9 日 | 8000.0 | 电池企业 |
| 天津市捷威动力工业有限公司 | 2009 年 4 月 8 日 | 25 764.2 | 电池企业 |
| 天津市松正电动汽车技术股份有限公司 | 2010 年 10 月 29 日 | 8927.5 | 整车企业 |
| 天津天汽集团美亚汽车制造有限公司 | 2003 年 6 月 30 日 | 20 603.9 | 整车企业 |
| 天津一汽丰田汽车有限公司 | 2000 年 6 月 12 日 | 337 735.1 | 整车企业 |
| 天津一汽夏利汽车股份有限公司 | 1997 年 8 月 28 日 | 159 517.4 | 整车企业 |
| 天津中聚新能源科技有限公司 | 2010 年 12 月 21 日 | 70 058.7 | 电池企业 |
| 力神动力电池系统有限公司 | 2009 年 9 月 21 日 | 67 536.4 | 电池企业 |
| 比克国际（天津）有限公司 | 2006 年 12 月 12 日 | 39 118.9 | 电池企业 |
| 艾普斯电源（天津）有限公司 | 2003 年 11 月 3 日 | 827.7 | 电池企业 |
| 天津市贝特瑞新能源材料有限责任公司 | 2004 年 7 月 6 日 | 1350.0 | 电池企业 |
| 天津比克巨佳新能源科技有限公司 | 2010 年 1 月 21 日 | 2000.0 | 电池企业 |
| 天津市悍马电动车有限公司 | 2001 年 4 月 7 日 | 50.0 | 整车企业 |
| 天津天和盈亚科技有限公司 | 2003 年 9 月 27 日 | 5000.0 | 原材料企业 |
| 天津比亚迪汽车有限公司 | 1981 年 8 月 5 日 | 10 000.0 | 整车企业 |

**附表 2　2011—2016 年 10 月天津市新能源汽车企业吸纳投资地区分布汇总数据**

| | 投资次数 / 次 | 占比 | 投资金额 / 万元 | 占比 |
|---|---|---|---|---|
| 北京 | 1 | 33.3% | 4600 | 76.7% |
| 天津 | 1 | 33.3% | 1000 | 16.7% |
| 自然人 | 1 | 33.3% | 400 | 6.7% |
| 总计 | 3 | 100.0% | 6000 | 100.0% |

附表3 2011—2016年10月天津市新能源汽车企业对外投资地区分布汇总数据

| 省份 | 投资次数/次 | 占比 | 投资金额/万元 | 占比 |
|---|---|---|---|---|
| 天津 | 7 | 28.0% | 72 028 | 43.34% |
| 江苏 | 3 | 12.0% | 39 918 | 24.02% |
| 北京 | 2 | 8.0% | 1500 | 0.90% |
| 广东 | 2 | 8.0% | 5525 | 3.32% |
| 山东 | 2 | 8.0% | 2335.2 | 1.41% |
| 四川 | 2 | 8.0% | 15 000 | 9.03% |
| 浙江 | 2 | 8.0% | 5420 | 3.26% |
| 福建 | 1 | 4.0% | 518 | 0.31% |
| 湖北 | 1 | 4.0% | 5200 | 3.13% |
| 吉林 | 1 | 4.0% | 17 500 | 10.53% |
| 内蒙古 | 1 | 4.0% | 750 | 0.45% |
| 上海 | 1 | 4.0% | 500 | 0.30% |
| 总计 | 25 | 100.0% | 166 194.2 | 100.00% |

附表4 2011—2016年10月天津市新能源汽车企业专利申请量和授权量汇总数据

单位：件

| 企业名称 | 申请量 | 授权量 |
|---|---|---|
| 天津力神电池股份有限公司 | 852 | 899 |
| 天津市松正电动汽车技术股份有限公司 | 504 | 375 |
| 天津清源电动车辆有限责任公司 | 99 | 67 |
| 天津市捷威动力工业有限公司 | 81 | 36 |
| 天津巴莫科技股份有限公司 | 76 | 37 |
| 天津一汽夏利汽车股份有限公司 | 62 | 60 |
| 天津市贝特瑞新能源科技有限公司 | 31 | 14 |

| 企业名称 | 申请量 | 授权量 |
|---|---|---|
| 比克国际（天津）有限公司 | 24 | 39 |
| 天津中聚新能源科技有限公司 | 19 | 10 |
| 天津力神特种电源科技股份公司 | 16 | 10 |
| 天津金牛电源材料有限责任公司 | 15 | 3 |
| 力神动力电池系统有限公司 | 12 | 4 |
| 鸥瑞智诺能源科技（天津）有限公司 | 10 | 6 |
| 天津市贝特瑞新能源材料有限责任公司 | 10 | 4 |
| 中聚（天津）新能源投资有限公司 | 8 | 8 |
| 天津东皋膜技术有限公司 | 7 | 5 |
| 艾普斯电源（天津）有限公司 | 6 | 6 |
| 天津天汽集团美亚汽车制造有限公司 | 3 | 3 |
| 天津蓝天高科电源股份有限公司 | 0 | 1 |
| 天津市松正电子有限公司 | 0 | 1 |
| 天津一汽丰田汽车有限公司 | 0 | 4 |
| 总计 | 1835 | 1592 |

**附表5　2011—2016年10月天津市新能源汽车企业软件著作权登记量汇总数据**

单位：项

| 企业名称 | 登记量 |
|---|---|
| 天津市松正电动汽车技术股份有限公司 | 12 |
| 天津一汽夏利汽车股份有限公司 | 1 |
| 总计 | 13 |

# 郑州市新能源汽车产业分析

## 【主要分析结论】

● **郑州市新能源汽车占据河南省新能源汽车规模的半壁江山**。截至2016年10月，郑州市新能源汽车企业共计15家，注册资本总额达到88.6亿元，占河南省新能源汽车企业数量和注册资本总额的比重分别为50.0%和51.6%。

● **管城区为郑州市新能源汽车企业聚集地**。郑州市管城区新能源汽车企业数量6家，占比为40.0%，注册资本76.2亿元，占比为86.0%。

● **对外投资以电池企业为主，主要流向本省**。2011—2016年10月，郑州市新能源汽车企业对外投资38次，投资金额49.1亿元。其中，对本省投资次数17次，占比为44.7%，投资金额22.5亿元，占比为45.8%。对外投资企业中，电池企业投资次数和投资金额均最高，对外投资22次，占比为57.9%，投资金额29.3亿元，占比为59.7%。

● **郑州宇通客车为郑州市新能源汽车产业的创新主体**。郑州宇通客车专利申请量、授权量及软件著作权登记量均居全市首位。其中，专利申请量和授权量分别为1333件和1102件，占郑州市新能源汽车专利总申请量和授权量的57.1%和52.3%，软件著作权登记量54件，占郑州市总登记量的90.0%。

# 一、郑州市新能源汽车产业基本情况

## （一）郑州市新能源汽车占据河南省新能源汽车规模的半壁江山

截至 2016 年 10 月，郑州市新能源汽车企业共计 15 家，注册资本总额达到 88.6 亿元，居全省首位，占河南省新能源汽车企业数量和注册资本总额的比重分别为 50.0% 和 51.6%（表 12、图 115）。

表 12　郑州市新能源汽车产业对比河南省基本情况

| 产业 | 企业数量 / 家 | 注册资本 / 亿元 |
|---|---|---|
| 郑州市新能源汽车产业 | 15 | 88.6 |
| 河南省新能源汽车产业 | 30 | 171.8 |

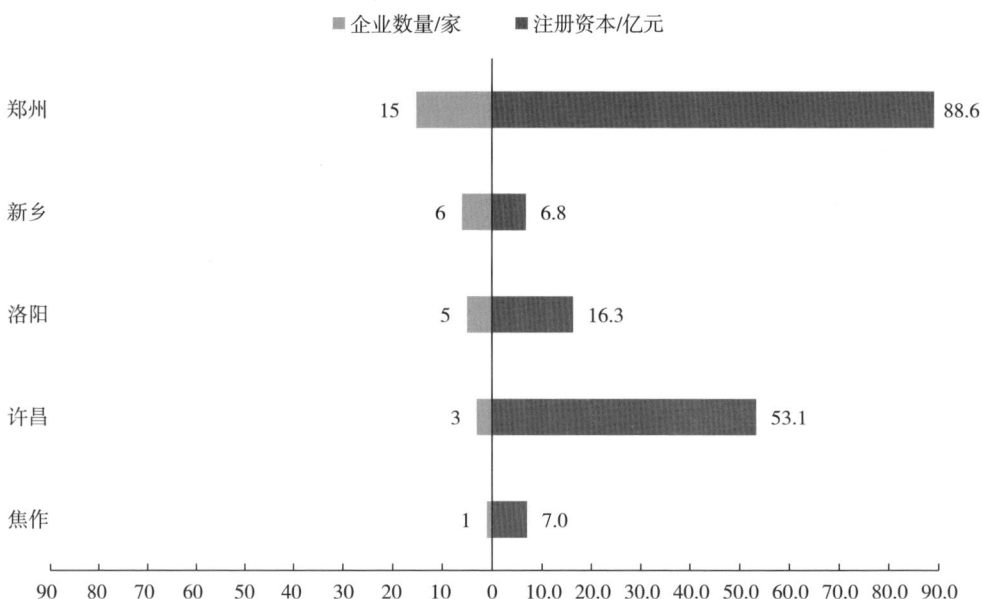

图 115　截至 2016 年 10 月河南省新能源汽车企业数量和注册资本分布情况

从 2006—2016 年 10 月企业数量和注册资本变化情况来看，郑州市新能源汽车产业规模增长速度有所放缓（图 116）。

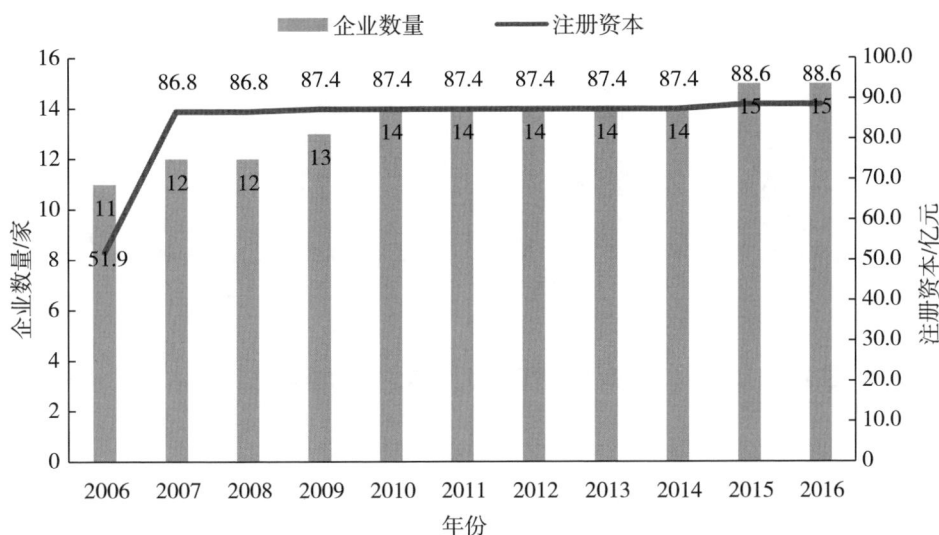

**图 116　2006—2016 年 10 月郑州市新能源汽车企业数量和注册资本年度分布情况**

从企业成立年份来看，郑州市新能源汽车企业在 1995—2010 年成立数量较多，大笔资本涌入，其间 13 家企业成立，注册资本 75.7 亿元。在 2011—2016 年新成立的企业较少，5 年间仅新增 1 家企业，注册资本为 1.2 亿元（图 117）。

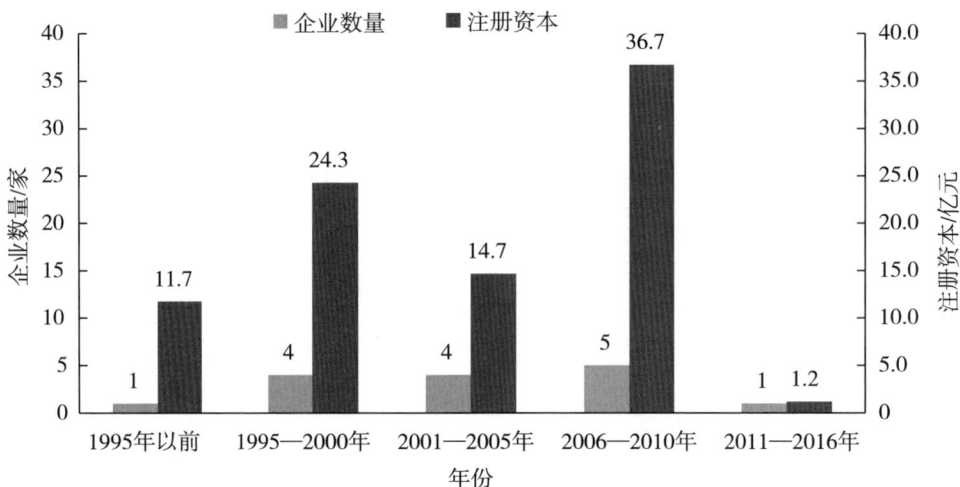

**图 117  截至 2016 年 10 月郑州市新能源汽车企业数量和注册资本时间分布情况**

## （二）郑州市新能源汽车产业以整车企业为主

从产业链来看，郑州市新能源汽车企业主要集中在整车企业环节，企业数量 10 家，占比为 66.7%，注册资本 65.8 亿元，占比为 74.3%。其次是电池企业，企业数量 2 家，占比为 13.3%，注册资本 22.7 亿元，占比为 25.6%（图 118）。

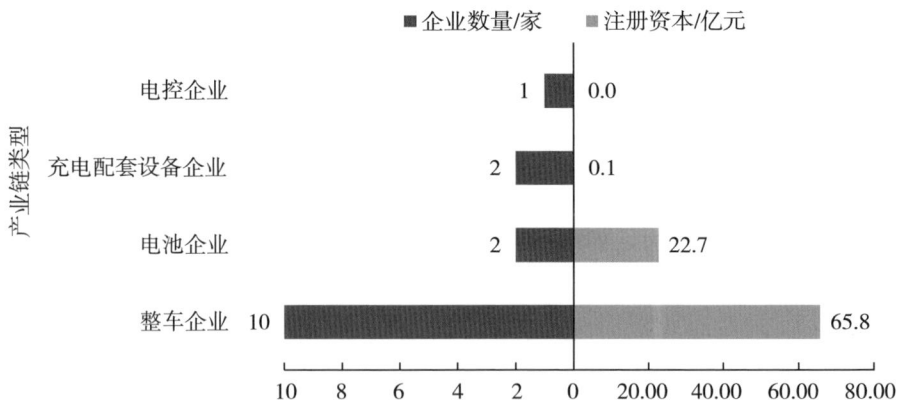

**图 118  截至 2016 年 10 月郑州市新能源汽车企业数量和注册资本产业链分布情况**

## （三）郑州市新能源汽车企业集中分布在管城区

从企业分布来看，郑州市新能源汽车企业在二七区、管城区、荥阳市、中牟县和中原区均有分布。其中，在管城区的分布最为集中，企业数量6家，占比为40.0%，注册资本76.2亿元，占比为86.0%（图119）。

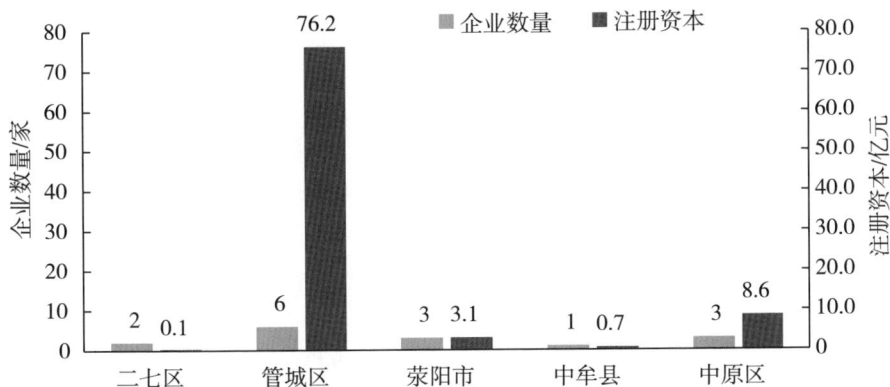

图119 截至2016年10月郑州市新能源汽车企业数量和注册资本区域分布情况

# 二、郑州市新能源汽车产业投资情况

## （一）产业吸纳投资较少

2011—2016年10月，郑州市新能源汽车企业仅接受2笔投资，一笔来自河南本省，一笔来自自然人投资，投资金额均未公开披露。

## （二）对外投资集中流向本省，电池企业、整车企业对外投资活跃

2011—2016年10月，郑州市新能源汽车企业对外投资38次，投资金额49.1亿元。其中，2015年是对外投资大年，对外投资14次，投资金额25.3亿元，无论是投资金额，还是投资次数均远高于其他年份（图120）。

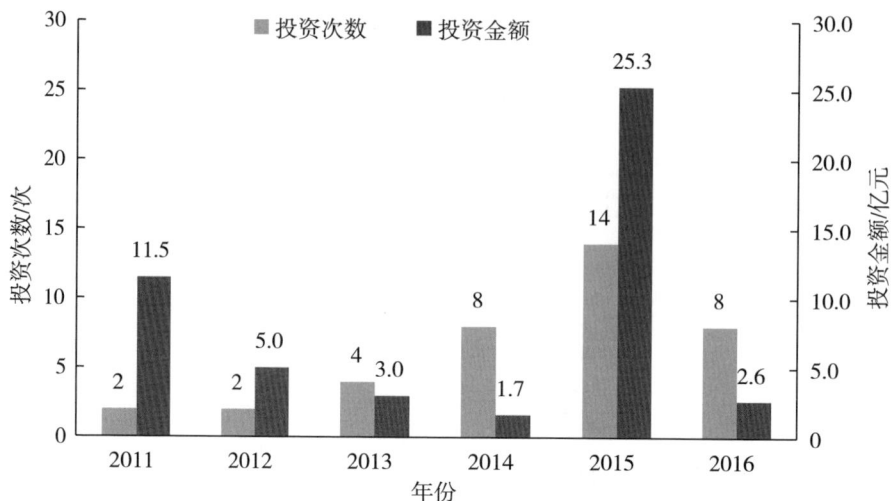

图 120　2011—2016 年 10 月郑州市新能源汽车企业对外投资情况

　　从产业链来看，郑州市新能源汽车企业对外投资集中在电池企业和整车企业。其中，电池企业投资次数和投资金额均最高，对外投资 22 次，占比为 57.9%，投资金额 29.3 亿元，占比为 59.7%（图 121）。

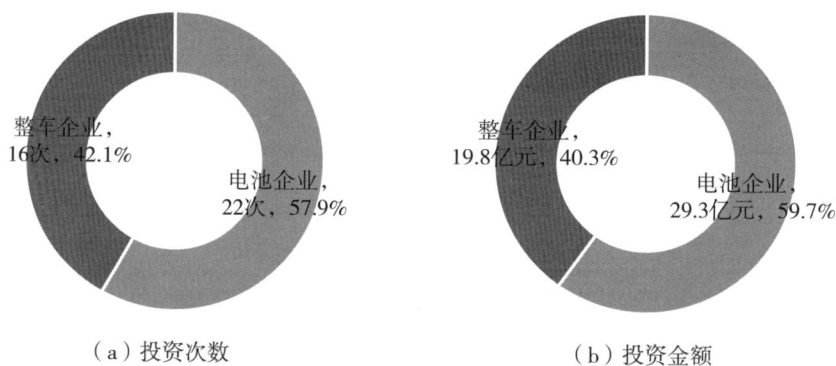

（a）投资次数　　　　　　　　　（b）投资金额

图 121　2011—2016 年 10 月郑州市新能源汽车企业对外投资产业链分布情况

　　从对外投资省份来看，郑州市新能源汽车企业对外投资主要投向本省，投资次数 17 次，投资金额 22.5 亿元。对西藏投资额排在第 2 位，主要由于郑州宇通客车股份有限公司对西藏康瑞盈实投资有限公司投资 10 亿元、郑州宇通集团有限公司对拉萨百年德化投资有限公司投资 11.5 亿元大笔资本投资（图 122）。

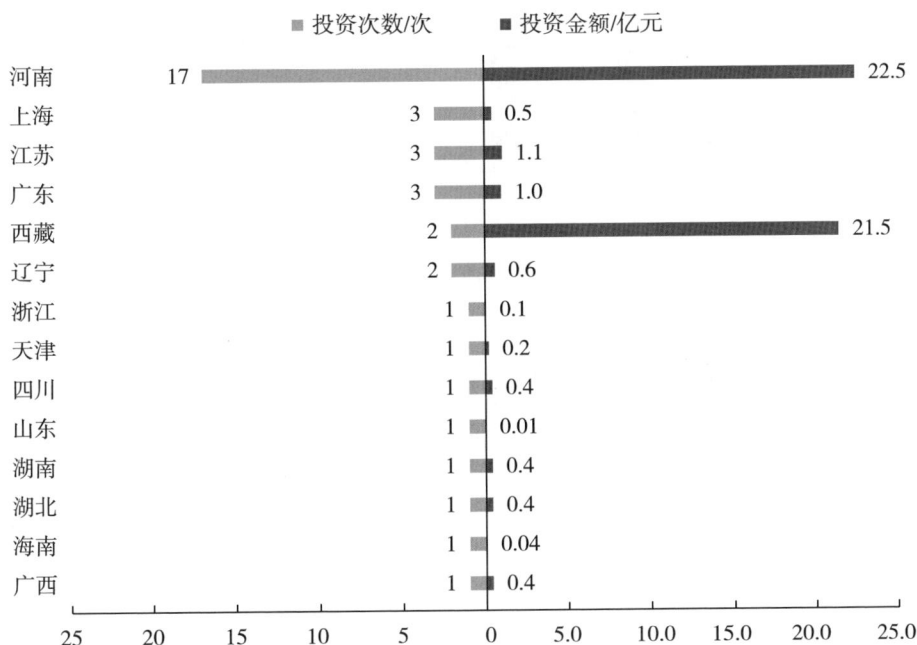

图 122　2011—2016 年 10 月郑州市新能源汽车企业对外投资省份分布情况

## 三、郑州市新能源汽车产业创新情况

### （一）专利情况

2011—2016 年 10 月，郑州市新能源汽车企业专利申请量和授权量分别为 2335 件和 2107 件（图 123）。

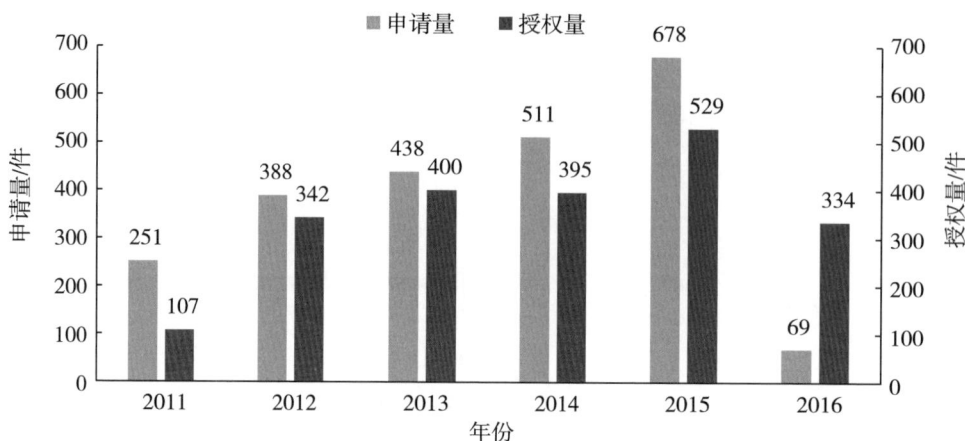

**图 123　2011—2016 年 10 月郑州市新能源汽车企业专利申请和授权情况**

### 1. 专利类型以实用新型专利为主

从专利类型来看，实用新型专利占主导地位。2011—2016 年 10 月，郑州市新能源汽车企业实用新型专利申请量 1655 件，占比为 70.9%，授权量 1712 件，占比为 81.3%；发明专利申请量为 402 件，占比为 17.2%，授权量 89 件，占比为 4.2%；外观专利申请量最少，为 278 件，占比为 11.9%，授权量 306 件，占比为 14.5%（图 124）。

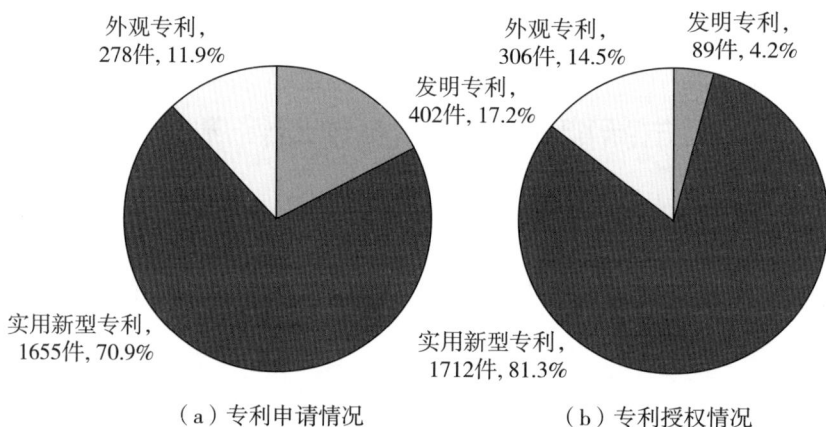

（a）专利申请情况　　　　　　（b）专利授权情况

**图 124　2011—2016 年 10 月郑州市新能源汽车企业专利申请和授权类型情况**

## 2.郑州宇通客车专利创新优势明显

从企业专利占有情况来看，郑州宇通客车专利申请量和授权量全市最高，分别为 1333 件和 1102 件，占郑州市新能源汽车专利总申请量和授权量的 57.1% 和 52.3%。其次为郑州日产汽车有限公司，申请量 510 件，占比为 21.0%，授权量 470 件，占比为 22.3%（图 125）。

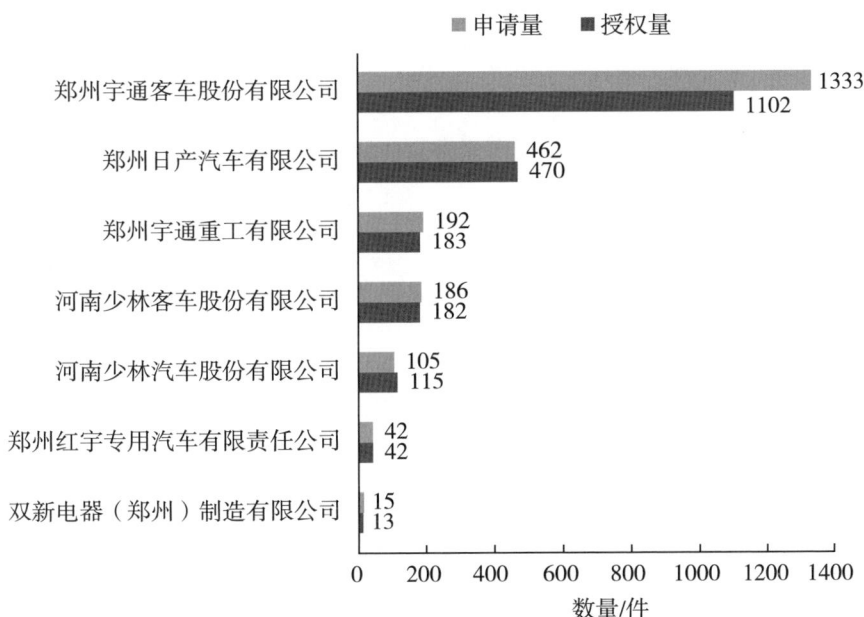

图 125　2011—2016 年 10 月郑州市新能源汽车企业专利申请和授权企业分布情况

## （二）软件著作权情况

2011—2016 年 10 月，郑州市新能源汽车企业中共有 3 家企业登记软件著作权，为郑州宇通客车股份有限公司，郑州日产汽车有限公司和双新电器（郑州）制造有限公司，共登记软件著作权 60 项。其中，郑州宇通客车股份有限公司登记量最高，为 54 项，占比为 90.0%，即九成软件著作权登记数量来自郑州宇通客车（图 126）。

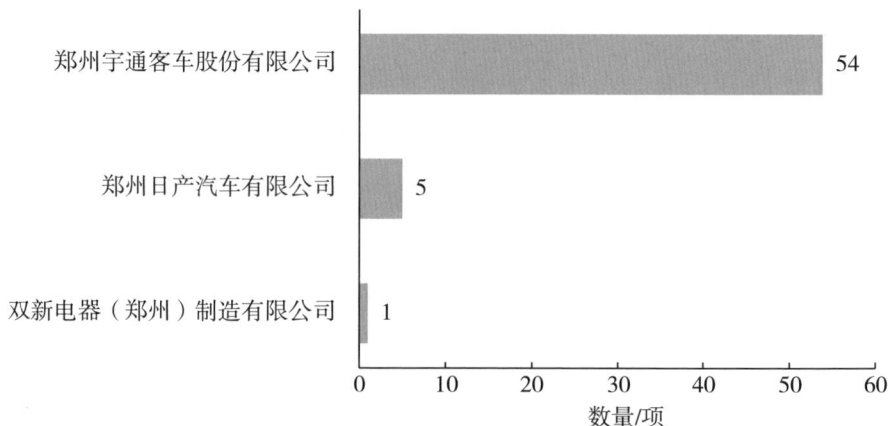

**图126　2011—2016年10月郑州市新能源汽车企业软件著作权登记情况**

# 四、附录

附表1　截至2016年10月郑州市新能源汽车企业基本信息

| 企业名称 | 成立日期 | 注册资本/万元 | 企业类型 |
| --- | --- | --- | --- |
| 河南省海奥通新能源科技有限公司 | 2009年3月26日 | 6000.00 | 电池企业 |
| 郑州红宇专用汽车有限责任公司 | 2002年4月26日 | 6637.50 | 整车企业 |
| 河南少林新能源汽车股份有限公司 | 2015年5月15日 | 12 000.00 | 整车企业 |
| 河南少林客车股份有限公司 | 2006年8月14日 | 12 000.00 | 整车企业 |
| 郑州日产汽车有限公司 | 1993年3月24日 | 117 438.63 | 整车企业 |
| 郑州宇通集团有限责任公司 | 1999年6月22日 | 14 600.00 | 整车企业 |
| 郑州宇通客车股份有限公司 | 1997年1月8日 | 221 393.92 | 电池企业 |
| 郑州宇通重工有限公司 | 2001年11月6日 | 60 000.00 | 整车企业 |
| 河南少林汽车股份有限公司 | 1997年10月28日 | 6668.00 | 整车企业 |
| 郑州宇通集团有限公司 | 2003年4月23日 | 80 000.00 | 整车企业 |
| 美国江森自控国际有限公司郑州代表处 | 1996年3月13日 | 0.00 | 电控企业 |

| 企业名称 | 成立日期 | 注册资本 / 万元 | 企业类型 |
|---|---|---|---|
| 双新电器（郑州）制造有限公司 | 2004 年 5 月 27 日 | 200.00 | 充电配套设备企业 |
| 郑州昌原电子设备有限公司 | 2006 年 2 月 21 日 | 500.00 | 充电配套设备企业 |
| 海马汽车有限公司 | 2007 年 7 月 17 日 | 348 619.00 | 整车企业 |
| 郑州日产汽车有限公司乘用车分公司 | 2010 年 9 月 28 日 | 0.00 | 整车企业 |

附表2　2011—2016 年 10 月郑州市新能源汽车企业吸纳投资地区分布汇总数据

| | 投资次数 / 次 | 占比 | 投资金额 / 亿元 | 占比 |
|---|---|---|---|---|
| 河南 | 1 | 50.0% | 未公开 | 未公开 |
| 自然人 | 1 | 50.0% | 未公开 | 未公开 |
| 总计 | 2 | 100.0% | 未公开 | 未公开 |

附表3　2011—2016 年 10 月郑州市新能源汽车企业对外投资地区分布汇总数据

| 地区 | 投资次数 / 次 | 占比 | 投资金额 / 亿元 | 占比 |
|---|---|---|---|---|
| 河南 | 17 | 44.7% | 22.5 | 45.8% |
| 广东 | 3 | 7.9% | 1.0 | 2.1% |
| 江苏 | 3 | 7.9% | 1.1 | 2.2% |
| 上海 | 3 | 7.9% | 0.5 | 1.0% |
| 辽宁 | 2 | 5.3% | 0.6 | 1.2% |
| 西藏 | 2 | 5.3% | 21.5 | 43.8% |
| 广西 | 1 | 2.6% | 0.4 | 0.8% |
| 海南 | 1 | 2.6% | 0.04 | 0.2% |
| 湖北 | 1 | 2.6% | 0.4 | 0.8% |
| 湖南 | 1 | 2.6% | 0.4 | 0.8% |

续表

| 地区 | 投资次数 / 次 | 占比 | 投资金额 / 亿元 | 占比 |
|------|------|------|------|------|
| 山东 | 1 | 2.6% | 0.01 | 0.0% |
| 四川 | 1 | 2.6% | 0.4 | 0.8% |
| 天津 | 1 | 2.6% | 0.2 | 0.4% |
| 浙江 | 1 | 2.6% | 0.1 | 0.2% |
| 总计 | 38 | 100.0% | 49.1 | 100.0% |

**附表 4   2011—2016 年 10 月郑州市新能源汽车企业专利申请量和授权量汇总数据**

单位：件

| 企业名称 | 申请量 | 授权量 |
|------|------|------|
| 郑州宇通客车股份有限公司 | 1333 | 1102 |
| 郑州日产汽车有限公司 | 462 | 470 |
| 郑州宇通重工有限公司 | 192 | 183 |
| 河南少林客车股份有限公司 | 186 | 182 |
| 河南少林汽车股份有限公司 | 105 | 115 |
| 郑州红宇专用汽车有限责任公司 | 42 | 42 |
| 双新电器（郑州）制造有限公司 | 15 | 13 |
| 总计 | 2335 | 2107 |

**附表 5   2011—2016 年 10 月郑州市新能源汽车企业软件著作权登记量汇总数据**

单位：项

| 企业名称 | 登记数量 |
|------|------|
| 双新电器（郑州）制造有限公司 | 1 |
| 郑州日产汽车有限公司 | 5 |
| 郑州宇通客车股份有限公司 | 54 |
| 总计 | 60 |

# 宁波市新能源汽车产业分析

## 【主要分析结论】

- **宁波市新能源汽车产业规模较小，增速较为缓慢**。截至 2016 年 10 月，宁波市新能源汽车企业数量 13 家，注册资本总额 8.7 亿元，占浙江省新能源汽车企业数量和注册资本总额的比重分别为 20.0% 和 5.3%，整体产业规模较小；新增企业增速较为缓慢，年均新增企业不足 1 家。

- **企业集中布局在整车企业环节，但区域分布分散**。宁波市新能源汽车产业以整车企业为主，注册资本 6.4 亿元，占比为 73.6%，企业数量 6 家，占比为 46.2%。但企业区域分布比较分散，13 家企业分散分布在鄞州区、余姚市、慈溪市、北仑区、奉化市。

- **自然人投资活跃，吸纳资本主要流向本省**。2011—2016 年 10 月，宁波市新能源汽车企业接受投资 13 次，投资金额 1.0 亿元。其中，接受自然人投资最为频繁，为 7 次，占比为 53.8%。对外投资 18 次，投资金额 12.1 亿元。其中，投向浙江本省 13 次，占比为 72.2%，投资金额 6.3 亿元，占比为 52.1%。

- **浙江吉利汽车为创新先锋企业**。2011—2016 年 10 月，宁波市新能源汽车企业申请专利 897 件，授权专利 1047 件。其中，浙江吉利汽车有限公司专利申请量和授权量均居全市首位，分别为 761 件和 909 件，在全市专利申请总量和授权总量的占比分别达到 84.8% 和 86.8%。

# 一、宁波市新能源汽车产业基本情况

## （一）宁波市新能源汽车产业规模较小，增速较为缓慢

截至 2016 年 10 月，宁波市新能源汽车企业共计 13 家，注册资本总额达到 8.7 亿元，占浙江省新能源汽车企业数量和注册资本总额的比重分别为 20.0% 和 5.3%，整体产业规模较小。自 2006 年，宁波市新能源汽车产业基本保持在每 2 年新增 1 家企业的增长水平，整体产业规模增长速度较为缓慢（表 13、图 127）。

表 13　宁波市新能源汽车产业对比浙江省基本情况

| 产业 | 企业数量 / 家 | 注册资本 / 亿元 |
| --- | --- | --- |
| 宁波市新能源汽车产业 | 13 | 8.7 |
| 浙江省新能源汽车产业 | 65 | 163.4 |

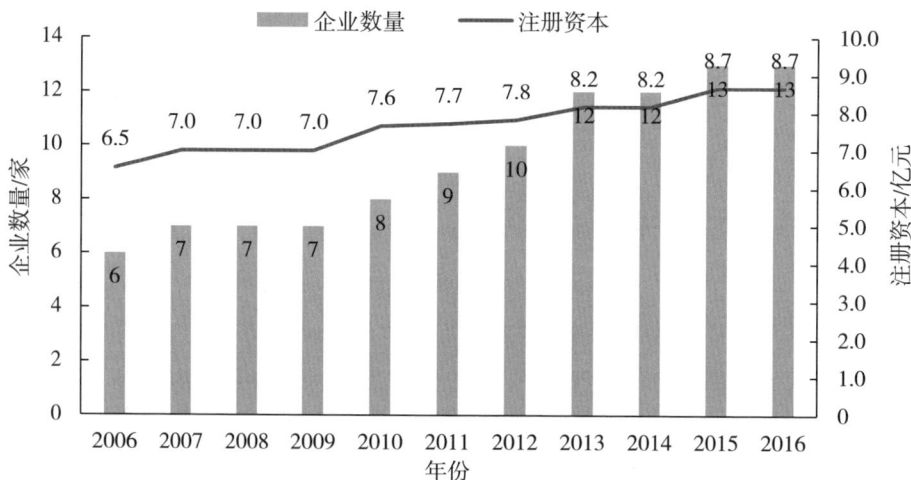

图 127　2006—2016 年 10 月宁波市新能源汽车企业数量和注册资本情况

从企业成立时间来看，2011—2015 年，新增企业数量最多，为 5 家。2006—2010 年，新成立企业数量最少，仅成立了 2 家。从注册资本来看，2001—2005 年，企业注册资本最高，为 4.3 亿元。2011—2015 年企业注册资本最低，为 1.0 亿元（图 128）。

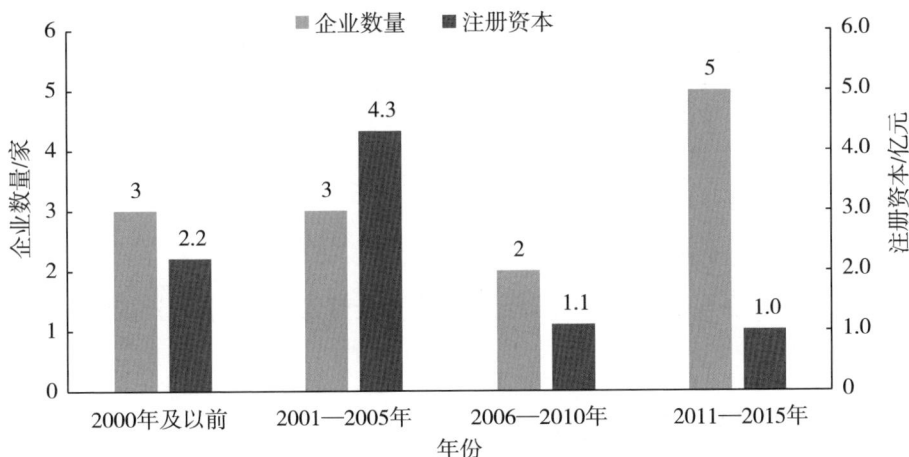

图 128　截至 2016 年 10 月宁波市新能源汽车企业新增企业数量和注册资本情况

## （二）宁波市新能源汽车产业以整车企业为主

从产业链来看，宁波市新能源汽车企业分布在整车、电池、仪表、原材料四大环节，但产业规模较小。其中，整车企业注册资本和企业数量均最高，分别为 6.4 亿元和 6 家，占比为 73.6% 和 46.2%（图 129）。

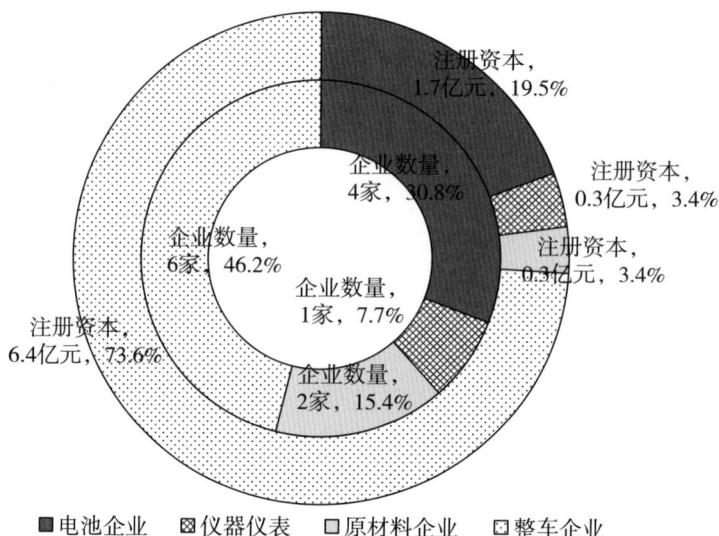

**图 129　截至 2016 年 10 月宁波市新能源汽车企业数量和注册资本产业链分布情况**

## （三）宁波市新能源汽车企业区域分布较为分散

　　宁波市新能源汽车企业分散分布在鄞州区、余姚市、慈溪市、北仑区、奉化市 5 个区域。其中，鄞州区企业数量最多，为 4 家；北仑区注册资本最高，为 4.2 亿元（图 130）。

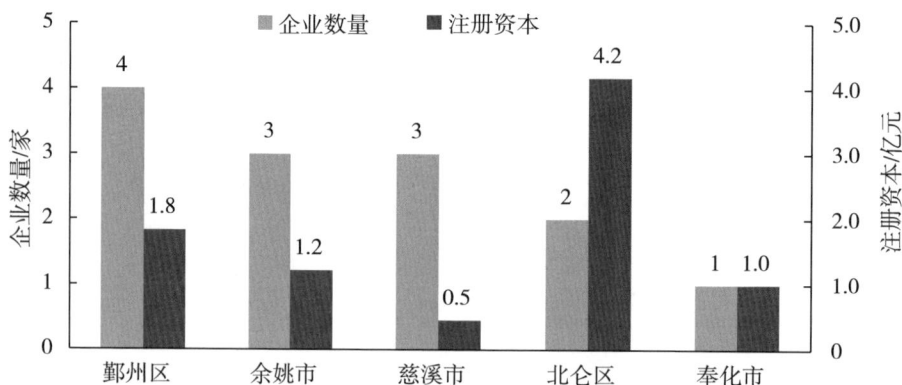

**图 130　截至 2016 年 10 月宁波市新能源汽车企业数量和注册资本区域分布情况**

## 二、宁波市新能源汽车产业投资情况

### （一）吸纳投资以自然人为主，电池企业环节为吸纳投资的热点

2011—2016 年 10 月，宁波市新能源汽车企业接受投资 13 次，投资金额 1.0 亿元。其中，2015 年接受投资金额最高，为 5000.0 万元。2012 年接受投资最为频繁，为 5 次（图 131）。

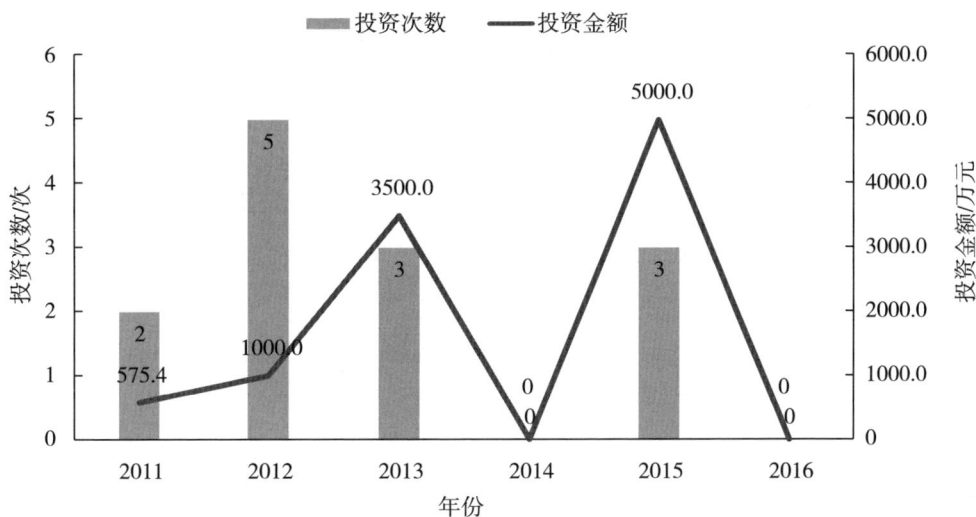

图 131　2011—2016 年 10 月宁波市新能源汽车企业吸纳投资情况

从投资类型来看，宁波市新能源汽车企业接受投资主要来自浙江本省和自然人。其中，接受来自浙江的投资金额最高，为 6127.7 万元，占比为 60.8%。接受自然人投资最为频繁，为 7 次，占比为 53.8%（图 132）。

外企，1次，
7.7%

浙江，5次，
38.5%

自然人，7次，
53.8%

外企，287.7万元，
2.9%

自然人，3660.0万元，
36.3%

浙江，6127.7万元，
60.8%

（a）投资次数

（b）投资金额

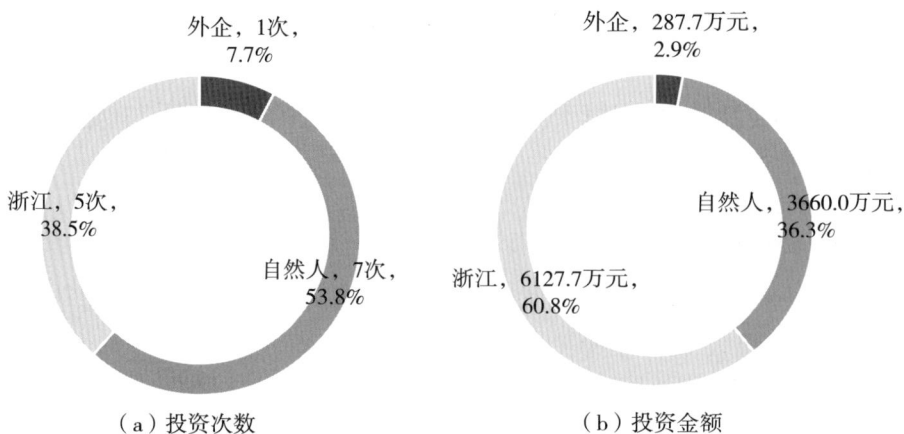

**图 132　2011—2016 年 10 月宁波市新能源汽车企业吸纳投资来源情况**

从产业链来看，宁波市新能源汽车企业接受投资集中在电池、原材料和整车三大环节。其中，电池企业和原材料企业接受投资次数最高，都为 5 次，电池企业接受投资金额最多，为 5575.4 万元（图 133）。

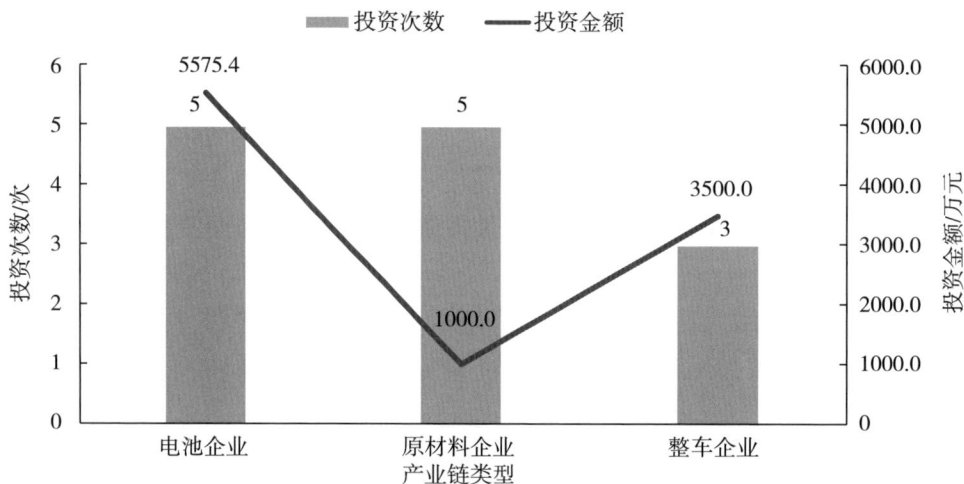

**图 133　2011—2016 年 10 月宁波市新能源汽车企业吸纳投资产业链分布情况**

## （二）对外投资主要流向本省，吉利汽车为对外辐射的主力

2011—2016 年 10 月，宁波市新能源汽车企业对外投资 18 次，投资金额 12.1 亿元。对外投资企业共有 3 家，为宁波拜特测控技术有限公司、浙江吉利汽车有限公司和浙江微米新能源汽车有限公司。其中，浙江吉利汽车有限公司对外投资次数和投资金额均最高，分别为 16 次和 10.5 亿元，占比为 88.9% 和 86.8%（图 134）。

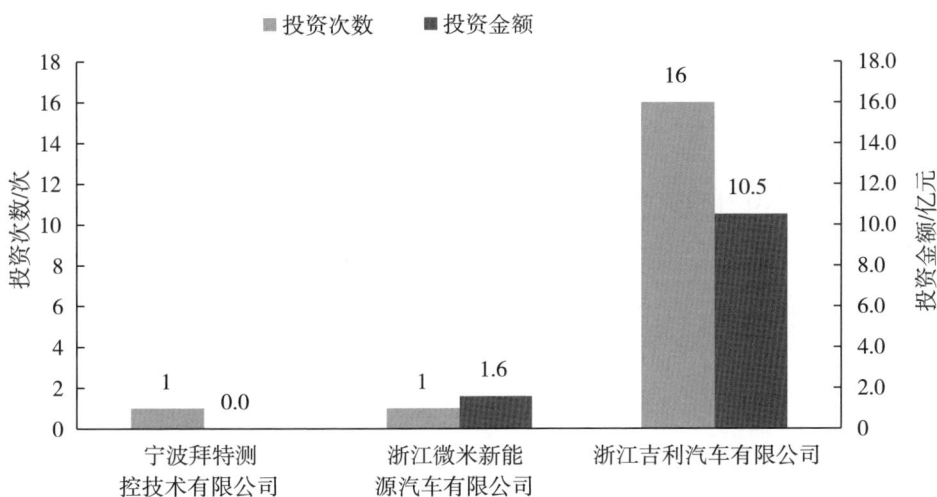

图 134　2011—2016 年 10 月宁波市新能源汽车企业对外投资企业分布情况

从对外投资时间来看，宁波市新能源汽车企业在 2015 年对外投资金额和投资次数最高，为 7.8 亿元和 6 次。2011 年和 2014 年均无对外投资（图 135）。

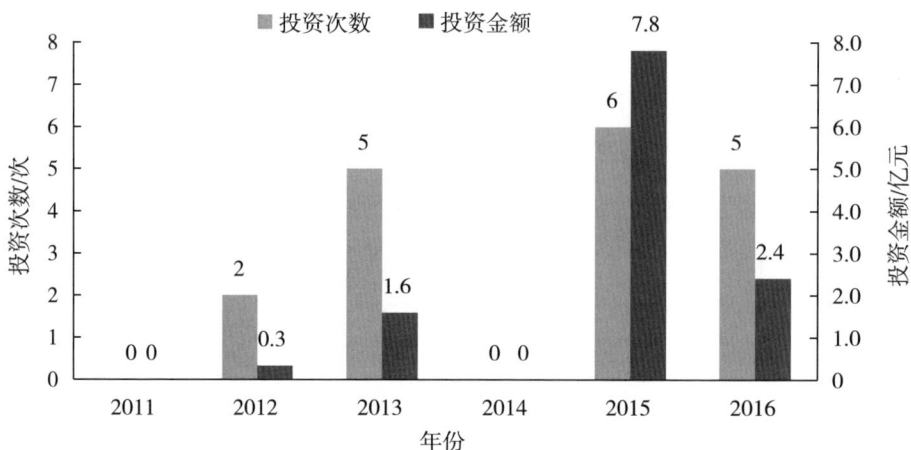

图 135　2011—2016 年 10 月宁波市新能源汽车企业对外投资情况

2011—2016 年 10 月，宁波市新能源汽车企业对外投资集中在北仑区和慈溪市。其中，北仑区对外投资 17 次，占比为 94.4%，对外投资金额 10.5 亿元，占比为 86.8%（图 136）。

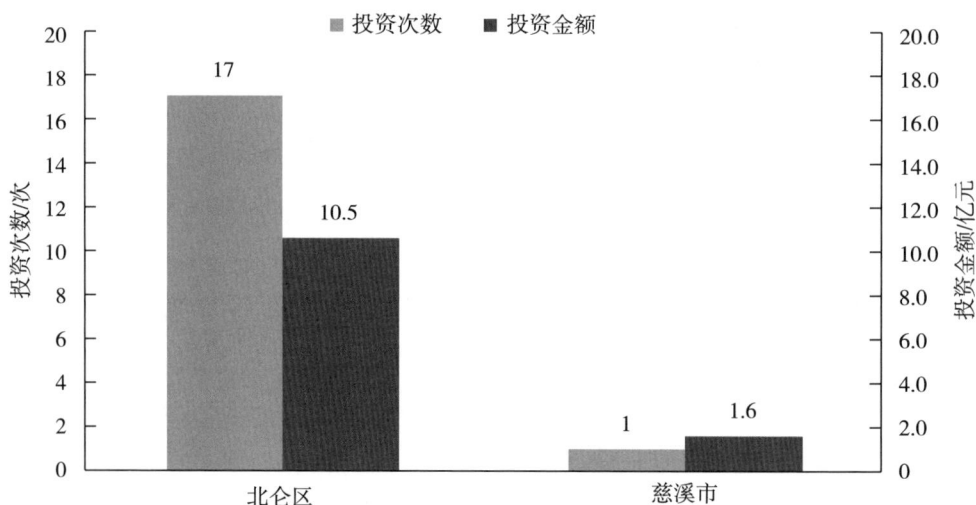

图 136　2011—2016 年 10 月宁波市新能源汽车企业对外投资区域分布情况

从对外投资省份来看，宁波市新能源汽车企业对外投资主要投向浙江本省，投资次数 13 次，占比为 72.2%，投资金额 6.3 亿元，占比为 52.1%。除浙江外，对贵州、广东、福建和北京 4 个省份均有投资辐射。其中，对贵州投资金额较高，为 5.0 亿元，主要由于浙江吉利汽车有限公司对贵州吉利新能源汽车有限公司的大笔投资（图 137）。

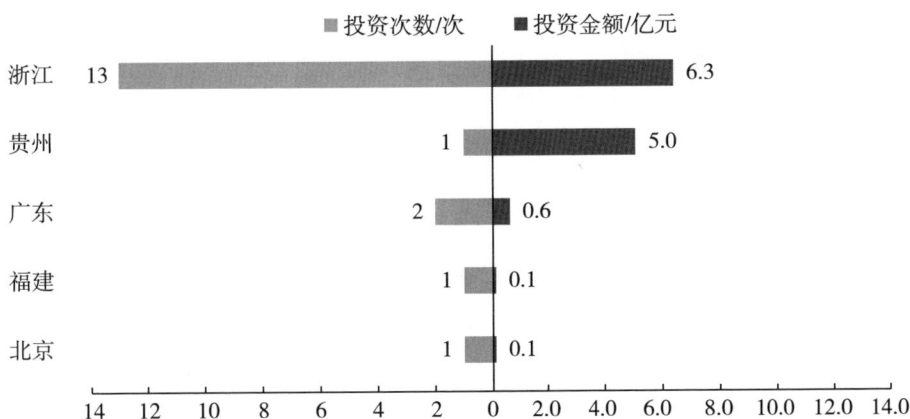

图 137　2011—2016 年 10 月宁波市新能源汽车企业对外投资省（市）分布情况

## 三、宁波市新能源汽车产业创新情况

### （一）专利情况

2011—2016 年 10 月，宁波市新能源汽车企业专利申请量和授权量分别为 897 件和 1047 件。专利申请量和授权量总体呈下降趋势（图 138）。

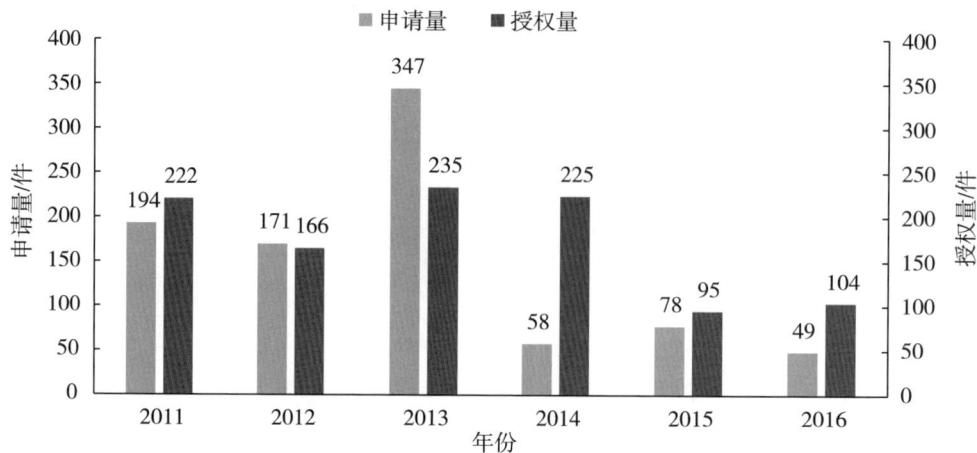

图 138　2011—2016 年 10 月宁波市新能源汽车企业专利申请和授权情况

**1. 近九成专利申请为实用新型专利，发明专利仅占一成**

从专利类型来看，实用新型专利为宁波市新能源汽车企业创新标志，申请量 763 件，占比为 85.1%，授权量 935 件，占比为 89.3%；其次为发明专利，申请量 101 件，占比为 11.3%，授权量 78 件，占比为 7.4%（图 139）。

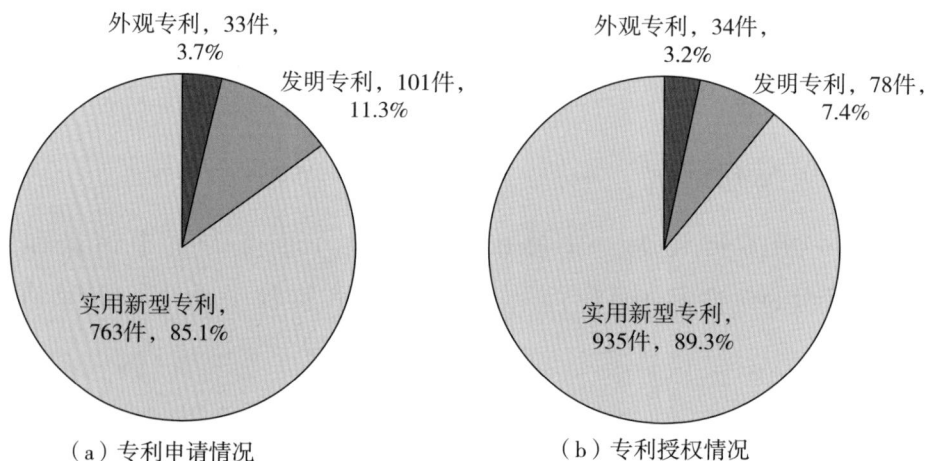

（a）专利申请情况　　　　　　　　（b）专利授权情况

图 139　2011—2016 年 10 月宁波市新能源汽车企业申请和授权专利类型情况

## 2. 近九成专利申请量和授权量来自浙江吉利汽车

从企业来看，2011—2016 年 10 月，浙江吉利汽车有限公司专利申请量和授权量均居全市首位，分别为 761 件和 909 件，占全市专利申请量和授权量的 84.8% 和 86.8%（图 140）。

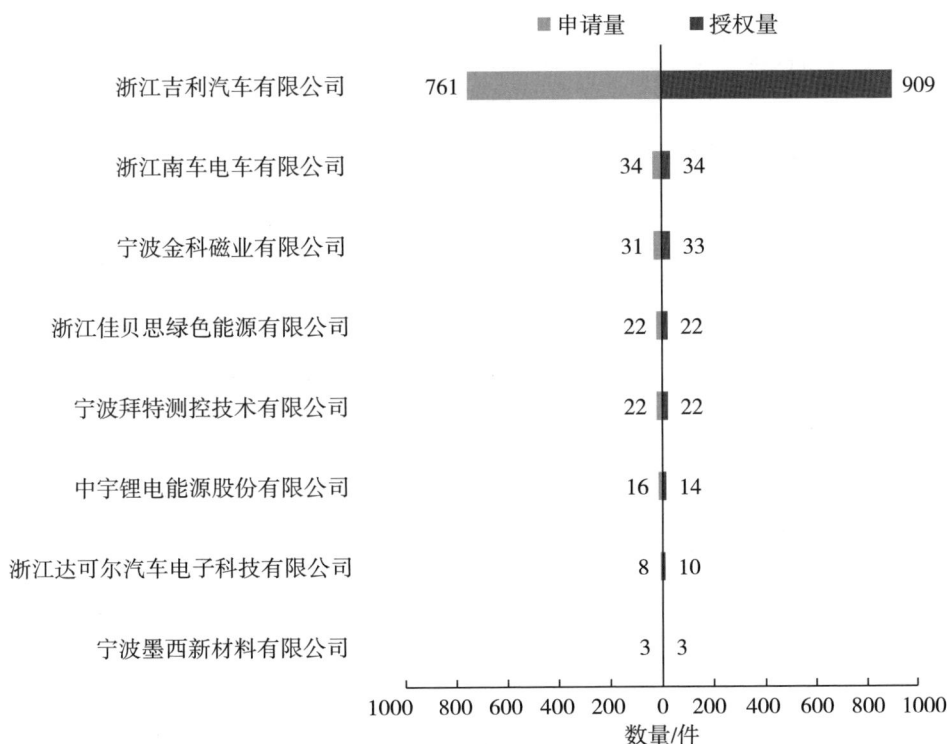

图 140　2011—2016 年 10 月宁波市新能源汽车企业专利申请和授权企业分布情况

## （二）软件著作权情况

2011—2016 年 10 月，宁波市新能源汽车企业软件著作权登记量仅为 2 项，著作权人为中宇锂电能源股份有限公司，软件著作权登记量较少（表 14）。

表 14　截至 2016 年 10 月宁波市新能源汽车企业软件著作权登记情况

单位：项

| 著作权人 | 登记日期 | 登记量 |
|---|---|---|
| 中宇锂电能源股份有限公司 | 2014 年 | 2 |

# 四、附录

附表 1　截至 2016 年 10 月宁波市新能源汽车企业基本信息

| 企业名称 | 成立日期 | 注册资本 / 万元 | 企业类型 |
|---|---|---|---|
| 宁波均胜伊莎贝尔电源管理系统有限公司 | 2011 年 3 月 8 日 | 667.05 | 电池企业 |
| 宁波产城均胜新能源科技有限公司 | 2015 年 4 月 7 日 | 5000.00 | 电池企业 |
| 宁波墨西新材料有限公司 | 2012 年 7 月 6 日 | 1000.00 | 原材料企业 |
| 宁波拜特测控技术有限公司 | 2005 年 3 月 17 日 | 3075.00 | 仪器仪表企业 |
| 宁波金科磁业有限公司 | 2005 年 8 月 30 日 | 1620.39 | 原材料企业 |
| 宁波神马汽车制造有限公司 | 2000 年 6 月 5 日 | 10000.00 | 整车企业 |
| 浙江吉利汽车有限公司 | 2002 年 2 月 17 日 | 38600.00 | 整车企业 |
| 浙江佳贝思绿色能源有限公司 | 2007 年 7 月 4 日 | 4534.55 | 电池企业 |
| 中宇锂电能源股份有限公司 | 2010 年 8 月 6 日 | 6500.00 | 电池企业 |
| 浙江达可尔汽车电子科技有限公司 | 1980 年 9 月 1 日 | 1104.00 | 整车企业 |
| 浙江南车电车有限公司 | 1984 年 12 月 8 日 | 11000.00 | 整车企业 |
| 浙江微米新能源汽车有限公司 | 2013 年 7 月 15 日 | 3500.00 | 整车企业 |
| 浙江吉利汽车研究院有限公司宁波杭州湾分公司 | 2013 年 7 月 31 日 | 0.00 | 整车企业 |

附表2 2011—2016年10月宁波市新能源汽车企业吸纳投资地区分布汇总数据

| | 投资次数/次 | 占比 | 投资金额/万元 | 占比 |
|---|---|---|---|---|
| 自然人 | 7 | 53.8% | 3660.0 | 36.3% |
| 浙江 | 5 | 38.5% | 6127.7 | 60.8% |
| 外企 | 1 | 7.7% | 287.7 | 2.9% |
| 总计 | 13 | 100.0% | 10 075.4 | 100.0% |

附表3 2011—2016年10月宁波市新能源汽车企业对外投资地区分布汇总数据

| 地区 | 投资次数/次 | 占比 | 投资金额/万元 | 占比 |
|---|---|---|---|---|
| 浙江 | 13 | 72.2% | 63 335.4 | 52.2% |
| 广东 | 2 | 11.1% | 6000.0 | 4.9% |
| 北京 | 1 | 5.6% | 1000.0 | 0.8% |
| 福建 | 1 | 5.6% | 1000.0 | 0.8% |
| 贵州 | 1 | 5.6% | 50 000.0 | 41.2% |
| 总计 | 18 | 100.0% | 121 335.4 | 100.0% |

附表4 2011—2016年10月宁波市新能源汽车企业专利申请量和授权量汇总数据
单位：件

| 企业名称 | 申请量 | 授权量 |
|---|---|---|
| 浙江吉利汽车有限公司 | 761 | 909 |
| 浙江南车电车有限公司 | 34 | 34 |
| 宁波金科磁业有限公司 | 31 | 33 |
| 宁波拜特测控技术有限公司 | 22 | 22 |
| 浙江佳贝思绿色能源有限公司 | 22 | 22 |
| 中宇锂电能源股份有限公司 | 16 | 14 |
| 浙江达可尔汽车电子科技有限公司 | 8 | 10 |
| 宁波墨西新材料有限公司 | 3 | 3 |
| 总计 | 897 | 1047 |

附表 5 2011—2016 年 10 月宁波市新能源汽车企业软件著作权登记量汇总数据

单位：项

| 企业名称 | 登记数量 |
|---|---|
| 中宇锂电能源股份有限公司 | 2 |
| 总计 | 2 |

# 山东省主要示范城市新能源汽车产业分析

## 【主要分析结论】

- **淄博和青岛两市为山东省新能源汽车企业的主要聚集地。**截至 2016 年 10 月，淄博市和青岛市的新能源汽车企业数量分别为 12 家和 10 家，注册资本分别为 7.3 亿元和 10.1 亿元，总和占山东省主要示范城市新能源汽车企业数量和注册资本总额的比重分别为 62.9% 和 49.0%。

- **整车企业和电池企业为新能源汽车产业的主导环节。**截至 2016 年 10 月，山东省主要示范城市的整车企业和电池企业数量分别为 12 家和 10 家，注册资本分别为 17.0 亿元和 9.1 亿元，总和占山东省主要示范城市新能源汽车企业数量和注册资本总额的 62.9% 和 73.5%。

- **产业投资以本市互投为主。**2011—2016 年 10 月，山东省主要示范城市新能源汽车企业共吸纳本省企业投资 3 次，吸纳投资总金额累计 0.7 亿元，占所有地区投资次数和投资金额的比重分别为 75.0% 和 17.5%。对本省企业投资共计 34 次，占比为 56.7%；投资金额为 13.4 亿元，占比为 65.7%。

- **盛瑞传动、青岛特锐德、中通客车、山东新大洋和青岛重工为山东省主要示范城市产业创新主体。**2011—2016 年 10 月，盛瑞传动、青岛特锐德、中通客车、山东新大洋和青岛重工有限公司的专利申请量和授权量均超百件，总和占山东省主要示范城市新能源汽车企业专利申请总量和授权总量的比重分别为 66.8% 和 64.9%。青岛特锐德共登记软件著作权 13 项，占比为 54.2%，居山东省主要示范城市首位。

# 一、山东省主要示范城市新能源汽车产业基本情况

## （一）淄博和青岛为山东省新能源汽车的主要聚集地

截至 2016 年 10 月，淄博市新能源汽车企业共计 12 家，注册资本总计 7.3 亿元；青岛市新能源汽车企业共计 10 家，注册资本总计 10.1 亿元；总和占山东省主要示范城市新能源汽车企业数量和注册资本总额的比重分别为 62.9% 和 49.0%（表 15、图 141）。

表 15　山东省主要示范城市新能源汽车产业基本情况

| 城市名称 | 企业数量 / 家 | 注册资本 / 亿元 |
|---|---|---|
| 淄博 | 12 | 7.3 |
| 青岛 | 10 | 10.1 |
| 潍坊 | 6 | 4.9 |
| 临沂 | 5 | 6.4 |
| 聊城 | 2 | 6.8 |
| 总计 | 35 | 35.5 |

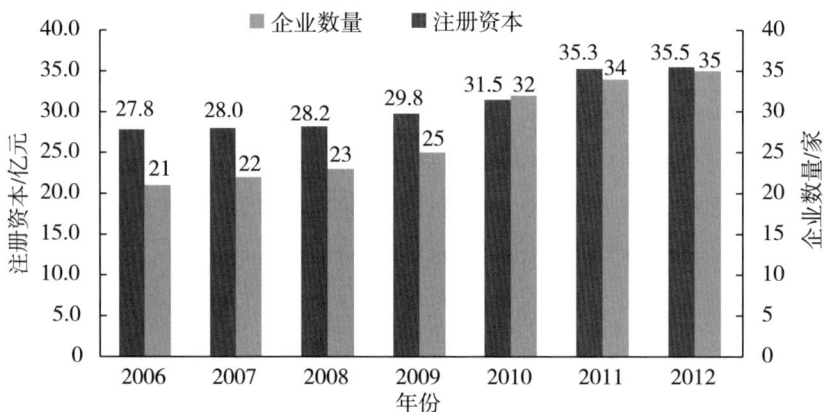

图 141　2006—2012 年山东省主要示范城市新能源汽车企业数量和注册资本年度分布情况

注：因 2013—2016 年无相关统计数据，因此图中并未列出。

从山东省主要示范城市新能源汽车企业的成立时间来看，2006—2010 年成立的企业数量最多，为 16 家；其次是 2001—2005 年成立的企业，为 8 家；1980—1990 年成立的企业数量最少，仅为 1 家。

从注册资本分布来看，2001—2005 年成立的企业注册资本总额最多，为 11.6 亿元，其中仅青岛特锐德电器股份有限公司一家企业的注册资本额就达到 5.2 亿元；其次是 1991—1995 年成立的企业，其注册资本额为 11.3 亿元；1996—2000 年成立的企业注册资本总额最少，仅为 0.9 亿元（图 142）。

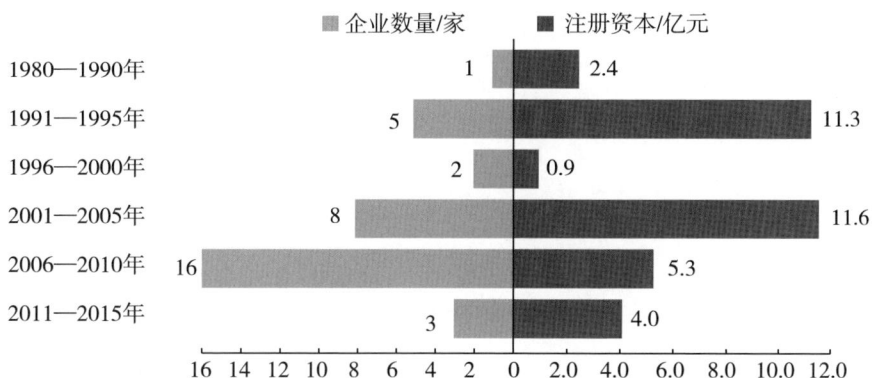

图 142　截至 2016 年 10 月山东省主要示范城市新能源汽车企业成立时间分布情况

## （二）新能源汽车产业以整车企业和电池企业为主

目前，山东省主要示范城市新能源汽车产业链包含了整车企业、电池企业、电机企业、电控企业、其他零配件企业、后服务企业、充电配套设备企业和原材料企业。其中，整车企业和电池企业规模最大，企业数量分别为 12 家和 10 家，注册资本分别为 17.0 亿元和 9.1 亿元，总和占山东省主要示范城市新能源汽车企业数量和注册资本总额的 62.9% 和 73.5%（图 143）。

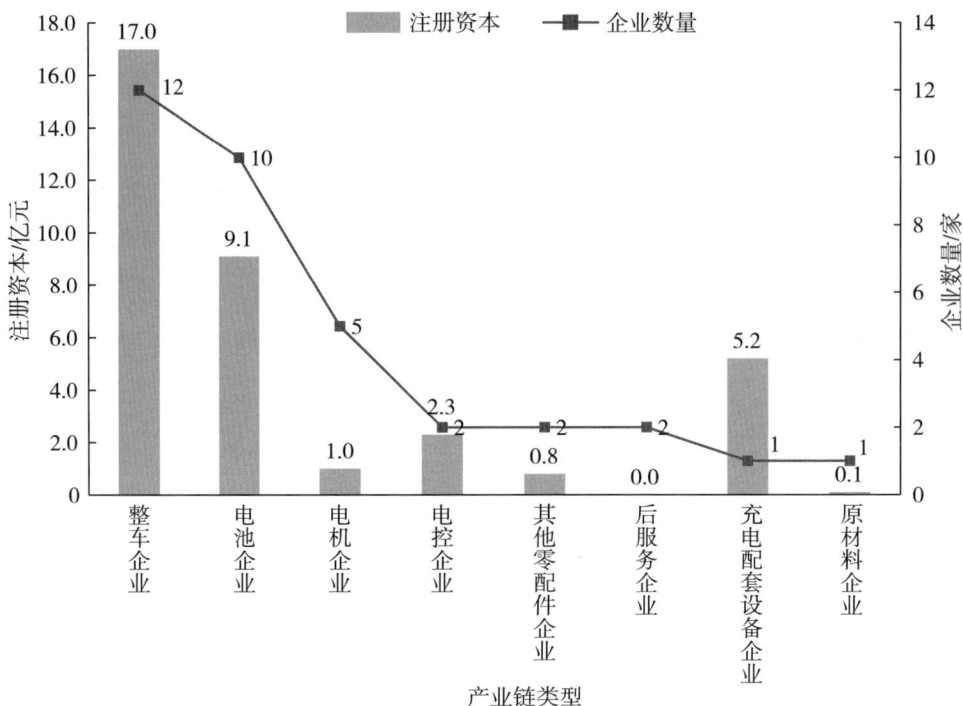

图 143　截至 2016 年 10 月山东省主要示范城市新能源汽车企业数量和注册资本
产业链分布情况

## 二、山东省主要示范城市新能源汽车产业投资情况

### （一）吸纳投资以整车环节为主，但投资规模偏小

2011—2016 年 10 月，山东省主要示范城市新能源汽车企业共吸纳投资 4 次，吸纳投资总金额累计 4 亿元。其中，仅 2011 年和 2012 年有吸纳投资行为（图 144）。

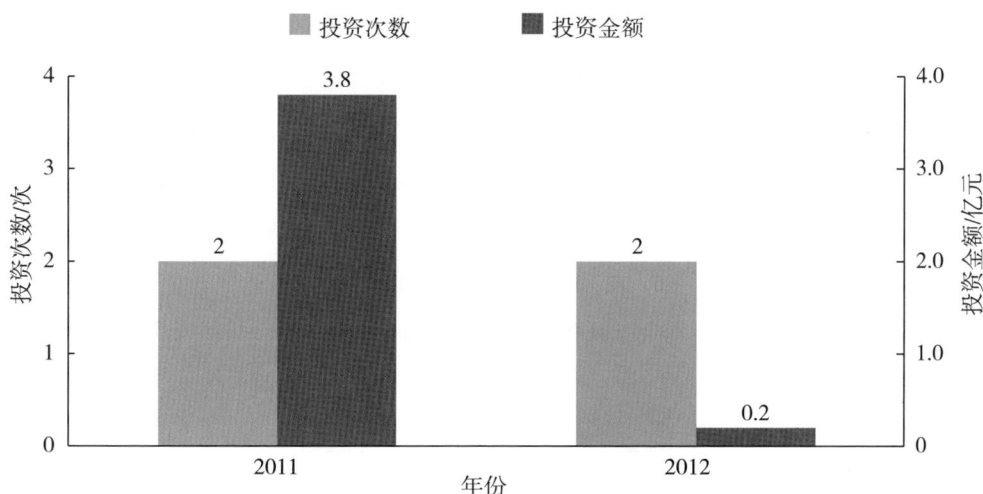

图 144　2011—2016 年 10 月山东省主要示范城市新能源汽车企业吸纳投资年度
变化情况

从吸纳投资地区分布来看，山东省主要示范城市新能源汽车企业共
吸纳本省企业投资 3 次，吸纳投资总金额累计 0.7 亿元，占所有地区投
资次数和投资金额的比重分别为 75.0% 和 17.5%；吸纳其他地区投资 1 次，
吸纳投资总金额累计 3.3 亿元（图 145）。

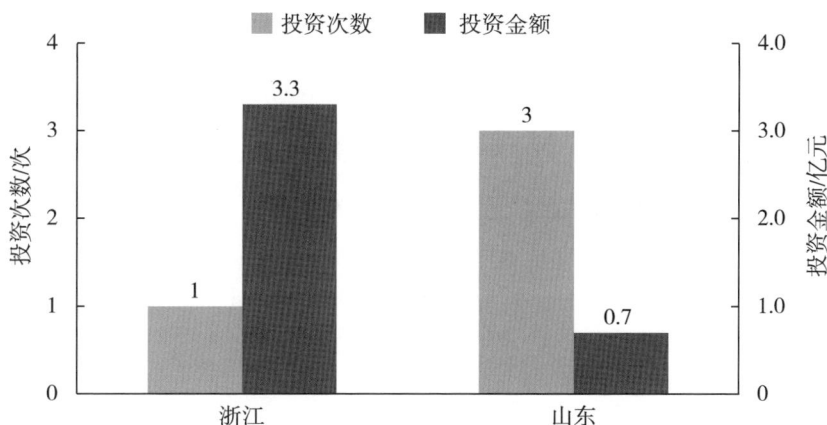

图 145　2011—2016 年 10 月山东省主要示范城市新能源汽车企业

**吸纳投资来源情况**

从吸纳投资产业链分布来看，山东省主要示范城市新能源汽车产业仅有 2 个产业链环节发生吸纳投资行为，分别是整车企业和电机企业，吸纳投资次数均为 2 次，吸纳投资金额分别为 3.8 亿元和 0.2 亿元（图 146）。

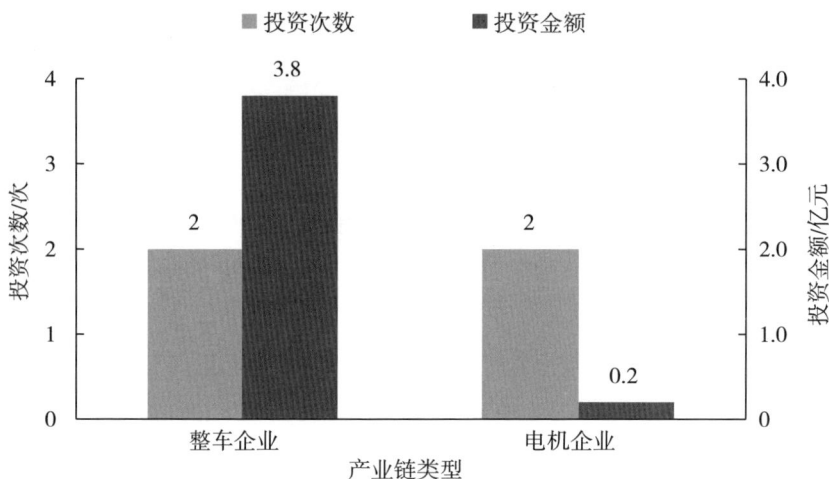

图 146　2011—2016 年 10 月山东省主要示范城市新能源汽车企业吸纳投资产业链
分布情况

## （二）电池企业和充电配套设备企业对外投资活跃

2011—2016 年 10 月，山东省主要示范城市新能源汽车企业累计对外投资 60 次，投资金额 20.4 亿元（图 147）。

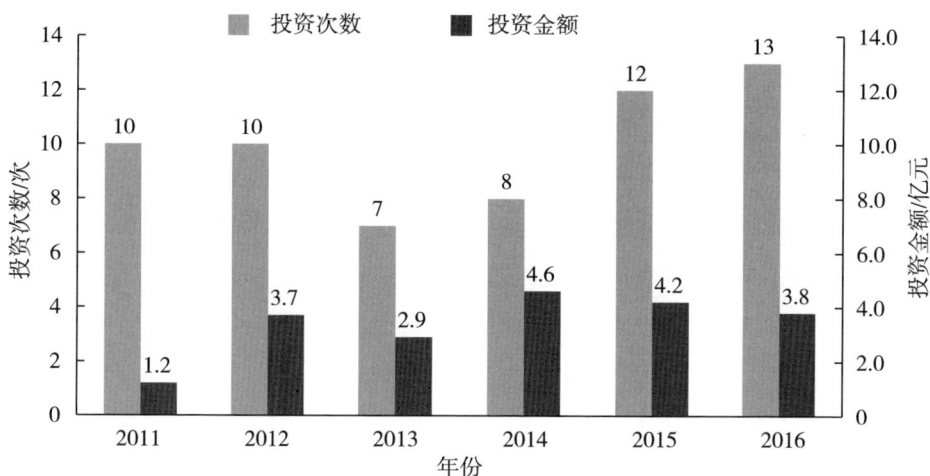

图 147    2011—2016 年 10 月山东省主要示范城市新能源汽车企业
对外投资年度变化情况

从对外投资地区分布来看，山东省主要示范城市新能源汽车企业对
外投资主要集中在山东本省，投资次数 34 次，占比为 56.7%；投资金额
13.4 亿元，占比为 65.7%（图 148）。

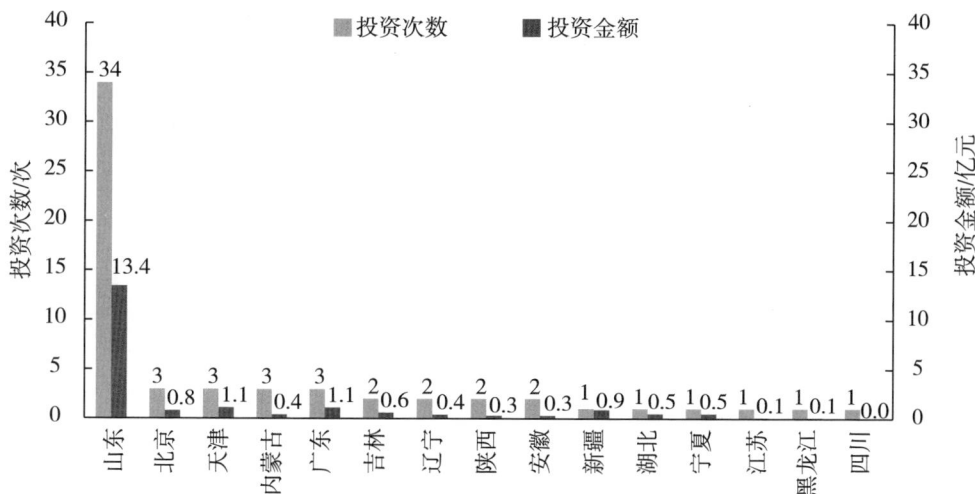

图 148    2011—2016 年 10 月山东省主要示范城市新能源汽车企业

**对外投资地区分布情况**

从产业链环节来看,山东省主要示范城市新能源汽车企业对外投资主体主要集中在电池企业和充电配套设备企业。其中,2011—2016 年 10 月电池企业对外投资 20 次,投资金额 4.4 亿元,占比分别为 33.3% 和 21.6%;充电配套设备企业对外投资 18 次,投资金额 12.0 亿元,占比分别为 30.0% 和 58.8%(图 149)。

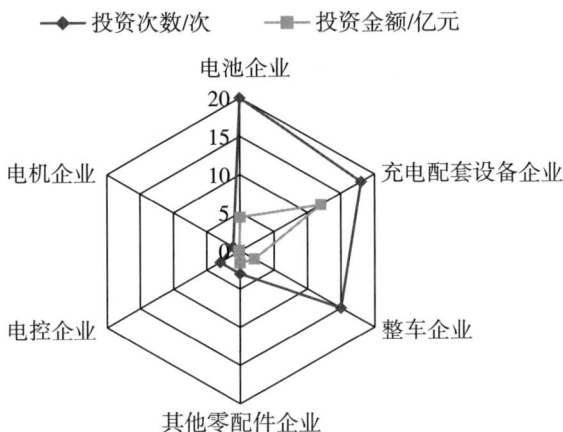

| | 电池企业 | 充电配套设备企业 | 整车企业 | 其他零配件企业 | 电控企业 | 电机企业 |
|---|---|---|---|---|---|---|
| 投资次数/次 | 20 | 18 | 15 | 3 | 3 | 1 |
| 投资金额/亿元 | 4.4 | 12.0 | 2.1 | 1.6 | 0.2 | 0.1 |

**图 149　2011—2016 年 10 月山东省主要示范城市新能源汽车企业对外投资产业链分布情况**

# 三、山东省主要示范城市新能源汽车产业创新情况

## (一)专利情况

### 1. 专利申请量和授权量整体呈上升趋势

2011—2016 年 10 月,山东省主要示范城市新能源汽车企业共申请

专利 1716 件，获专利授权 1559 件（图 150）。

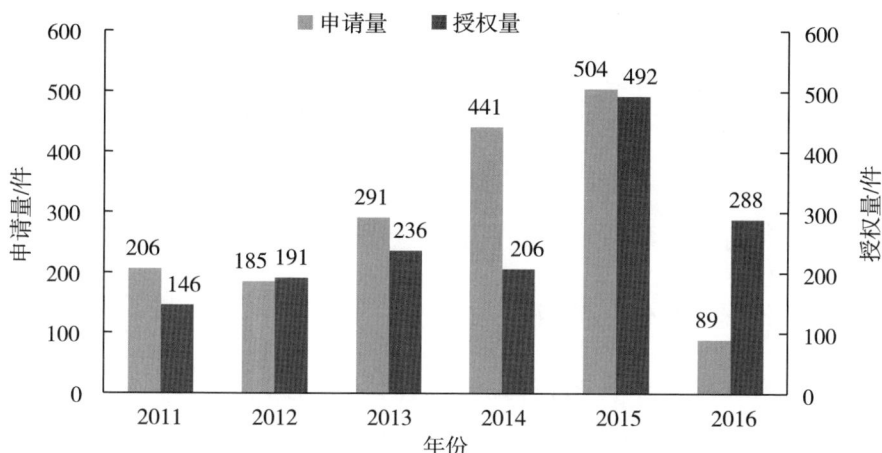

图 150　2011—2016 年 10 月山东省主要示范城市新能源汽车企业专利申请量和
授权量年度分布情况

### 2. 实用新型专利占主导地位

从专利申请类型来看，实用新型专利的申请量和授权量均最多，分
别为 1004 件和 1080 件，占比分别为 59% 和 69%（图 151）。

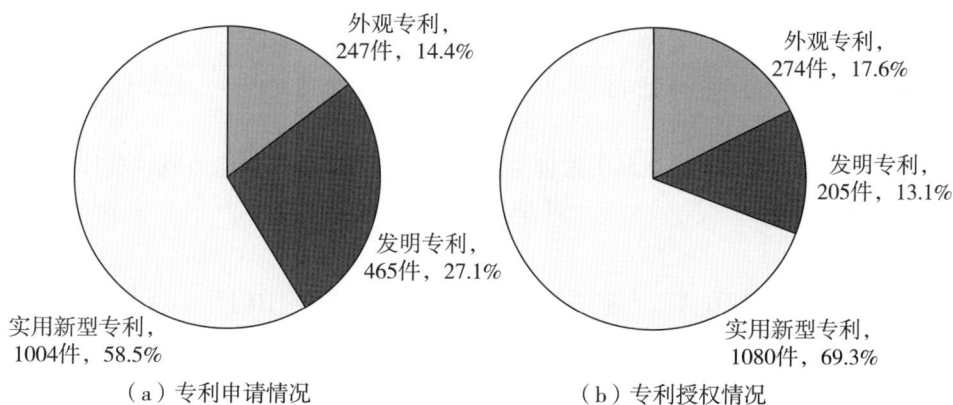

（a）专利申请情况　　　　　　（b）专利授权情况

图 151　2011—2016 年 10 月山东省主要示范城市新能源汽车企业专利申请和授权
类型分布情况

### 3.盛瑞传动股份等 5 家企业专利创新能力较为突出

从企业层面来看，2011—2016 年 10 月，盛瑞传动股份有限公司、青岛特锐德电气股份有限公司、中通客车控股股份有限公司、山东新大洋电动车有限公司和中国重汽集团青岛重工有限公司的专利申请量分别为 447 件、218 件、199 件、179 件和 104 件，专利授权量分别为 361 件、207 件、182 件、161 件和 101 件，总和占山东省主要示范城市新能源汽车企业专利申请总量和授权总量的比重分别为 66.8% 和 64.9%。

## （二）软件著作权情况

### 1.软件著作权集中分布在青岛、淄博和潍坊

2011—2016 年 10 月，山东省主要示范城市新能源汽车企业共登记软件著作权 24 项（图 152）。

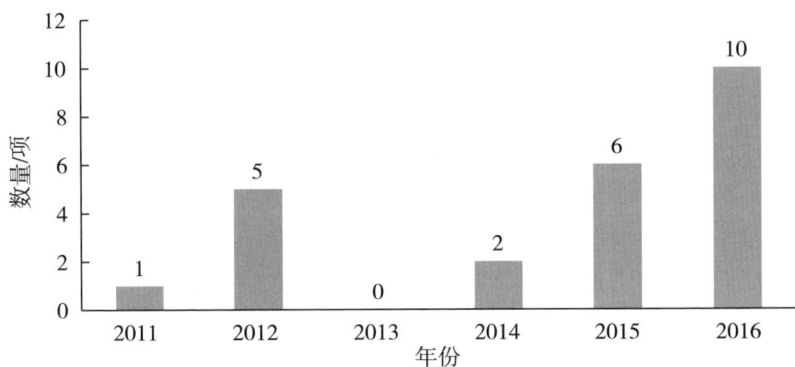

**图 152　2011—2016 年 10 月山东省主要示范城市新能源汽车企业软件著作权登记年度分布情况**

从软件著作权的登记地区来看，2011—2016 年 10 月，山东省主要示范城中仅青岛市、淄博市和潍坊市发生软件著作权登记行为，其中青岛市共登记软件著作权 13 项，占比为 54.2%；淄博市共登记软件著作权 6 项，占比为 25.0%；潍坊市共登记软件著作权 5 项，占比为 20.8%（图 153）。

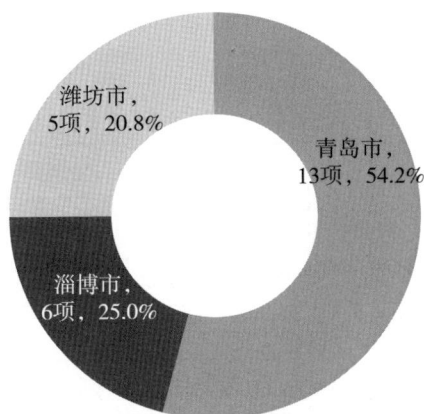

图 153　2011—2016 年 10 月山东省主要示范城市新能源汽车企业软件著作权登记
地区分布情况

### 2. 青岛特锐德电气股份软件著作权登记量居全省首位

从企业层面来看，2011—2016 年 10 月，青岛特锐德电气股份有限公司共登记软件著作权 13 项，占比为 54.2%，居山东省主要示范城市首位（图 154）。

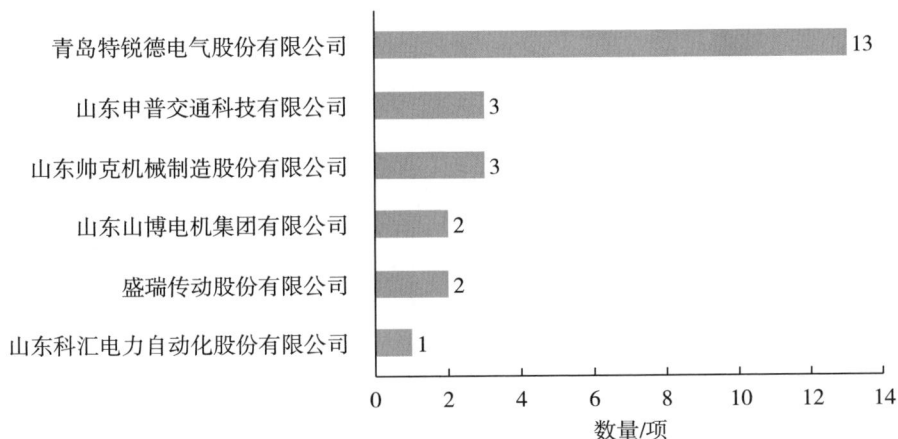

图 154　2011—2016 年 10 月山东省主要示范城市新能源汽车企业软件著作权登记
企业分布情况

# 四、附录

附表 1    截至 2016 年 10 月山东省主要示范城市新能源汽车企业基本信息

| 企业名称 | 成立日期 | 注册资本 / 亿元 | 企业类型 |
|---|---|---|---|
| 青岛特锐德电气股份有限公司 | 2004 年 3 月 16 日 | 5.2 | 电池企业 |
| 山东时风（集团）有限责任公司 | 1993 年 11 月 28 日 | 3.8 | 整车企业 |
| 淄博火炬能源有限责任公司 | 1993 年 3 月 26 日 | 3.8 | 电池企业 |
| 山东新大洋电动车有限公司 | 2011 年 1 月 14 日 | 3.3 | 整车企业 |
| 山东沂星电动汽车有限公司 | 2003 年 8 月 14 日 | 3.0 | 整车企业 |
| 中通客车控股股份有限公司 | 1994 年 11 月 7 日 | 3.0 | 整车企业 |
| 中国重汽集团青岛重工有限公司 | 1980 年 9 月 4 日 | 2.4 | 整车企业 |
| 盛瑞传动股份有限公司 | 2003 年 1 月 20 日 | 2.1 | 电控企业 |
| 青岛海霸能源集团有限公司 | 2009 年 9 月 1 日 | 1.5 | 电池企业 |
| 山东威能环保电源科技股份有限公司 | 2006 年 8 月 3 日 | 1.4 | 电池企业 |
| 淄博国利新电源科技有限公司 | 2010 年 12 月 2 日 | 1.0 | 电池企业 |
| 山东科汇电力自动化股份有限公司 | 1993 年 10 月 15 日 | 0.7 | 电机企业 |
| 山东帅克机械制造股份有限公司 | 2005 年 6 月 29 日 | 0.6 | 其他零配件企业 |
| 山东唐骏欧铃汽车制造有限公司 | 1999 年 4 月 20 日 | 0.5 | 整车企业 |
| 山东泰汽电动车辆有限公司 | 2011 年 2 月 15 日 | 0.5 | 整车企业 |
| 青岛申沃客车股份有限公司 | 1998 年 5 月 11 日 | 0.4 | 整车企业 |
| 山东德森机电科技股份有限公司 | 2010 年 7 月 16 日 | 0.3 | 电池企业 |
| 山东山博电机集团有限公司 | 2005 年 4 月 13 日 | 0.3 | 电池企业 |
| 山东休普动力科技股份有限公司 | 2005 年 1 月 7 日 | 0.3 | 电池企业 |
| 山东得普达电机股份有限公司 | 2008 年 7 月 15 日 | 0.2 | 电池企业 |
| 山东威能电动车辆控制系统有限公司 | 2012 年 7 月 19 日 | 0.2 | 电机企业 |
| 青岛威能电动车辆电控有限公司 | 2010 年 10 月 20 日 | 0.2 | 电控企业 |

| 企业名称 | 成立日期 | 注册资本/亿元 | 企业类型 |
|---|---|---|---|
| 青岛澳柯玛电动科技有限公司 | 2007年2月5日 | 0.2 | 其他零配件企业 |
| 青岛华世洁环保科技有限公司 | 2004年9月20日 | 0.2 | 电池企业 |
| 淄博齐盛新能源科技有限公司 | 2010年11月16日 | 0.1 | 电池企业 |
| 潍坊广生新能源有限公司 | 2006年6月9日 | 0.1 | 原材料企业 |
| 临沂沂达电动汽车有限公司 | 2010年8月26日 | 0.1 | 整车企业 |
| 青岛澳柯玛电动车有限公司 | 2009年12月15日 | 0.1 | 整车企业 |
| 博山特型电机有限公司 | 1994年3月12日 | 0.1 | 电机企业 |
| 山东申普交通科技有限公司 | 2006年7月4日 | 0.03 | 电机企业 |
| 淄博洁力电气设备有限公司 | 2010年11月22日 | 0.03 | 电机企业 |
| 郯城县新大洋电动制造有限公司 | 2002年8月12日 | 0.01 | 整车企业 |
| 山东沂星电动汽车有限公司汽车维修分公司 | 2006年5月29日 | 0.0 | 后服务企业 |
| 日立（中国）有限公司青岛分公司 | 2006年1月25日 | 0.0 | 后服务企业 |
| 中国重汽集团青岛重工有限公司胶南分公司 | 2010年11月4日 | 0.0 | 整车企业 |

**附表2　2011—2016年10月山东省主要示范城市新能源汽车企业吸纳投资地区分布汇总数据**

| | 投资次数/次 | 占比 | 投资金额/亿元 | 占比 |
|---|---|---|---|---|
| 山东 | 3 | 75.0% | 0.7 | 17.5% |
| 浙江 | 1 | 25.0% | 3.3 | 82.5% |
| 总计 | 4 | 100.0% | 4.0 | 100.0% |

附表3  2011—2016 年 10 月山东省主要示范城市新能源汽车企业对外投资地区
分布汇总数据

| 地区 | 投资次数/次 | 占比 | 投资金额/亿元 | 占比 |
|---|---|---|---|---|
| 山东 | 34 | 56.7% | 13.4 | 65.4% |
| 北京 | 3 | 5.0% | 0.8 | 3.9% |
| 天津 | 3 | 5.0% | 1.1 | 5.4% |
| 内蒙古 | 3 | 5.0% | 0.4 | 2.0% |
| 广东 | 3 | 5.0% | 1.1 | 5.4% |
| 吉林 | 2 | 3.3% | 0.6 | 2.9% |
| 辽宁 | 2 | 3.3% | 0.4 | 2.0% |
| 陕西 | 2 | 3.3% | 0.3 | 1.5% |
| 安徽 | 2 | 3.3% | 0.3 | 1.5% |
| 新疆 | 1 | 1.7% | 0.9 | 4.4% |
| 湖北 | 1 | 1.7% | 0.5 | 2.4% |
| 宁夏 | 1 | 1.7% | 0.5 | 2.4% |
| 江苏 | 1 | 1.7% | 0.1 | 0.5% |
| 黑龙江 | 1 | 1.7% | 0.1 | 0.5% |
| 四川 | 1 | 1.7% | 0.0 | 0.0% |
| 总计 | 60 | 100.0% | 20.5 | 100.0% |

附表4  2011—2016 年 10 月山东省主要示范城市新能源汽车企业专利申请量和
授权量汇总数据

单位：件

| 企业名称 | 专利申请量 | 专利授权量 |
|---|---|---|
| 盛瑞传动股份有限公司 | 447 | 361 |
| 青岛特锐德电气股份有限公司 | 218 | 207 |
| 中通客车控股股份有限公司 | 199 | 182 |

| 企业名称 | 专利申请量 | 专利授权量 |
|---|---|---|
| 山东新大洋电动车有限公司 | 179 | 161 |
| 中国重汽集团青岛重工有限公司 | 104 | 101 |
| 青岛华世洁环保科技有限公司 | 80 | 40 |
| 青岛澳柯玛电动科技有限公司 | 69 | 76 |
| 山东时风（集团）有限责任公司 | 68 | 74 |
| 山东科汇电力自动化股份有限公司 | 48 | 44 |
| 山东唐骏欧铃汽车制造有限公司 | 45 | 37 |
| 淄博火炬能源有限责任公司 | 40 | 36 |
| 淄博国利新电源科技有限公司 | 31 | 27 |
| 山东申普交通科技有限公司 | 28 | 40 |
| 淄博洁力电气设备有限公司 | 26 | 24 |
| 青岛海霸能源集团有限公司 | 25 | 19 |
| 青岛澳柯玛电动车有限公司 | 23 | 29 |
| 山东帅克机械制造股份有限公司 | 18 | 17 |
| 青岛威能电动车辆电控有限公司 | 10 | 7 |
| 潍坊广生新能源有限公司 | 10 | 25 |
| 临沂沂达电动汽车有限公司 | 8 | 8 |
| 山东沂星电动汽车有限公司 | 8 | 8 |
| 山东山博电机集团有限公司 | 7 | 9 |
| 淄博齐盛新能源科技有限公司 | 7 | 9 |
| 山东泰汽电动车辆有限公司 | 6 | 5 |
| 山东威能环保电源科技股份有限公司 | 6 | 2 |
| 山东德森机电科技股份有限公司 | 4 | 8 |
| 山东得普达电机股份有限公司 | 2 | 3 |
| 总计 | 1716 | 1559 |

附表5　2011—2016年10月山东省主要示范城市新能源汽车企业软件著作权
登记量汇总数据

单位：项

| 企业名称 | 登记数量 |
|---|---|
| 青岛特锐德电气股份有限公司 | 13 |
| 山东申普交通科技有限公司 | 3 |
| 山东帅克机械制造股份有限公司 | 3 |
| 山东山博电机集团有限公司 | 2 |
| 盛瑞传动股份有限公司 | 2 |
| 山东科汇电力自动化股份有限公司 | 1 |
| 总计 | 24 |

# 广州市新能源汽车产业分析

## 【主要分析结论】

- **广州市新能源汽车企业规模增速放缓。** 截至 2016 年 10 月，广州市新能源汽车企业共计 11 家，较 2006 年仅增加 3 家；注册资本总计 192.4 亿元，较 2006 年增加 57.8 亿元。

- **整车企业为广州市新能源汽车产业链的主导环节。** 截至 2016 年 10 月，广州市整车企业数量为 7 家，注册资本为 192.0 亿元，占广州市新能源汽车企业数量和注册资本总额的 63.6% 和 99.8%。

- **产业投资主要流向本市且处于净流出状态。** 2011—2016 年 10 月，广州市新能源汽车企业累计对外投资 14 次，投资总金额为 9.1 亿元；其中对本市企业投资 7 次，占对外投资总额的 50.0%；投资金额为 6.4 亿元，占比为 70.3%。

- **广州市新能源汽车企业区域分布较为分散。** 广州市新能源汽车企业分散分布在越秀区、天河区、花都区、番禺区和南沙区，企业分布数量均未超过 2 家。

- **广汽集团创新优势明显。** 2011—2016 年 10 月，广州汽车集团股份有限公司的专利申请量和授权量分别为 1495 件和 1231 件，占广州市新能源汽车企业专利申请总量和授权总量的比重分别为 87.4% 和 84.7%；登记软件著作权 89 项，占比为 74.8%，居全市首位。

# 一、广州市新能源汽车产业基本情况

## （一）广州市新能源汽车产业规模增速趋稳

截至 2016 年 10 月，广州市新能源汽车企业共计 11 家，较 2006 年仅增加 3 家；注册资本总计 192.4 亿元，较 2006 年增加 57.8 亿元。尤其自 2010 年以来，全市新能源汽车领域未再有新增企业，整体产业增速放缓（图 155）。

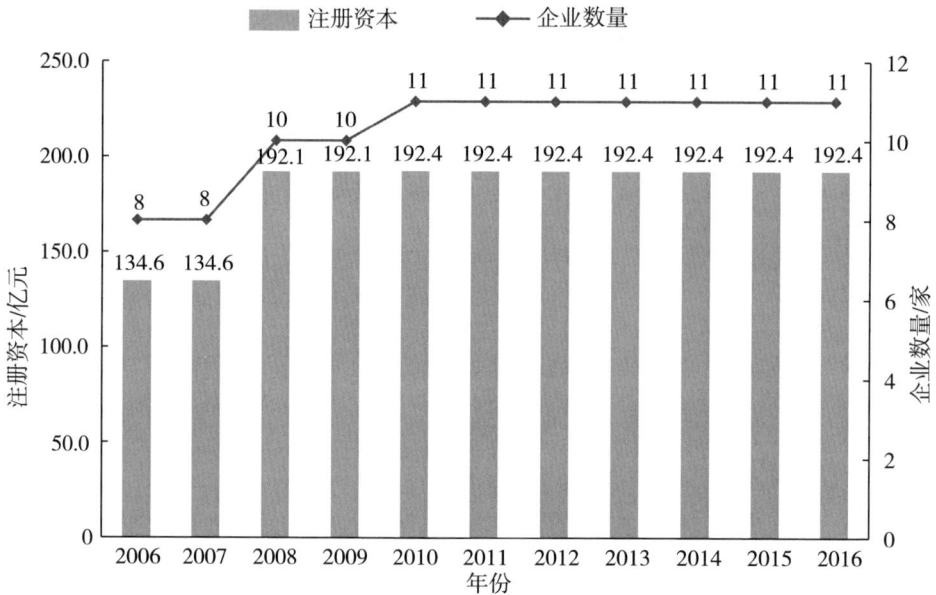

图 155　2006—2016 年 10 月广州市新能源汽车企业数量和注册资本年度变化情况

从广州市新能源汽车企业的成立时间来看，1996—2000 年成立的企业数量最多，为 4 家；其次是 2006—2010 年成立的企业，其数量为 3 家；1980—1990 年和 1991—1995 年成立的企业数量最少，均为 1 家。

从注册资本分布来看，1996—2000 年成立的企业注册资本总额最多，为 87.8 亿元；其次是 2006—2010 年成立的企业，其注册资本总额为 57.8 亿元；1980—1990 年成立的企业注册资本总额最少，仅为 0.2 亿元（图 156）。

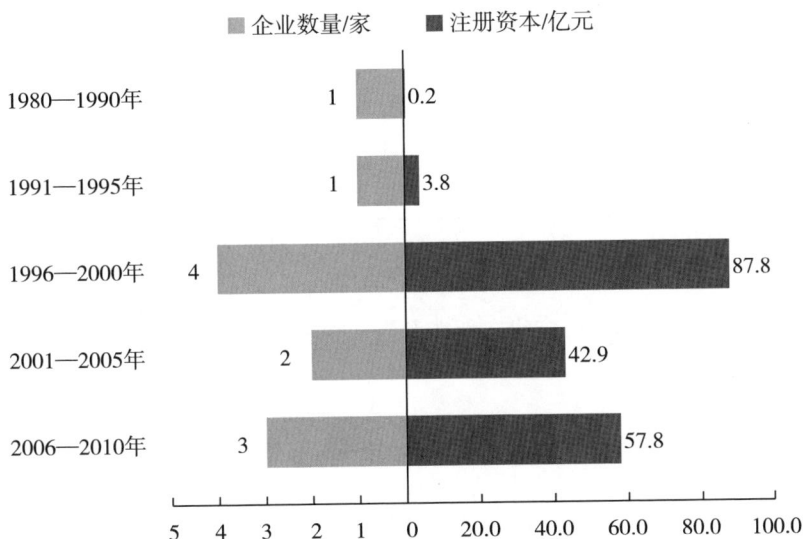

图 156 截至 2016 年 10 月广州市新能源汽车企业成立时间分布情况

## （二）广州市新能源汽车产业以整车企业为主

截至 2016 年 10 月，广州市新能源汽车产业链包含了整车企业、电池企业、仪器仪表企业、电控企业和后服务企业。其中，整车企业产业规模最大，企业数量为 7 家，注册资本为 192.0 亿元，占广州市新能源汽车企业数量和注册资本总额的 63.6% 和 99.8%（图 157）。

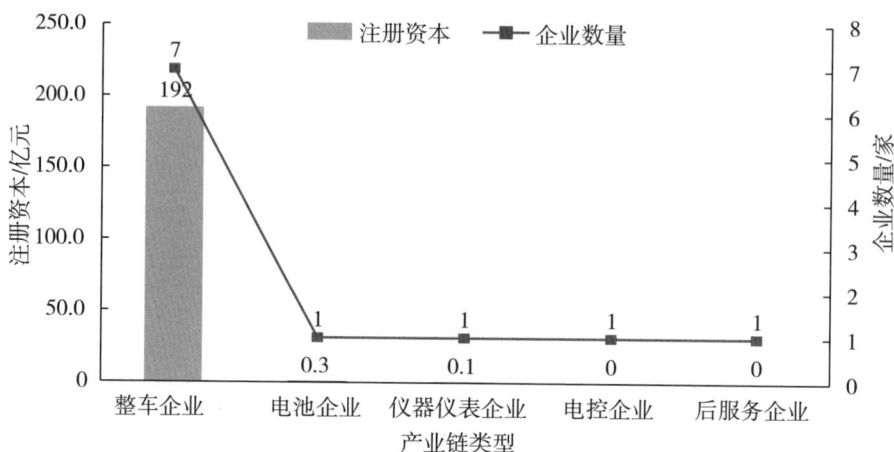

图 157　截至 2016 年 10 月广州市新能源汽车企业数量和注册资本产业链分布情况

## （三）广州市新能源汽车企业分布较为分散

广州市新能源汽车企业分散分布在越秀区、天河区、花都区、番禺区、南沙区、黄埔区、白云区、萝岗区 8 个区域，从企业整体规模来看，分布在越秀区、番禺区、南沙区和黄埔区的企业规模较大（图 158）。

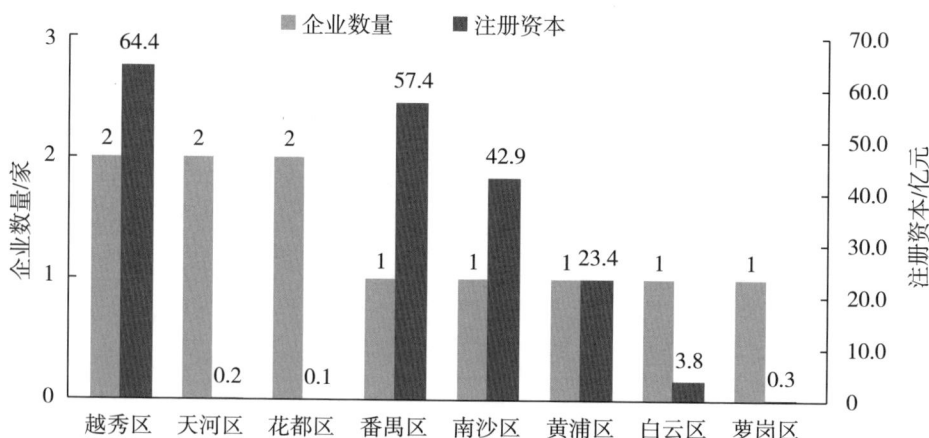

图 158　截至 2016 年 10 月广州市新能源汽车企业数量和注册资本区域分布情况

## 二、广州市新能源汽车产业投资处于净流出状态

2011—2016 年 10 月，广州市新能源汽车产业投资处于净流出状态。其中，企业累计对外投资 14 次，投资金额 9.1 亿元（图 159）。

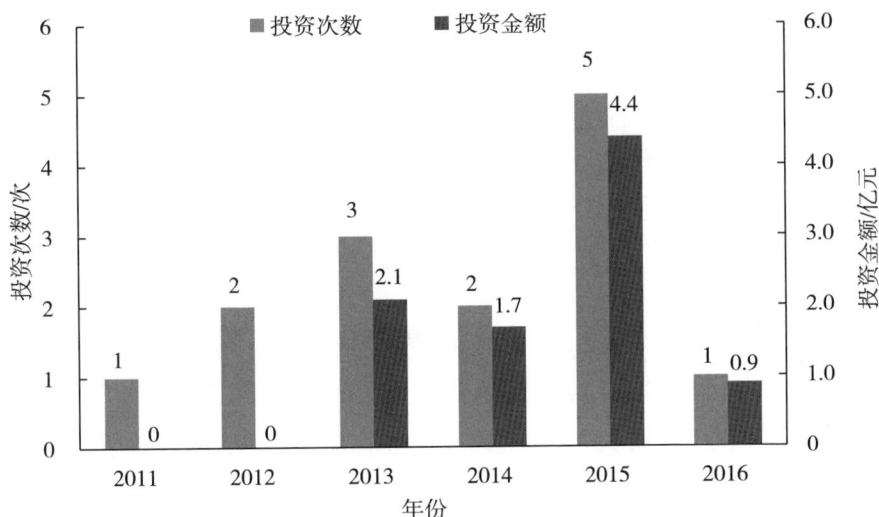

**图 159** 2011—2016 年 10 月广州市新能源汽车企业对外投资年度变化情况

从对外投资地区分布来看，广州市新能源汽车企业对外投资主要集中在广东本省，投资次数为 7 次，占比为 50.0%；投资金额为 6.4 亿元，占比为 70.3%（图 160）。

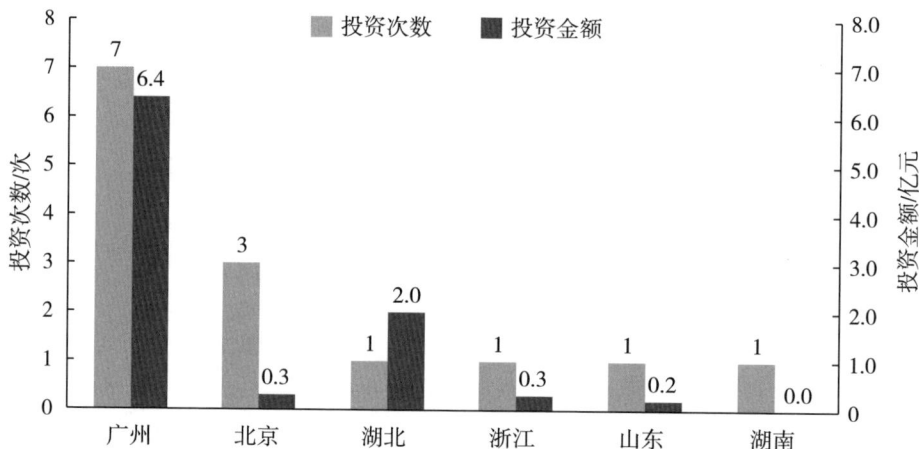

**图 160　2011—2016 年 10 月广州市新能源汽车企业对外投资地区分布情况**

从产业链环节来看，广州市新能源汽车企业对外投资主体主要集中在整车企业和电池企业，其中整车企业对外投资次数为 11 次，投资金额为 8.7 亿元，占比分别为 78.6% 和 95.5%；电池企业对外投资为 3 次，投资金额为 0.4 亿元（图 161）。

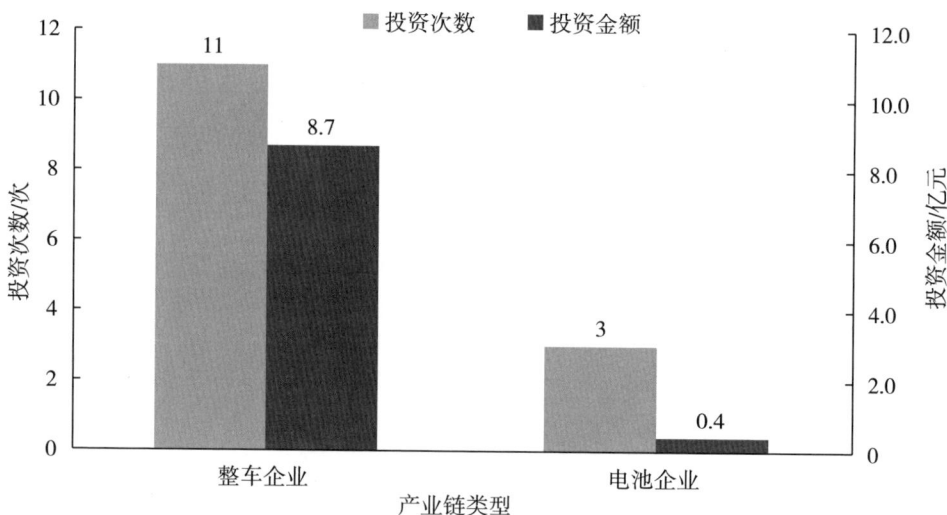

**图 161　2011—2016 年 10 月广州市新能源汽车企业对外投资产业链分布情况**

# 三、广州市新能源汽车产业创新情况

## （一）专利情况

### 1. 专利授权量稳步提升

2011—2016 年 10 月，广州市新能源汽车企业共申请专利 1711 件，获专利授权 1454 件，专利授权量逐年递增（图 162）。

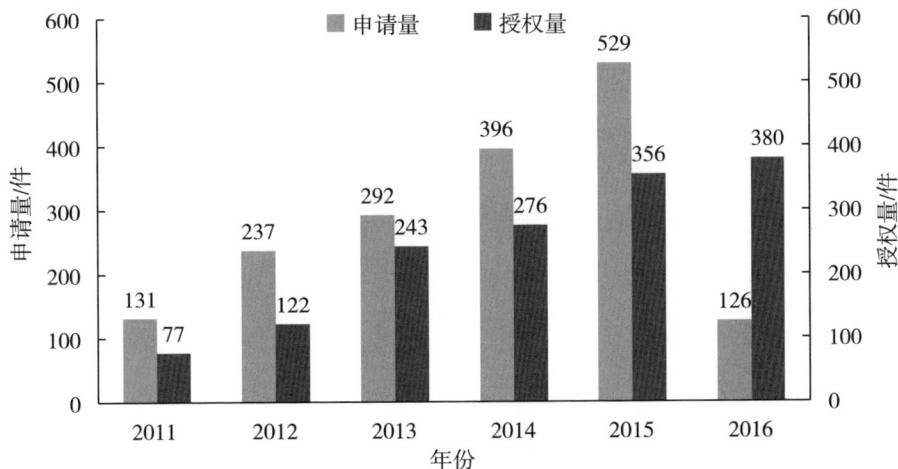

图 162　2011—2016 年 10 月广州市新能源汽车企业专利申请量和授权量分布情况

### 2. 实用新型专利占主导地位

从专利申请类型来看，实用新型专利的申请量和授权量均最多，分别为 750 件和 784 件，占比分别为 44% 和 54%（图 163）。

外观专利，
529件，30.9%　　实用新型专利，
　　　　　　　784件，53.9%

外观专利，
547件，37.6%

实用新型专利，
750件，43.8%

发明专利，
432件，25.2%

发明专利，
123件，8.5%

（a）专利申请情况　　　　　　　　（b）专利授权情况

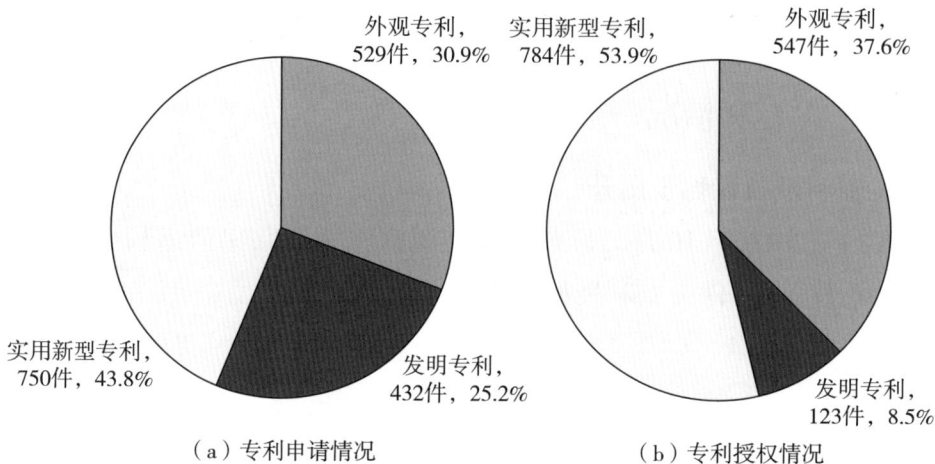

图 163　2011—2016 年 10 月广州市新能源汽车企业专利申请和授权类型分布情况

**3. 广汽集团专利申请量和授权量独占鳌头**

从企业层面来看，2011—2016 年 10 月，广州汽车集团股份有限公司的专利申请量和授权量分别为 1495 件和 1231 件，占广州市新能源汽车企业专利申请总量和授权总量的比重分别为 87.4% 和 84.7%。

## （二）软件著作权情况

**1. 软件著作权登记量整体迅速增长**

2011—2016 年 10 月，广州市新能源汽车企业共登记软件著作权 119 项。尤其是 2016 年 1—10 月软件著作权登记数量已达 41 项，超过 2015 年全年登记总量（图 164）。

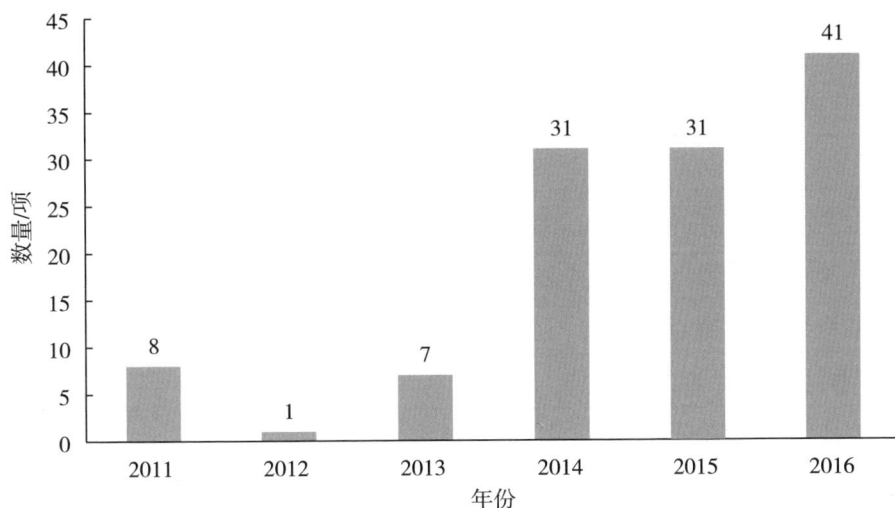

图 164 2011—2016 年 10 月广州市新能源汽车企业软件著作权登记年度分布情况

## 2. 广汽集团软件著作权登记量居全市首位

2011—2016 年 10 月，广州汽车集团股份有限公司共登记软件著作权 89 项，占比为 74.8%，居广州市首位（图 165）。

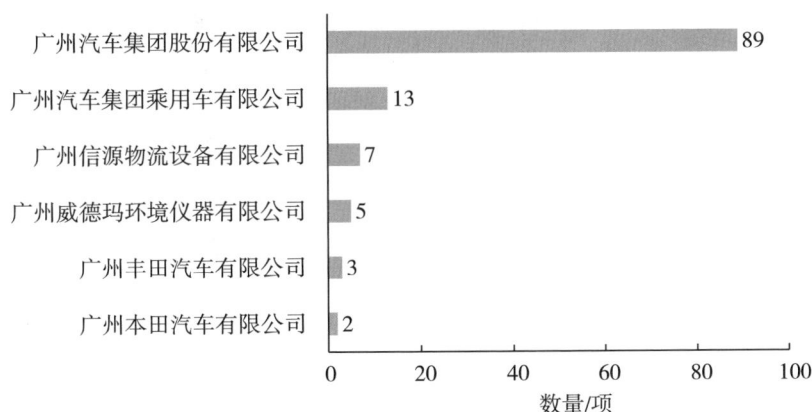

图 165 2011—2016 年 10 月广州市新能源汽车企业软件著作权登记企业分布情况

# 四、附录

### 附表 1　截至 2016 年 10 月广州市新能源汽车企业基本信息

| 企业名称 | 成立日期 | 注册资本 / 亿元 | 企业类型 |
|---|---|---|---|
| 广州汽车集团股份有限公司 | 1997 年 6 月 6 日 | 64.4 | 整车企业 |
| 广州汽车集团乘用车有限公司 | 2008 年 7 月 21 日 | 57.4 | 整车企业 |
| 广汽丰田汽车有限公司 | 2004 年 9 月 1 日 | 42.9 | 整车企业 |
| 广汽本田汽车有限公司 | 1998 年 5 月 13 日 | 23.4 | 整车企业 |
| 广州汽车集团客车有限公司 | 1993 年 1 月 18 日 | 3.8 | 整车企业 |
| 广州力柏能源科技有限公司 | 2010 年 8 月 2 日 | 0.3 | 电池企业 |
| 广东信源物流设备有限公司 | 1986 年 11 月 10 日 | 0.2 | 整车企业 |
| 广州威德玛环境仪器有限公司 | 2008 年 5 月 16 日 | 0.1 | 仪器仪表企业 |
| 日立（中国）有限公司广州分公司 | 1997 年 1 月 28 日 | 0.0 | 后服务企业 |
| 东风汽车有限公司东风日产乘用车公司 | 2003 年 6 月 9 日 | 0.0 | 整车企业 |
| 美国江森自控国际有限公司广州代表处 | 1996 年 4 月 25 日 | 0.0 | 电控企业 |

### 附表 2　2011—2016 年 10 月广州市新能源汽车企业对外投资地区分布汇总数据

| 地区 | 投资次数 / 次 | 占比 | 投资金额 / 亿元 | 占比 |
|---|---|---|---|---|
| 广州 | 7 | 50.0% | 6.4 | 70.0% |
| 北京 | 3 | 21.4% | 0.3 | 3.6% |
| 湖北 | 1 | 7.1% | 2.0 | 22.0% |
| 浙江 | 1 | 7.1% | 0.3 | 2.8% |
| 山东 | 1 | 7.1% | 0.2 | 1.7% |
| 湖南 | 1 | 7.1% | 0.0 | 0.0% |
| 总计 | 14 | 100.0% | 9.2 | 100.0% |

**附表3　2011—2016年10月广州市新能源汽车企业专利申请量和授权量汇总数据**

单位：件

| 企业名称 | 专利申请量 | 专利授权量 |
|---|---|---|
| 广州汽车集团股份有限公司 | 1495 | 1231 |
| 广汽本田汽车有限公司 | 83 | 91 |
| 广东信源物流设备有限公司 | 44 | 50 |
| 广州汽车集团乘用车有限公司 | 31 | 25 |
| 广汽丰田汽车有限公司 | 26 | 26 |
| 广州力柏能源科技有限公司 | 18 | 16 |
| 广州威德玛环境仪器有限公司 | 10 | 12 |
| 广州汽车集团客车有限公司 | 4 | 3 |
| 总计 | 1711 | 1454 |

**附表4　2011—2016年10月广州市新能源汽车企业软件著作权登记量汇总数据**

单位：项

| 企业名称 | 登记数量 |
|---|---|
| 广州汽车集团股份有限公司 | 89 |
| 广州汽车集团乘用车有限公司 | 13 |
| 广东信源物流设备有限公司 | 7 |
| 广州威德玛环境仪器有限公司 | 5 |
| 广汽丰田汽车有限公司 | 3 |
| 广汽本田汽车有限公司 | 2 |
| 总计 | 119 |

# 武汉市新能源汽车产业分析

## 【主要分析结论】

- **武汉市新能源汽车产业规模居湖北省首位。** 截至 2016 年 10 月，武
  汉市新能源汽车企业数量和注册资本分别为 11 家和 55.8 亿元，占
  湖北省新能源汽车企业数量和注册资本总额的比重分别为 64.7% 和
  89.3%。

- **整车企业和电池企业为武汉市新能源汽车产业链的主导环节。** 截至
  2016 年 10 月，武汉市整车企业和电池企业数量总和占比超过 80%，
  注册资本占比分别为 92.8% 和 7.2%。

- **武汉市新能源汽车企业主要集中在汉南区（武汉经济技术开发区）。**
  截至 2016 年 10 月，分布在汉南区的新能源汽车企业为 4 家，注册资
  本总额为 51.5 亿元，占武汉市新能源汽车企业数量和注册资本总额的
  比重分别为 36.4% 和 92.3%。

- **本市互投为武汉市新能源汽车产业投资的主要特征。** 2011—2016 年
  10 月，武汉市新能源汽车企业吸纳投资均来自本市企业，其中吸纳投
  资次数为 2 次，吸纳投资金额为 1 亿元；对武汉市企业投资次数为 8 次，
  占比为 50.0%；投资金额为 9.3 亿元，占比为 84.7%。

- **东风汽车公司为武汉市产业创新主体。** 2011—2016 年 10 月，东风汽车
  公司的专利申请量和授权量分别为 1974 件和 1943 件，占比为 88.4%
  和 88.0%；登记软件著作权 14 项，占比为 50.0%。

# 一、武汉市新能源汽车产业基本情况

## （一）武汉市新能源汽车产业规模居湖北省首位

截至 2016 年 10 月，武汉市新能源汽车企业共计 11 家，注册资本总计 55.8 亿元，占湖北省新能源汽车企业数量和注册资本总额的比重分别为 64.7% 和 89.3%，在湖北省新能源汽车产业规模中居主导地位（表 16）。

表 16　武汉市新能源汽车产业对比湖北省基本情况

| 产业 | 企业数量 / 家 | 注册资本 / 亿元 |
|---|---|---|
| 武汉市新能源汽车产业 | 11 | 55.8 |
| 湖北省新能源汽车产业 | 17 | 62.5 |

从武汉市新能源汽车企业的成立时间来看，2001—2005 年成立的企业数量最多，为 4 家；1996—2000 年成立的企业数量最少，为 1 家；"十二五"期间仅成立了 2 家企业，分别为湖北国通青扬新能源汽车发展有限公司和日立（中国）有限公司武汉分公司。

从注册资本分布来看，1991—1995 年成立的企业注册资本总额最多，为 51.2 亿元，主要由于东风汽车公司一家企业的注册资本达到 50.6 亿元拉动所致（图 166）。

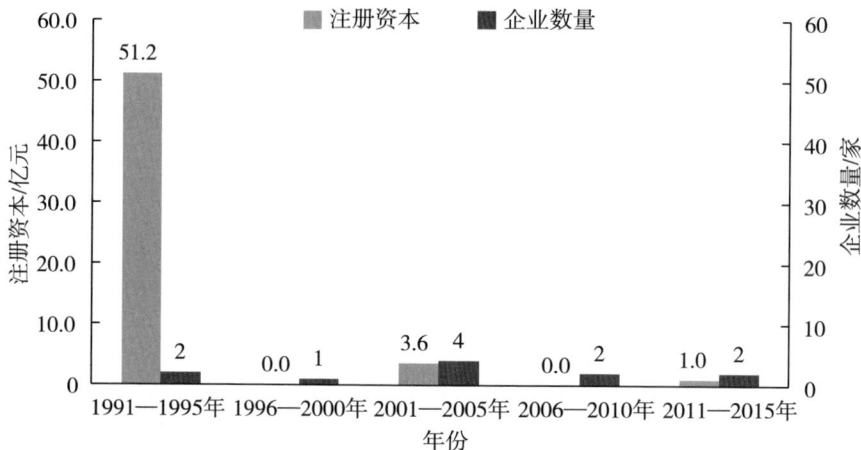

图 166　截至 2016 年 10 月武汉市新能源汽车企业成立时间分布情况

## （二）武汉市新能源汽车产业以整车企业和电池企业为主

武汉市新能源汽车产业以整车企业和电池企业为主，其中，整车企业和电池企业数量总和占比超过80%，注册资本占比分别为92.8%和7.2%（图 167）。

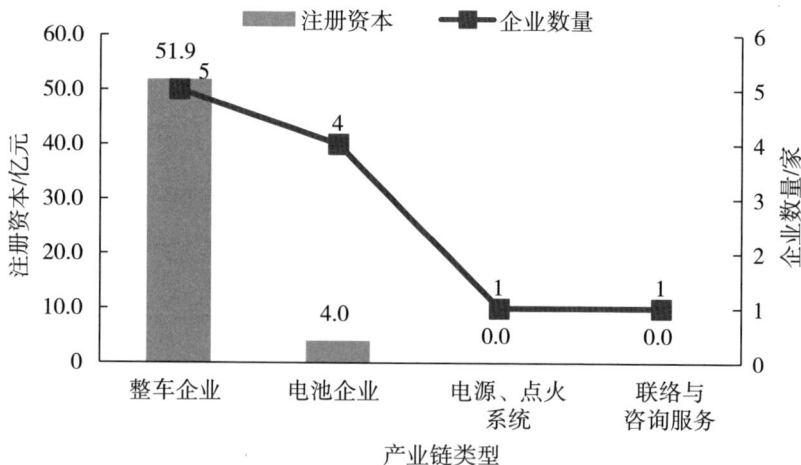

图 167　截至 2016 年 10 月武汉市新能源汽车企业数量和注册资本产业链分布情况

## （三）武汉市新能源汽车企业集聚在汉南区（武汉经济技术开发区）

汉南区为武汉市新能源汽车的集聚地。截至 2016 年 10 月，汉南区新能源汽车企业共 4 家，注册资本总额为 51.5 亿元，占武汉市新能源汽车企业数量和注册资本总额的比重分别为 36.4% 和 92.3%；东西湖区和硚口区企业数量均为 2 家，注册资本总额分别为 1.5 亿元和 0.6 亿元，企业数量占比均为 18.2%，注册资本占比分别为 2.9% 和 1.2%（图 168）。

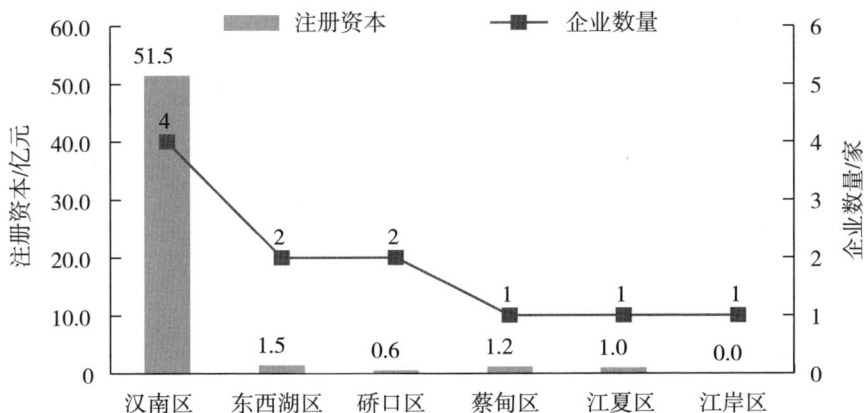

图 168　截至 2016 年 10 月武汉市新能源汽车企业数量和注册资本区域分布情况

## 二、武汉市新能源汽车产业投资情况

### （一）吸纳投资较少，均来自本市企业

2011—2016 年 10 月，武汉市新能源汽车企业共吸纳投资 2 次，吸纳投资金额 1 亿元。从吸纳投资地区分布来看，该 2 笔投资均来自本市电池企业，分别为扬子江汽车集团有限公司和武汉市方圆宏达置业发展有限公司，其投资金额占总吸纳投资金额均为 50.0%；从吸纳投资时间

分布来看，该 2 笔投资行为均发生于 2011 年。

## （二）整车企业对外投资活跃，且主要流向本市

2011—2016 年 10 月，武汉市新能源汽车企业累计对外投资 16 次，投资总金额为 10.9 亿元。其中，2011 年投资次数最多，为 4 次；投资金额达 9.1 万元，远高于其他年份，主要由于东风汽车公司对东风资产管理有限公司单笔投资额（8 亿）较大拉动所致（图 169）。

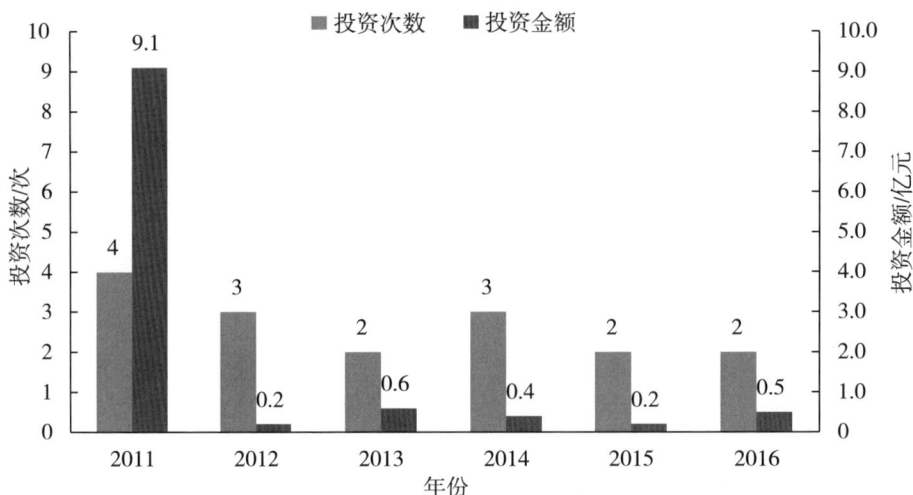

图 169　2011—2016 年 10 月武汉市新能源汽车企业对外投资年度变化情况

从对外投资地区分布来看，武汉市新能源汽车企业对外投资主要集中在武汉本市，投资次数为 8 次，占比为 50.0%；投资金额为 9.3 亿元，占比为 84.7%。在其他地区中，对十堰市和北京市各投资 2 次，投资金额分别为 0.6 亿元和 0.4 亿元；对襄阳市和赣州市各投资 1 次，投资金额分别为 0.5 亿元和 0.2 亿元；对杭州市和上海市各投资 1 次，投资金额未公开（图 170）。

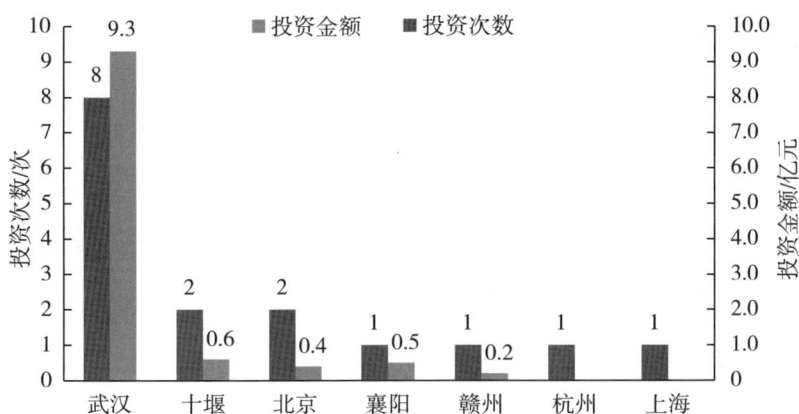

图170 2011—2016 年 10 月武汉市新能源汽车企业对外投资地区分布情况

从对外投资领域来看，2011—2016 年 10 月，武汉市新能源汽车企业对本领域企业投资 13 次，累计投资金额 10.2 亿元，分别占全部对外投资次数和投资金额的 81.3% 和 93.6%，而对本领域外企业的投资目前还相对较少。

从产业链环节来看，武汉市新能源汽车企业对外投资主要集中在整车企业和电池企业，其中整车企业对外投资 13 次，投资总金额为 9.9 亿元；电池企业对外投资 3 次，投资总金额为 1.0 亿元（图 171）。

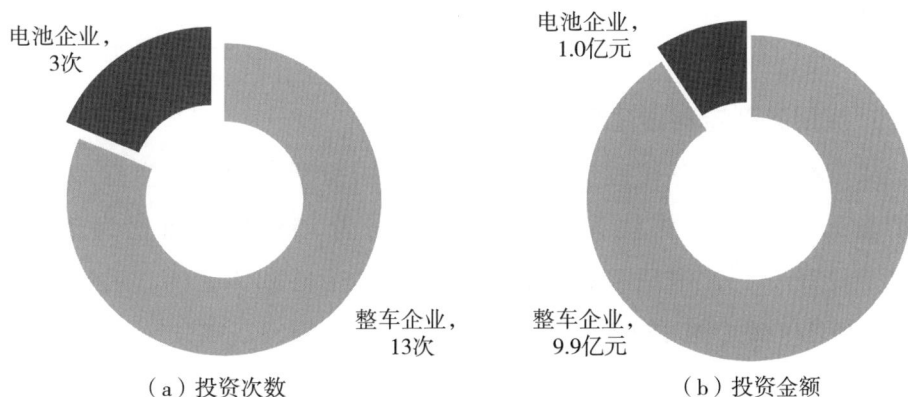

（a）投资次数          （b）投资金额

图171 2011—2016 年 10 月武汉市新能源汽车企业对外投资产业链分布情况

## 三、武汉市新能源汽车产业创新情况

### （一）专利情况

#### 1. 专利申请量和授权量基本呈倒 V 字型

2011—2016 年 10 月，武汉市新能源汽车企业共申请专利 2234 件，获专利授权 2208 件，申请量和授权量基本呈倒"V"字型分布。尤其是近 2 年来，专利申请量和授权量整体出现下滑趋势（图 172）。

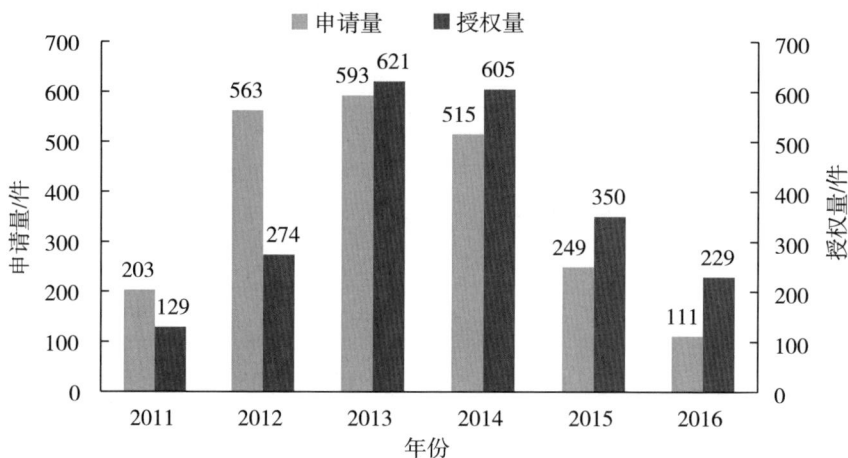

图 172　2011—2016 年 10 月武汉市新能源汽车企业专利申请量和授权量年度分布情况

#### 2. 实用新型专利占主导地位

从专利申请和专利授权类型来看，实用新型专利均占主导地位，其申请量为 1464 件，占比为 65.5%，授权量为 1557 件，占比为 70.5%；其次是外观专利，申请量和授权量分别为 451 件和 463 件，占比分别为 20.2% 和 21.0%（图 173）。

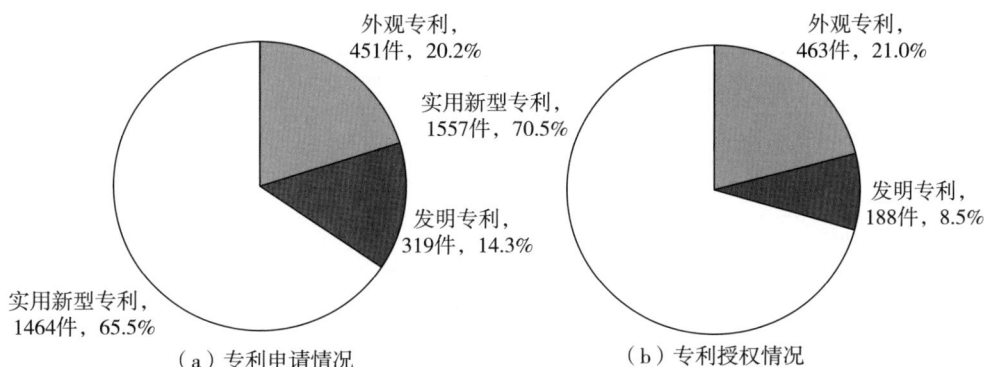

外观专利，451件，20.2%
实用新型专利，1557件，70.5%
发明专利，319件，14.3%
实用新型专利，1464件，65.5%
（a）专利申请情况

外观专利，463件，21.0%
发明专利，188件，8.5%
（b）专利授权情况

图 173　2011—2016 年 10 月武汉市新能源汽车企业专利申请和授权类型分布情况

### 3. 东风汽车创新优势全市领先

2011—2016 年 10 月，东风汽车公司的专利申请量和授权量分别为 1974 件和 1943 件，占专利申请总量和授权总量的 88.4% 和 88.0%；其次是东风襄阳旅行车有限公司，专利申请量和授权量分别为 114 件和 107 件（表 17）。

表 17　2011—2016 年 10 月武汉市新能源汽车企业专利申请量和授权量分布情况

单位：件

| 企业名称 | 专利申请量 | 专利授权量 |
| --- | --- | --- |
| 东风汽车公司 | 1974 | 1943 |
| 东风襄阳旅行车有限公司 | 114 | 107 |
| 湖北追日电器股份有限公司 | 59 | 56 |
| 武汉银泰科技电源股份有限公司 | 31 | 41 |
| 欧赛新能源科技股份有限公司 | 16 | 14 |
| 武汉非凡电源有限公司 | 15 | 21 |
| 湖北京远新能源科技有限公司 | 8 | 8 |
| 东风汽车集团股份有限公司乘用车公司 | 8 | 6 |

| 企业名称 | 专利申请量 | 专利授权量 |
|---|---|---|
| 骆驼集团新能源电池有限公司 | 5 | 3 |
| 扬子江汽车集团有限公司 | 4 | 4 |
| 襄樊宇清电动汽车有限公司 | 0 | 5 |
| 合计 | 2234 | 2208 |

## （二）软件著作权情况

2011—2016 年 10 月，武汉市新能源汽车企业共登记软件著作权 28
项。其中，东风汽车公司登记软件著作权数量最多，为 14 项，占比为
50.0%（图 174、图 175）。

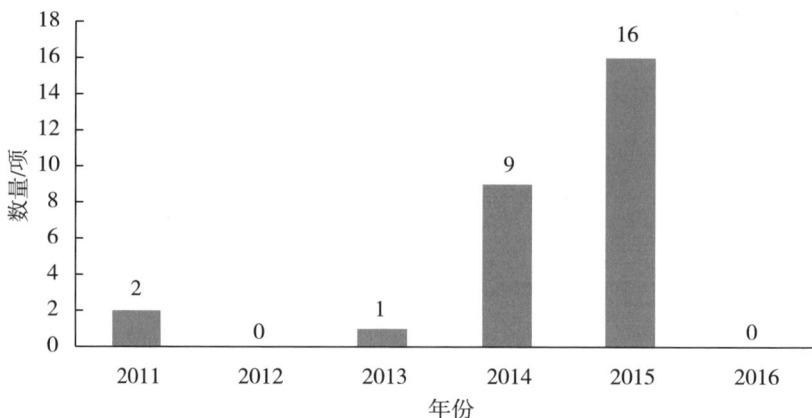

**图 174　2011—2016 年 10 月武汉市新能源汽车企业软件著作权登记年度分布情况**

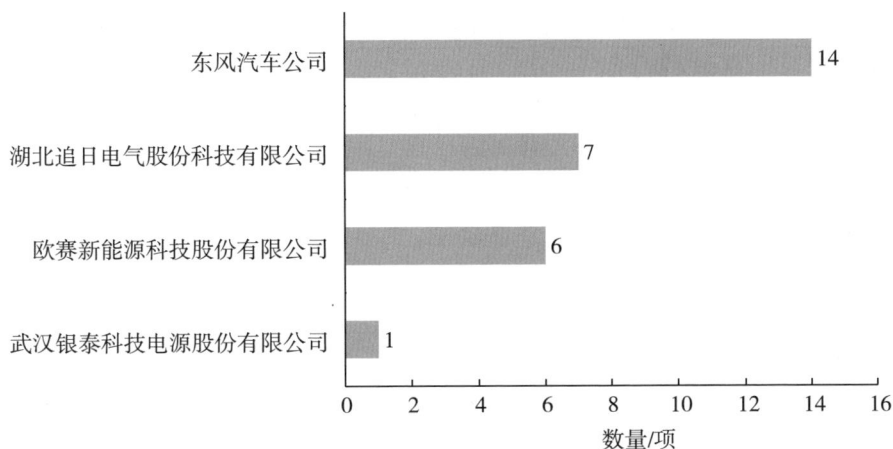

图 175　2011—2016 年 10 月武汉市新能源汽车企业软件著作权登记企业分布情况

# 四、附录

附表 1　截至 2016 年 10 月武汉市新能源汽车企业基本信息

| 企业名称 | 成立时间 | 注册资本 / 亿元 | 企业类型 |
|---|---|---|---|
| 东风汽车公司 | 1991 年 6 月 25 日 | 50.6 | 整车企业 |
| 武汉银泰科技电源股份有限公司 | 2005 年 8 月 29 日 | 1.2 | 电池企业 |
| 湖北国通青扬新能源汽车发展有限公司 | 2011 年 4 月 13 日 | 1.0 | 电池企业 |
| 荷贝尔电源系统（武汉）有限公司 | 2005 年 4 月 12 日 | 0.9 | 电池企业 |
| 武汉非凡电源有限公司 | 2004 年 12 月 10 日 | 0.8 | 电池企业 |
| 扬子江汽车集团有限公司 | 2004 年 1 月 15 日 | 0.6 | 整车企业 |
| 武汉九通汽车厂 | 1993 年 4 月 20 日 | 0.6 | 整车企业 |
| 美国江森自控国际有限公司武汉代表处 | 1997 年 6 月 16 日 | 0.0 | 电控企业 |
| 东风汽车公司乘用车公司 | 2008 年 10 月 16 日 | 0.0 | 整车企业 |
| 东风汽车集团股份有限公司乘用车公司 | 2009 年 6 月 15 日 | 0.0 | 整车企业 |
| 日立（中国）有限公司武汉分公司 | 2012 年 7 月 6 日 | 0.0 | 后服务企业 |

**附表 2　2011—2016 年 10 月武汉市新能源汽车企业对外投资地区分布汇总数据**

| 地区 | 投资次数/次 | 占比 | 投资金额/亿元 | 占比 |
|---|---|---|---|---|
| 武汉 | 8 | 50.0% | 9.3 | 84.7% |
| 十堰 | 2 | 12.5% | 0.6 | 5.4% |
| 北京 | 2 | 12.5% | 0.4 | 3.9% |
| 襄阳 | 1 | 6.3% | 0.5 | 4.6% |
| 赣州 | 1 | 6.3% | 0.2 | 1.4% |
| 杭州 | 1 | 6.3% | 0.0 | 0 |
| 上海 | 1 | 6.3% | 0.0 | 0 |
| 合计 | 16 | 100.0% | 10.9 | 100.0% |

**附表 3　2011—2016 年 10 月武汉市新能源汽车企业软件著作权登记量汇总数据**

单位：项

| 企业名称 | 登记数量 |
|---|---|
| 东风汽车公司 | 14 |
| 湖北追日电气股份有限公司 | 7 |
| 欧赛新能源科技股份有限公司 | 6 |
| 武汉银泰科技电源股份有限公司 | 1 |
| 合计 | 28 |

# 芜湖市新能源汽车产业分析

## 【主要分析结论】

- **芜湖市新能源汽车产业规模居安徽省前列。** 截至 2016 年 10 月，芜湖市新能源汽车企业注册资本居安徽省首位，为 56.3 亿元，占比为 65.6%；企业数量 6 家，占比为 35.3%。

- **整车环节比较优势明显且产业原始创新能力突出。** 芜湖市现有的 6 家新能源汽车企业均分布在整车制造环节。从产业占有专利类型结构来看，发明专利申请量最高，为 3146 件，占比为 55.7%，授权量 1962 件，占比为 39.4%，企业原始创新能力较强。

- **鸠江区（经济开发区）为全市新能源汽车产业核心区。** 芜湖市新能源汽车企业分布在鸠江区、南陵县、三山区、弋江区。其中，鸠江区企业注册资本为 53.3 亿元，占比为 94.6%，企业数量为 3 家，占比为 50.0%。

- **奇瑞汽车创新优势突出。** 2011—2016 年 10 月，芜湖市新能源汽车企业专利申请量 5647 件，授权量 4982 件。其中，奇瑞汽车股份有限公司专利申请量和授权量均全市最高，申请量为 5387 件，占比为 95.4%，授权量为 4754 件，占比为 95.4%。

# 一、芜湖市新能源汽车产业基本情况

## （一）芜湖市新能源汽车产业规模居安徽省前列

截至 2016 年 10 月，芜湖市新能源汽车企业数量 6 家，企业注册资本 56.3 亿元，全省最高，占安徽省新能源汽车企业数量和注册资本总额的比重为 35.3% 和 65.6%（表 18）。

表 18　芜湖市新能源汽车产业对比安徽省基本情况

| 产业 | 企业数量 / 家 | 注册资本 / 亿元 |
| --- | --- | --- |
| 芜湖市新能源汽车产业 | 6 | 56.3 |
| 合肥市新能源汽车产业 | 10 | 26.5 |
| 安徽省新能源汽车产业 | 17 | 85.8 |

从企业数量和注册资本来看，2006—2011 年芜湖市新能源汽车企业增长较快，企业数量从 2 家增至 6 家，注册资本从 52.1 亿元增至 56.3 亿元。但自 2011 年之后，产业规模平稳无变化（图 176）。

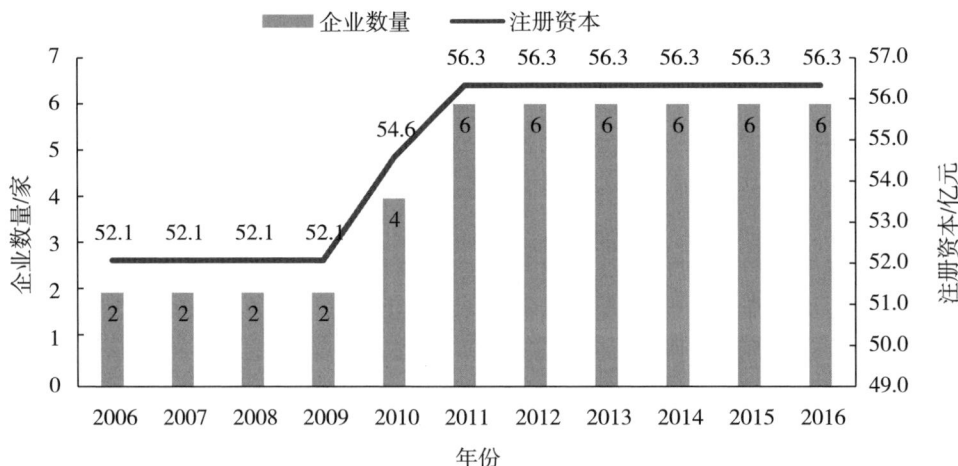

图 176　2006—2016 年 10 月芜湖市新能源汽车企业数量及注册资本年度分布情况

从企业成立时间来看，芜湖市新能源汽车企业在 1997 年、2001 年、2010 年和 2011 年 4 个年份有新增企业。其中，1997 年注册资本最高，为 44.6 亿元（图 177）。

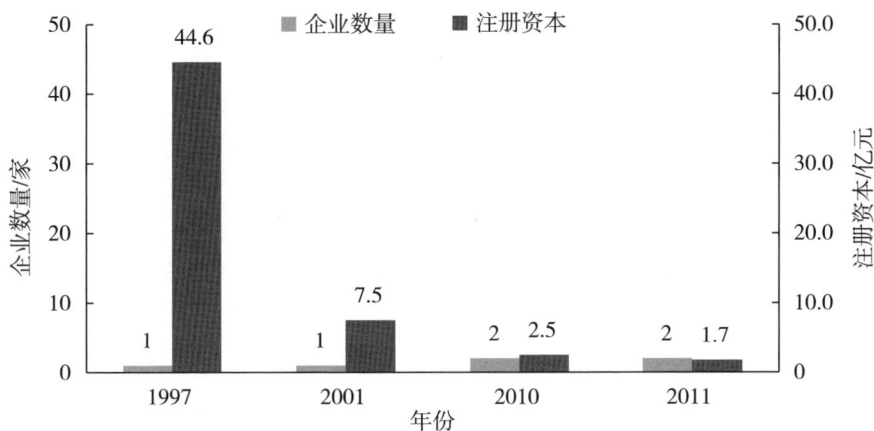

**图 177　截至 2016 年 10 月芜湖市新能源汽车企业成立时间分布情况**

## （二）整车企业为产业集中布局领域

从产业链布局来看，芜湖市新能源汽车企业全部为整车企业，整车企业环节比较优势明显，但在产业链结构上较为单一。

## （三）鸠江区（经济开发区）为新能源汽车产业核心区

从企业分布来看，芜湖市新能源汽车企业分布在鸠江区、南陵县、三山区、弋江区。其中，鸠江区企业注册资本为 53.3 亿元，占比为 94.6%，企业数量为 3 家，占比为 50.0%（图 178）。

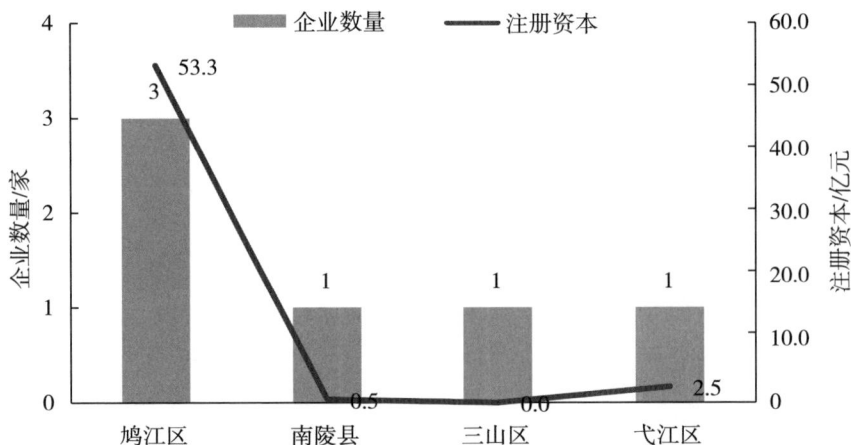

**图178 截至2016年10月芜湖市新能源汽车企业数量及注册资本区域分布情况**
注：三山区企业注册资本未公开。

## 二、芜湖市新能源汽车产业投资情况

### （一）产业吸纳投资较少，且投资来源较为分散

2011—2016年10月，芜湖市新能源汽车企业共吸纳投资次数7次，吸纳投资金额1.7亿元。吸纳投资来自安徽、广东、浙江、自然人，投资金额及投资次数分布较为分散，7笔投资的时间全部集中在2011年（图179）。

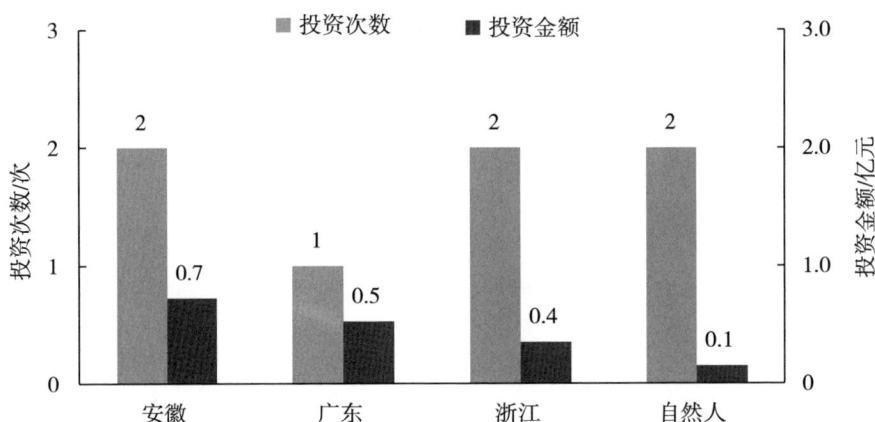

图 179　2011—2016 年 10 月芜湖市新能源汽车企业吸纳投资来源情况

## （二）对外投资主要投向本省和内蒙古

2011—2016 年 10 月，芜湖市新能源汽车企业对外投资 28 次，投资金额 42.7 亿元。其中，2011 年对外投资金额最高，为 12.2 亿元，2015 年对外投资次数最高，为 11 次（图 180）。

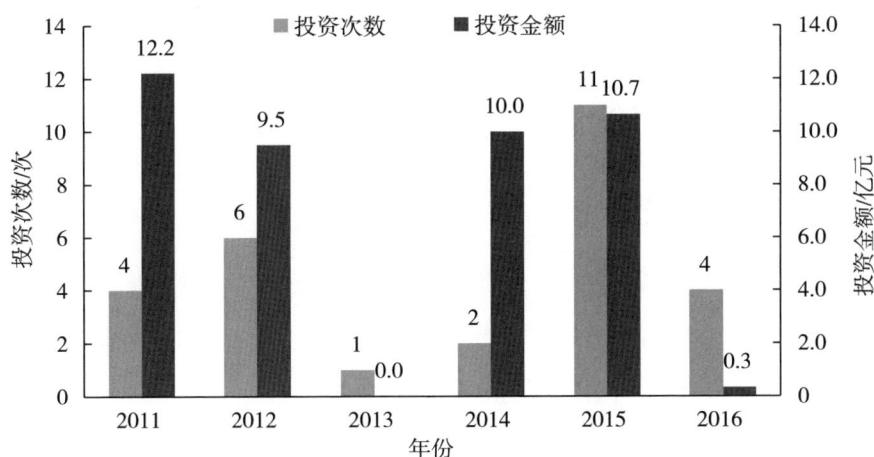

图 180　2011—2016 年 10 月芜湖市新能源汽车企业对外投资年度分布情况

从投资省份来看，芜湖市新能源汽车企业对外投资主要投向安徽本省，投资次数 13 次，占比为 46.4%，投资金额 26.7 亿元，占比为 62.6%。对内蒙古的投资金额排在第 2 位，投资金额 14.6 亿元，占比为 34.3%，投资次数 4 次，占比为 14.3%（图 181）。

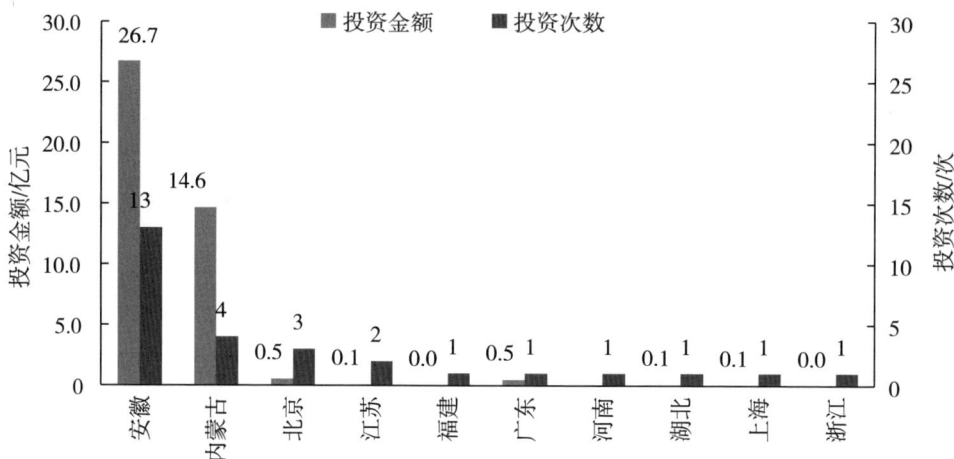

图 181　2011—2016 年 10 月芜湖市新能源汽车企业对外投资地区分布情况
注：对河南的投资金额未公开。

## 三、芜湖市新能源汽车产业创新情况

### （一）专利情况

2011—2016 年 10 月，芜湖市新能源汽车企业专利申请量 5647 件，授权量 4982 件。2011—2015 年，专利申请量较为稳定，保持在年申请量 1000 件左右，2016 年出现明显下滑（图 182）。

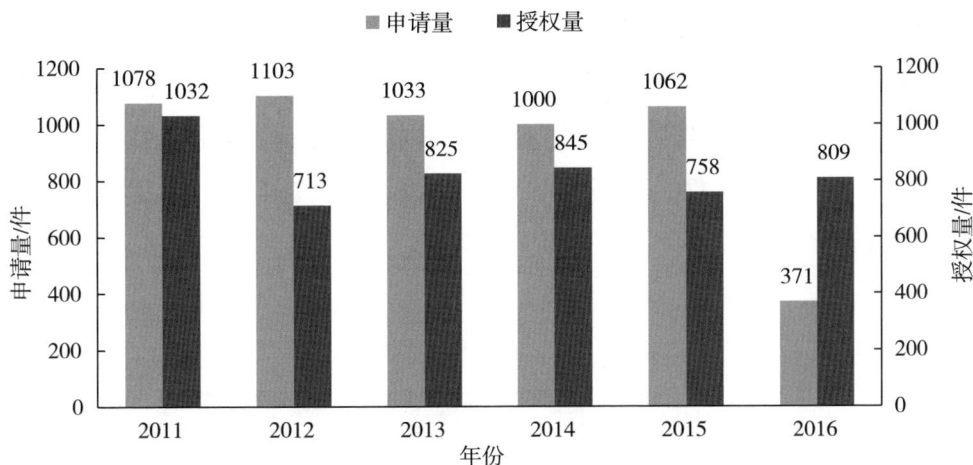

图 182　2011—2016 年 10 月芜湖市新能源汽车企业专利申请和授权年度分布情况

### 1. 发明专利比重较高，企业原始创新比较优势明显

从专利类型来看，发明专利申请量最高，为 3146 件，占比为 55.7%，授权量 1962 件，占比为 39.4%。其次是实用新型专利，申请量 1826 件，占比为 32.3%，授权量 2211 件，占比为 44.4%。外观专利申请量和授权量在 3 种专利类型中占比最低（图 183）。

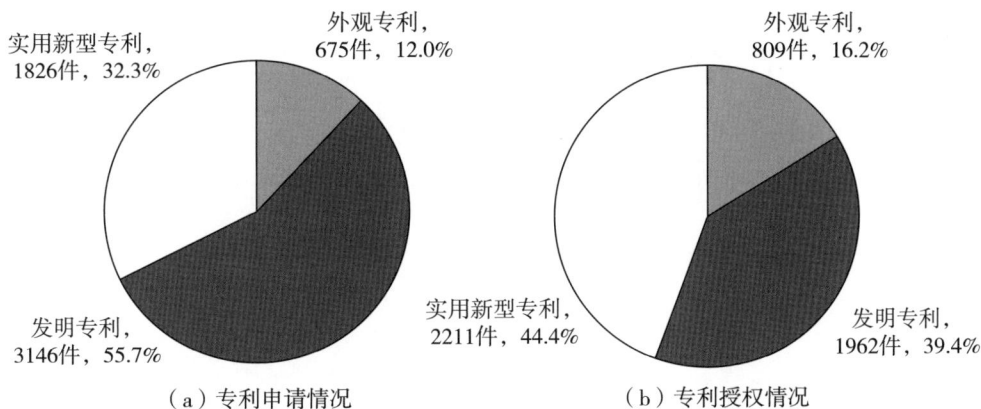

（a）专利申请情况　　　　　　（b）专利授权情况

图 183　2011—2016 年 10 月芜湖市新能源汽车企业专利申请和授权类型情况

### 2. 奇瑞汽车创新优势突出

2011—2016 年 10 月，芜湖市新能源汽车企业中 5 家企业有专利申请和授权。其中，奇瑞汽车股份有限公司专利申请量和授权量在全市均最高，申请量 5387 件，占比为 95.4%，授权量 4754 件，占比为 95.4%（图 184）。

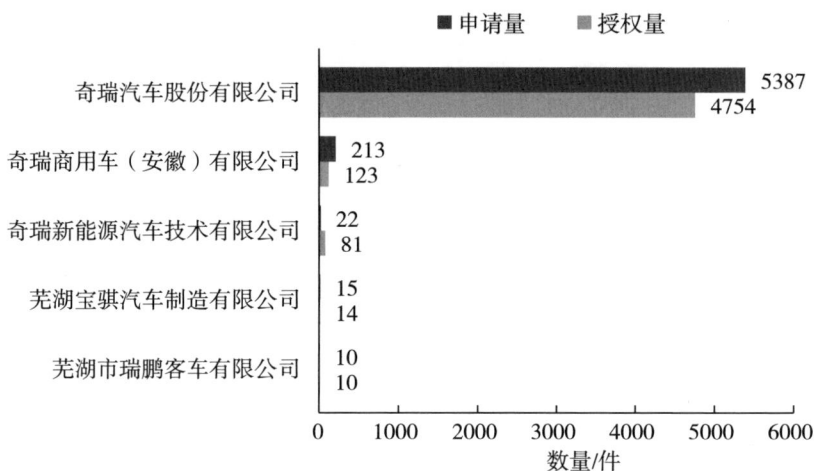

图 184　2011—2016 年 10 月芜湖市新能源汽车企业专利申请和授权企业分布情况

## （二）软件著作权情况

2011—2016 年 10 月，芜湖市新能源汽车企业仅奇瑞汽车股份有限公司一家企业登记软件著作权，登记数量为 1 项，登记时间为 2011 年。

# 四、附录

附表 1　截至 2016 年 10 月芜湖市新能源汽车企业基本信息

| 企业名称 | 成立日期 | 注册资本 / 万元 | 企业类型 |
|---|---|---|---|
| 奇瑞汽车股份有限公司 | 1997 年 1 月 8 日 | 445 690.00 | 整车企业 |
| 奇瑞商用车（安徽）有限公司 | 2001 年 5 月 24 日 | 75 000.00 | 整车企业 |
| 奇瑞商用车（安徽）有限公司重型卡车公司 | 2010 年 10 月 8 日 | 未公开 | 整车企业 |
| 奇瑞新能源汽车技术有限公司 | 2010 年 4 月 22 日 | 25 000.00 | 整车企业 |
| 芜湖市瑞鹏客车有限公司 | 2011 年 1 月 13 日 | 12 500.00 | 整车企业 |
| 芜湖宝骐汽车制造有限公司 | 2011 年 10 月 27 日 | 5000.00 | 整车企业 |

附表 2　2011—2016 年 10 月芜湖市新能源汽车企业吸纳投资地区分布汇总数据

| | 投资次数 / 次 | 占比 | 投资金额 / 亿元 | 占比 |
|---|---|---|---|---|
| 安徽 | 2 | 28.6% | 0.7 | 41.4% |
| 浙江 | 2 | 28.6% | 0.4 | 20.1% |
| 自然人 | 2 | 28.6% | 0.1 | 8.5% |
| 广东 | 1 | 14.3% | 0.5 | 30.0% |
| 总计 | 7 | 100.0% | 1.7 | 100.0% |

附表 3　2011—2016 年 10 月芜湖市新能源汽车企业对外投资地区分布汇总数据

| 地区 | 投资次数 / 次 | 占比 | 投资金额 / 亿元 | 占比 |
|---|---|---|---|---|
| 安徽 | 13 | 46.4% | 26.7 | 62.6% |
| 内蒙古 | 4 | 14.3% | 14.6 | 34.3% |
| 北京 | 3 | 10.7% | 0.5 | 1.3% |
| 江苏 | 2 | 7.1% | 0.1 | 0.2% |
| 福建 | 1 | 3.6% | 0.0 | 0.1% |

续表

| 地区 | 投资次数 / 次 | 占比 | 投资金额 / 亿元 | 占比 |
|------|------|------|------|------|
| 广东 | 1 | 3.6% | 0.5 | 1.2% |
| 河南 | 1 | 3.6% | 未公开 | |
| 湖北 | 1 | 3.6% | 0.1 | 0.2% |
| 上海 | 1 | 3.6% | 0.1 | 0.1% |
| 浙江 | 1 | 3.6% | 0.0 | 0.0% |
| 总计 | 28 | 100.0% | 42.7 | 100.0% |

**附表 4　2011—2016 年 10 月芜湖市新能源汽车企业专利申请量和授权量汇总数据**

单位：件

| 企业名称 | 申请量 | 授权量 |
|------|------|------|
| 奇瑞汽车股份有限公司 | 5387 | 4754 |
| 奇瑞商用车（安徽）有限公司 | 213 | 123 |
| 奇瑞新能源汽车技术有限公司 | 22 | 81 |
| 芜湖宝骐汽车制造有限公司 | 15 | 14 |
| 芜湖市瑞鹏客车有限公司 | 10 | 10 |
| 总计 | 5647 | 4982 |

**附表 5　2011—2016 年 10 月芜湖市新能源汽车企业软件著作权登记量汇总数据**

单位：项

| 企业名称 | 登记数量 |
|------|------|
| 奇瑞汽车股份有限公司 | 1 |

# 西安市新能源汽车产业分析

## 【主要分析结论】

- **西安市新能源汽车企业数量居陕西省首位。**截至 2016 年 10 月，西安市新能源汽车企业共计 9 家，注册资本总计 44 亿元。

- **整车企业在新能源汽车产业链中占主导地位。**西安市电机企业和电池企业数量最多，但整车企业注册资本占西安市新能源汽车注册资本总额的 74.8%，具有明显优势。

- **本市互投为西安市新能源汽车产业投资的主要特征。**西安市新能源汽车产业主要以本市为资本互投的重点区域，其中，新能源汽车企业对外投资额的 88.7% 流入西安本市。

- **实用新型专利占主导地位，大型企业更注重创新。**西安市新能源汽车企业实用新型专利的申请量和授权量均最多，分别为 255 件和 260 件，占比分别为 78.9% 和 87.2%。大型企业专利申请量和授权量优势明显，陕汽集团的专利申请量和授权量分别为 220 件和 198 件，同时占到西安市新能源汽车企业专利申请总量和授权总量的 66% 以上。

# 一、西安市新能源汽车产业基本情况

## （一）西安市新能源汽车产业规模居陕西省首位

截至 2016 年 10 月，西安市新能源汽车企业共计 9 家，注册资本总计 44.0 亿元，占陕西省新能源汽车企业数量和注册资本总额的比重分别为 75.0% 和 84.8%，是陕西省最重要的新能源汽车产业集聚地（表 19）。

表 19　西安市新能源汽车产业对比陕西省基本情况

| 产业 | 企业数量 / 家 | 注册资本 / 亿元 |
| --- | --- | --- |
| 西安市新能源汽车产业 | 9 | 44.0 |
| 陕西省新能源汽车产业 | 12 | 51.9 |

从新能源汽车企业成立时间来看，陕西汽车集团有限责任公司（以下简称陕汽集团）于 1989 年在西安市成立，是西安市成立时间最早的新能源汽车企业。2000—2005 年成立的新能源汽车企业数量最多，达到 3 家（图 185）。

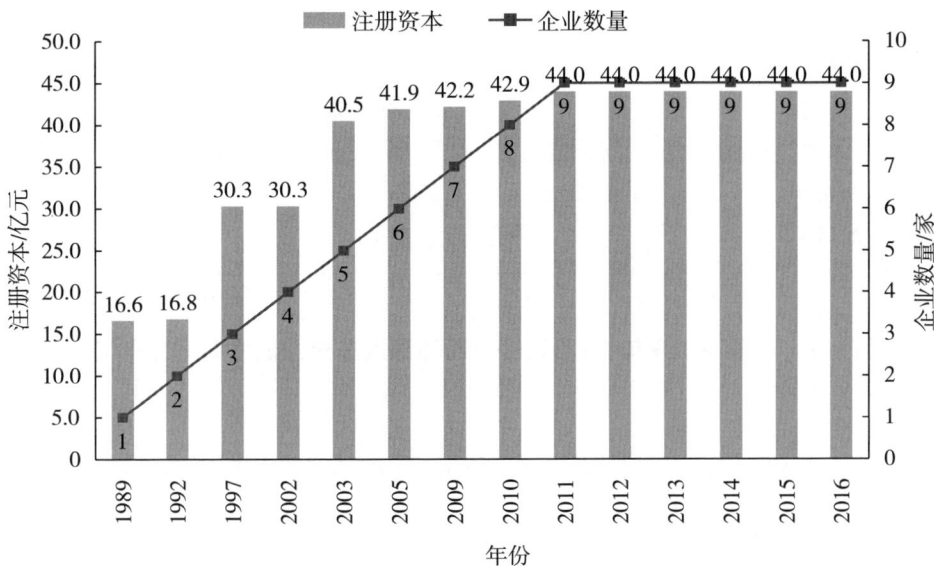

图 185　1989—2016 年 10 月西安市新能源汽车企业数量和注册资本年度变化情况

　　老牌车企成为新能源汽车产业发展支柱。从注册资本分布来看，成立最早的陕汽集团以 16.6 亿元注册资本独占鳌头，其次是成立于 1997 年的比亚迪汽车有限公司，其注册资本为 13.5 亿元。"十五"和"十一五"期间，企业数量增长相对较快，但注册资本规模偏小，2000 年以后新成立企业注册资本达到 10 亿元以上规模的仅有北方特种能源集团有限公司。"十二五"时期西安市新能源汽车产业发展趋缓，新成立企业只有 1 家，注册资本 1.1 亿元（图 186）。

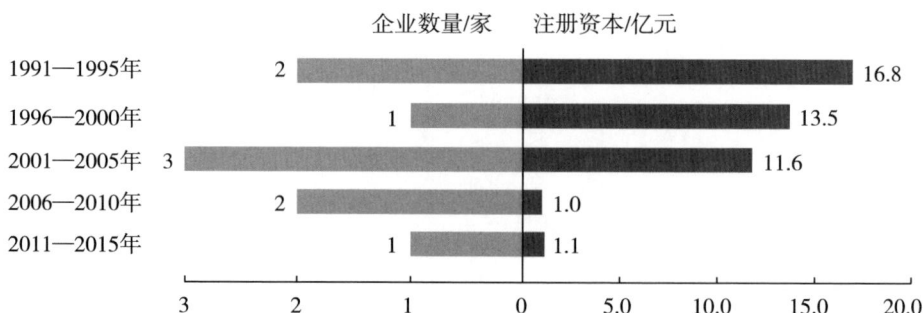

**图 186　截至 2016 年 10 月西安市新能源汽车企业成立时间分布情况**

## （二）西安市新能源汽车产业重点布局在整车制造环节

西安市新能源汽车产业链主要包含了电池企业、后服务企业、整车企业和电机企业 4 个环节。从企业数量来看，电池企业和电机企业等环节企业数量最多，分别为 3 家，总和占到西安市新能源汽车企业数量的一半以上；但从注册资本来看，整车企业成为新能源汽车产业重点布局环节，注册资本占西安市新能源汽车企业注册资本总额的 68.4%，总注册资本达到 30.1 亿元（图 187）。

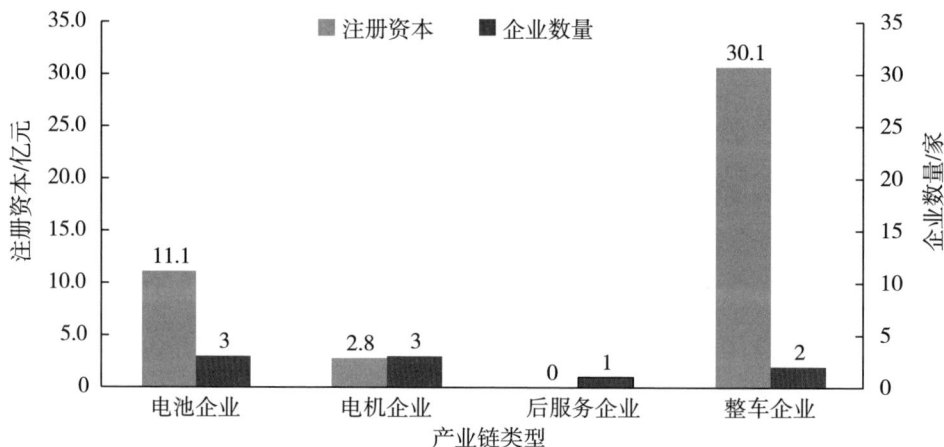

**图 187　截至 2016 年 10 月西安市新能源汽车企业数量和注册资本产业链分布情况**

## （三）西安市新能源汽车企业主要集中在新城区和经济开发区

目前，西安市新能源汽车企业主要分布在经济开发区，拥有3家企业，总注册资本12.7亿元，但注册资本规模相对偏小。其中，陕汽集团位于西安市新城区，注册资本16.6亿元，新城区成为西安市新能源产业注册资本最高的区域（图188）。

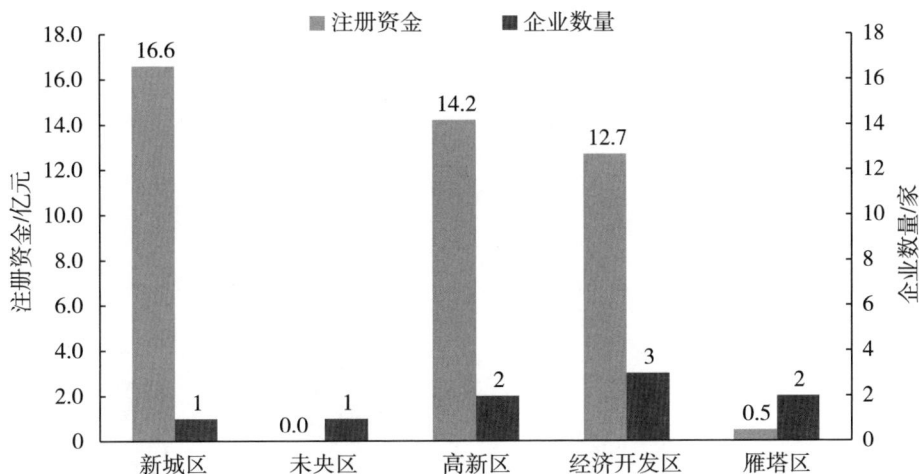

图188 截至2016年10月西安市新能源汽车企业数量和注册资本地区分布情况

# 二、西安市新能源汽车产业投资情况

## （一）企业股权结构稳定，本市企业为核心投资主体

2011—2016年10月，西安市新能源汽车企业股权结构稳定，只有一家企业发生股权变更，吸纳投资总额1.08亿元，主要是2011年西安正麒电气有限公司分别吸纳西安正麒机械制造有限公司注资0.38亿元的

注资和西安秦泽商投资发展有限公司 0.7 亿元的注资。

## （二）大型企业加快产业链布局，重点投向本省企业

2011—2016 年 10 月，西安市新能源汽车企业累计对外投资 12 次，投资金额 15.7 亿元。其中，2015—2016 年对外投资表现活跃，总计对外投资达到 10 次，占比为 83.3%；但从投资金额来看，2014 年对外投资金额最高，占比为 63.7%，主要是陕汽集团对德银天下投资控股有限公司注资 10 亿元（图 189）。

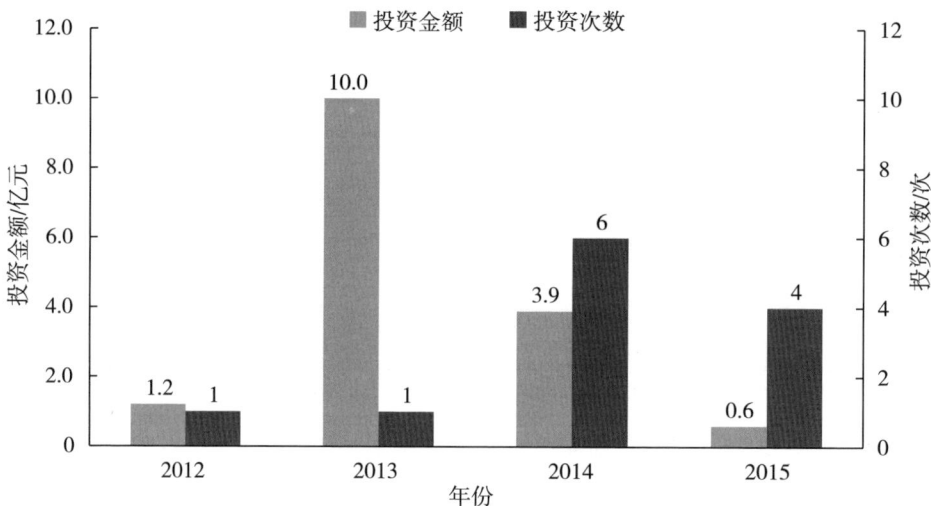

图 189  2011—2016 年 10 月西安市新能源汽车企业对外投资年度变化情况

从对外投资地区分布来看，西安市新能源汽车企业对外投资中91.7% 的投资次数和 99.8% 的投资额都流向本省，其中西安本市是资本流入的主要城市，接受新能源汽车产业 7 次投资，资本流入金额达到13.9 亿元，西安市新能源对外投资次数的 58.3% 和对外投资额的 88.7%都流入西安本市。截至 2016 年 10 月，对外省投资中仅发生过对上海市唯一一笔投资行为，投资额为 350 万元。

其中，发生对外投资行为的新能源企业只有 3 家，分别是陕汽集团、西安正麒电气和西安中科新能源企业。大型企业集团成为对外投资主力，陕汽集团在对外投资次数和投资额上保持领先，尤其是对外投资额达到 14.3 亿元，占西安市新能源汽车产业对外投资总额的 90% 以上（图 190）。

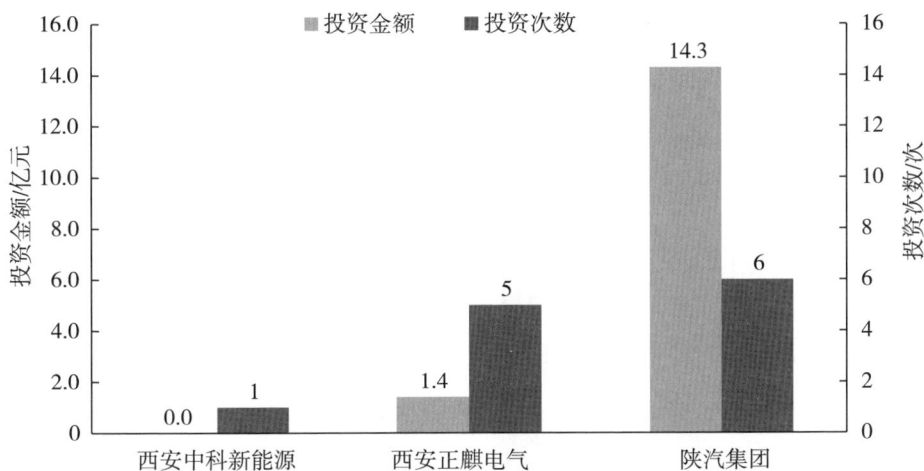

图 190　2011—2016 年 10 月西安市新能源汽车企业对外投资情况

从产业链环节来看，西安市新能源汽车企业对外投资企业主要集中在整车企业和电机企业。整车企业主要以陕汽集团对外投资为主，资本主要流向制造业和租赁商务服务业，其中租赁商务服务业 90% 的资本流向投资和资产管理，而制造业环节则重点布局在汽车零部件及配件制造。电机企业主要是以西安正麒电气对外布局建筑业和居民服务、修理服务业为主，80% 以上的资本流入以上 2 个领域。

# 三、西安市新能源汽车产业创新情况

## （一）专利情况

### 1. 企业专利申请量和授权量相对平稳

2011—2016 年 10 月，西安市新能源汽车企业共申请专利 323 件，获专利授权 298 件，专利申请量和授权量相对平稳（图 191）。

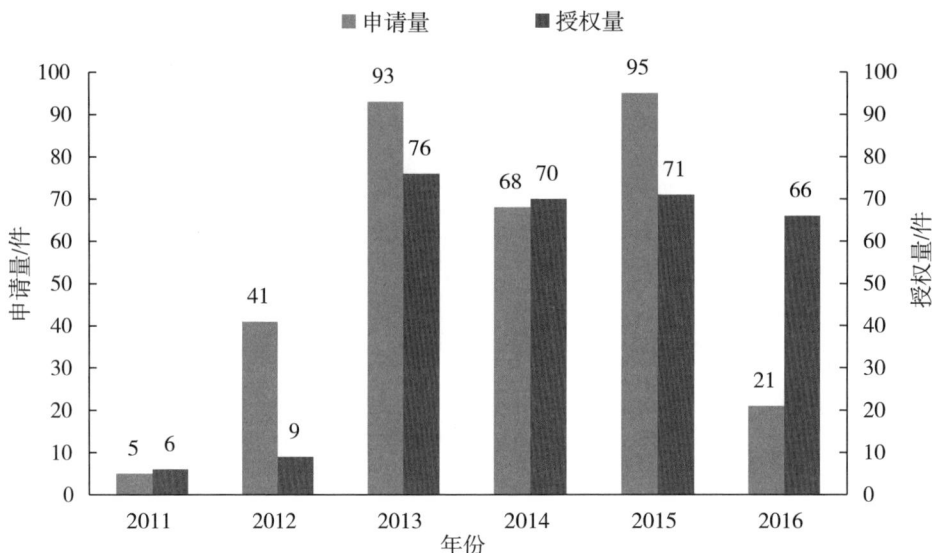

图 191　2011—2016 年 10 月西安市新能源汽车企业专利申请量和
授权量年度分布情况

### 2. 实用新型专利占主导地位

从专利类型来看，实用新型专利的申请量和授权量均最多，分别为 255 件和 260 件，占比分别为 78.9% 和 87.2%；其次是外观专利，申请量和授权量均为 25 件，占比分别为 7.7% 和 8.4%；发明专利数量最少，申请量和授权量分别为 43 件和 13 件，占比分别为 13.3% 和 4.4%，原始创新能力相对薄弱（图 192）。

外观专利，
25件，7.7%

发明专利，
43件，13.3%

实用新型专利，
255件，78.9%

（a）专利申请情况

外观专利，
25件，8.4%

发明专利，
13件，4.4%

实用新型专利，
260件，87.2%

（b）专利授权情况

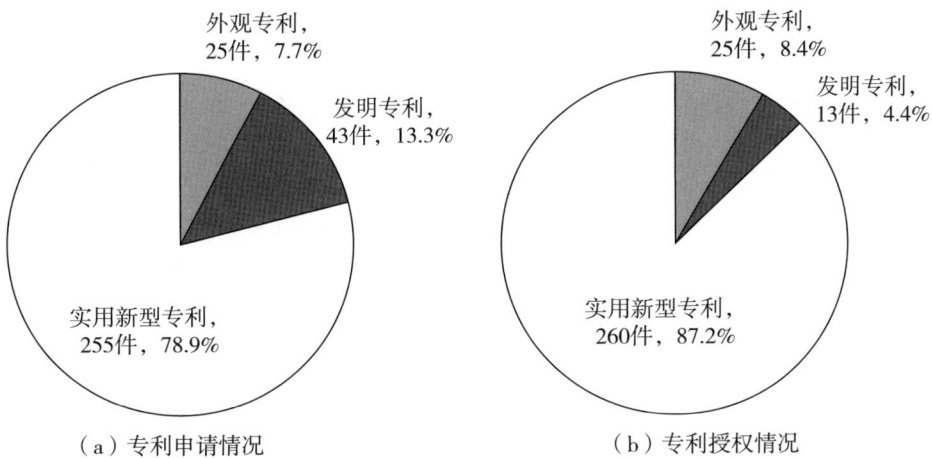

图 192　2011—2016 年 10 月西安市新能源汽车企业专利申请和授权类型分布情况

### 3. 陕汽集团为全市新能源汽车产业的创新主力

2011—2016 年 10 月，陕汽集团的专利申请量和授权量分别为 220 件和 198 件，同时占到西安市新能源汽车企业专利申请总量和授权总量的 66% 以上（图 193）。

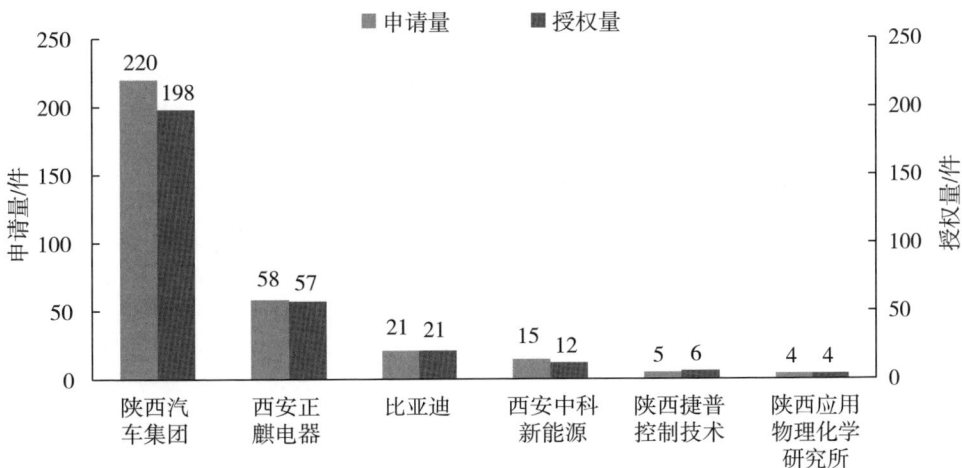

图 193　2011—2016 年 10 月西安市新能源汽车专利申请和授权企业分布情况

## （二）软件著作权情况

### 1. 陕西应用物理化学研究所登记软件著作权最多

2011—2016 年 10 月，西安市新能源汽车企业共登记软件著作权 30 项。其中，陕西应用物理化学研究所登记数量多达 22 项，陕汽集团和西安正麒电气分别为 7 项和 1 项（图 194）。

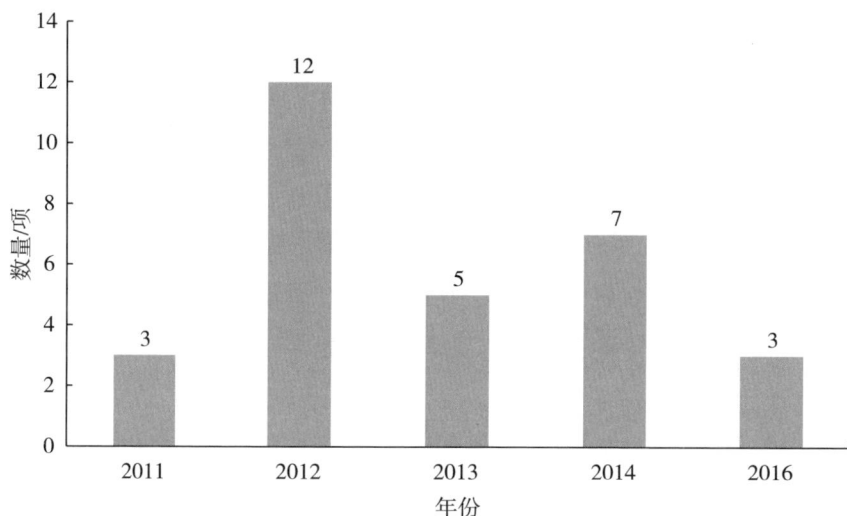

**图 194　2011—2016 年 10 月西安市新能源汽车企业软件著作权登记年度变化情况**
注：2015 年无相关统计数据，因此图中并没有列出。

# 四、附录

附表 1　截至 2016 年 10 月西安市新能源汽车企业基本信息

| 企业名称 | 成立时间 | 注册资本/亿元 | 经营类别 |
|---|---|---|---|
| 北方特种能源集团有限公司 | 2003 年 | 10.2 | 电池企业 |
| 陕西捷普控制技术有限公司 | 2009 年 | 0.3 | 电机企业 |
| 陕西汽车集团有限责任公司 | 1989 年 | 16.6 | 整车企业 |
| 陕西应用物理化学研究所 | 1992 年 | 0.2 | 电池企业 |

| 企业名称 | 成立时间 | 注册资本／亿元 | 经营类别 |
|---|---|---|---|
| 西安永电电气有限责任公司 | 2005 年 | 1.4 | 电机企业 |
| 西安正麒电气有限公司 | 2011 年 | 1.1 | 电机企业 |
| 西安中科新能源科技有限公司 | 2010 年 | 0.7 | 电池企业 |
| 比亚迪汽车有限公司 | 1997 年 | 13.5 | 整车企业 |
| 日立（中国）有限公司西安分公司 | 2002 年 | 0 | 后服务企业 |

注：日立（中国）有限公司西安分公司为分支机构，注册资本为 0。

附表 2　2011—2016 年 10 月西安市新能源汽车企业吸纳投资地区分布汇总数据

| 地区 | 投资次数／次 | 占比 | 投资金额／亿元 | 占比 |
|---|---|---|---|---|
| 陕西 | 2 | 100.0% | 1.08 | 100.0% |
| 总计 | 2 | 100.0% | 1.08 | 100.0% |

附表 3　2011—2016 年 10 月西安市新能源汽车企业对外投资地区分布汇总数据

| 地区 | 投资次数／次 | 占比 | 投资金额／亿元 | 占比 |
|---|---|---|---|---|
| 陕西 | 11 | 91.7% | 15.665 | 99.8% |
| 上海 | 1 | 8.3% | 0.035 | 0.2% |
| 总计 | 12 | 100.0% | 15.7 | 100.0% |

附表 4　2011—2016 年 10 月西安市新能源汽车企业专利申请量和授权量汇总数据

单位：件

| 企业名称 | 专利申请量 | 专利授权量 |
|---|---|---|
| 陕西汽车集团有限责任公司 | 220 | 198 |
| 西安正麒电气有限公司 | 58 | 57 |
| 比亚迪汽车有限公司 | 21 | 21 |
| 西安中科新能源科技有限公司 | 15 | 12 |

| 企业名称 | 专利申请量 | 专利授权量 |
|---|---|---|
| 陕西捷普控制技术有限公司 | 5 | 6 |
| 陕西应用物理化学研究所 | 4 | 4 |
| 总计 | 323 | 298 |

**附表5　2011—2016年10月西安市新能源汽车企业软件著作权登记量汇总数据**

单位：项

| 企业名称 | 登记数量 |
|---|---|
| 陕西汽车集团有限责任公司 | 7 |
| 陕西应用物理化学研究所 | 22 |
| 西安正麒电气有限公司 | 1 |
| 总计 | 30 |

# 合肥市新能源汽车产业分析

## 【主要分析结论】

- **合肥市新能源汽车产业规模居安徽省前列**。截至 2016 年 10 月，合肥市新能源汽车企业数量 10 家，注册资本合计 26.5 亿元，企业数量和注册资本在安徽省新能源汽车产业中的占比分别为 58.8% 和 30.9%。

- **企业分布较为分散**。合肥市新能源汽车企业分散分布在包河区、肥西县、蜀山区、瑶海区，企业分布较为分散。

- **整车企业和电池企业对外投资较为活跃**。在合肥市新能源汽车企业对外投资中，整车企业和电池企业对外投资活跃。其中，整车企业对外投资次数最高，为 25 次，占比为 73.5%；电池企业对外投资金额最高，为 21.1 亿元，占比为 78.4%。

- **专利占有量位居全国重点示范城市前列，产业创新比较优势明显**。2011—2016 年 10 月，合肥市新能源汽车企业专利申请量 10 427 件，授权量 8813 件。在全国新能源汽车重点示范城市中的专利占有量位居前列，产业创新具有较为明显的比较优势。

- **安徽江淮汽车为合肥市新能源汽车产业创新的主力**。2011—2016 年 10 月，安徽江淮汽车股份有限公司专利申请量和授权量均居全国新能源汽车企业的第 2 位，分别达到 8907 件和 7686 件。

# 一、合肥市新能源汽车产业基本情况

## （一）合肥市新能源汽车产业规模居安徽省前列

截至 2016 年 10 月，合肥市新能源汽车企业数量 10 家，居全省首位，占安徽省新能源汽车企业总数量的 58.8%，注册资本 26.5 亿元，占比为 30.9%（表 20）。

表 20　合肥市新能源汽车产业对比安徽省基本情况

| 产业 | 企业数量 / 家 | 注册资本 / 亿元 |
|---|---|---|
| 合肥市新能源汽车产业 | 10 | 26.5 |
| 安徽省新能源汽车产业 | 17 | 85.8 |

合肥市新能源汽车产业规模近几年持平。从企业数量和注册资本来看，合肥市新能源汽车产业增长主要集中在 2008—2010 年，企业数量从 8 家增至 10 家，注册资本从 25.3 亿元增至 26.5 亿元（图 195）。

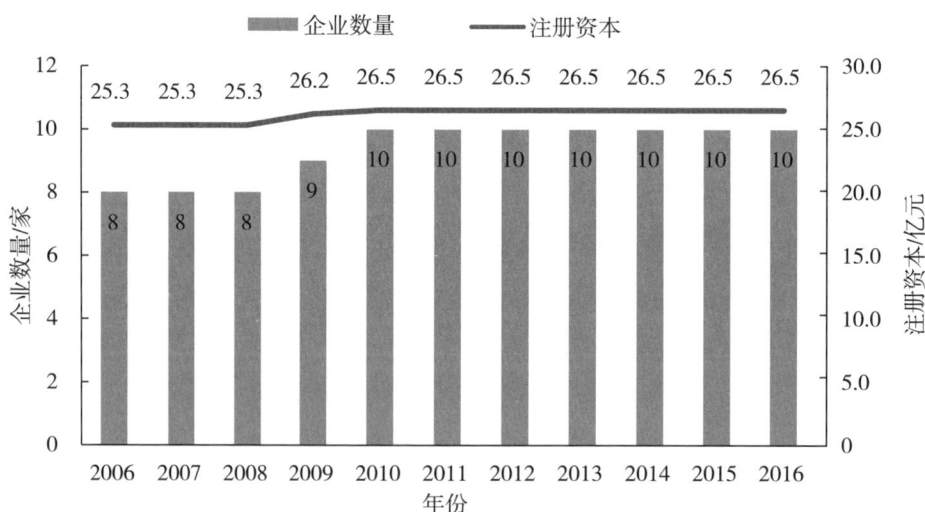

图 195　2006—2016 年 10 月合肥市新能源汽车企业数量及注册资本年度分布情况

从企业成立年份来看，合肥市新能源汽车产业在1996—2000年增长较快，新增企业数量6家，注册资本22.7亿元。2001—2005年及2010—2016年没有新增企业（图196）。

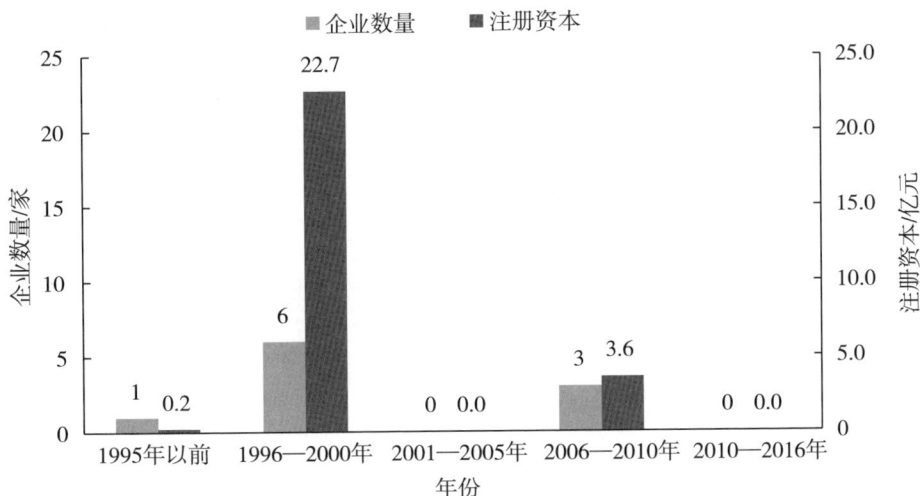

图196　截至2016年10月合肥市新能源汽车企业成立时间分布情况

## （二）合肥市新能源汽车产业以整车企业为主

截至2016年10月，合肥市新能源汽车产业链包括电池企业、整车企业及原材料企业3个环节。其中，整车企业数量及注册资本均最高，企业数量6家，占比为60.0%；注册资本22.8亿元，占比为86.0%（图197）。

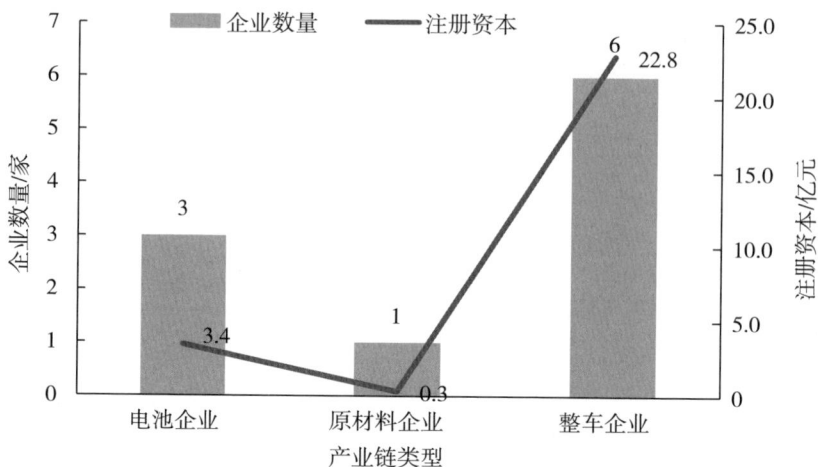

**图 197 截至 2016 年 10 月合肥市新能源汽车企业数量和注册资本产业链分布情况**

## （三）企业分布较为分散

从分布区域来看，合肥市新能源汽车企业分布在包河区、肥西县、蜀山区、瑶海区。其中，蜀山区企业注册资本最高，为 16.0 亿元，占比为 60.4%；企业数量 4 家，占比为 40.0%（图 198）。

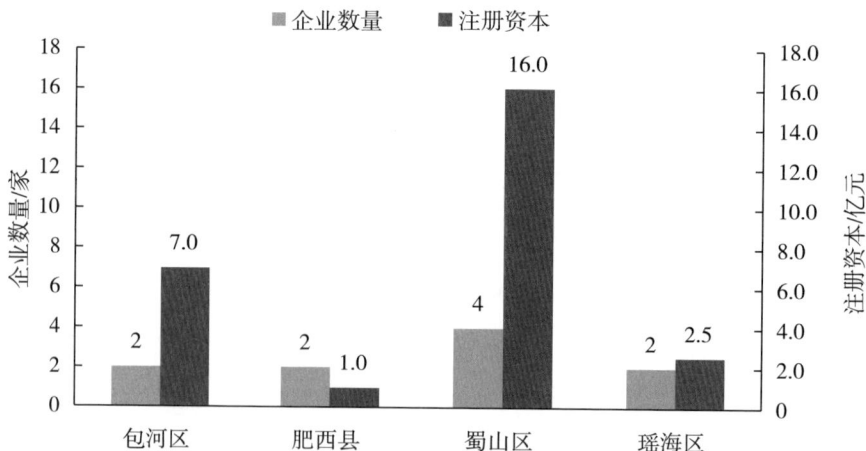

**图 198 截至 2016 年 10 月合肥市新能源汽车企业数量及注册资本区域分布情况**

## 二、合肥市新能源汽车产业投资情况

2011—2016 年 10 月，合肥市新能源汽车企业未有吸纳投资，而对外投资日趋活跃，产业投资处于净流出状态。对外投资累计 34 次，投资金额 27.1 亿元。其中，2015 年投资金额最高，为 13.9 亿元；2016 年对外投资最频繁，投资次数 9 次（图 199）。

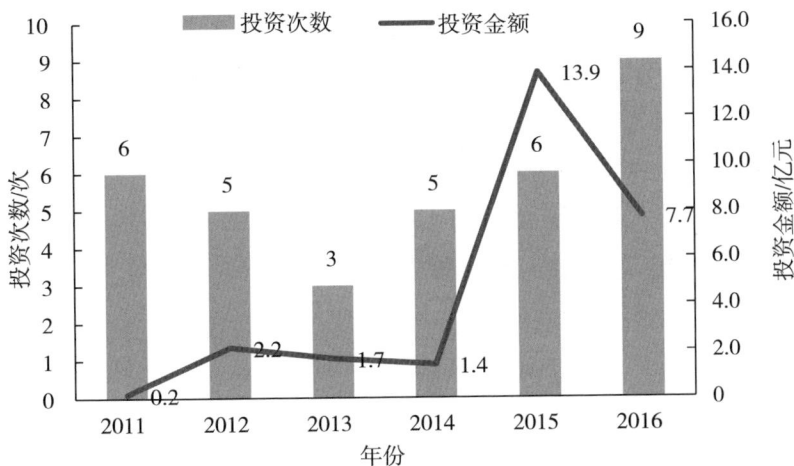

图 199　2011—2016 年 10 月合肥市新能源汽车企业对外投资年度分布情况

从产业链环节来看，在合肥市新能源汽车企业对外投资中，整车企业和电池企业对外投资活跃。其中，整车企业对外投资次数最高，为 25 次，占比为 73.5%；对外投资金额亦最高，为 21.1 亿元，占比为 78.4%（图 200）。

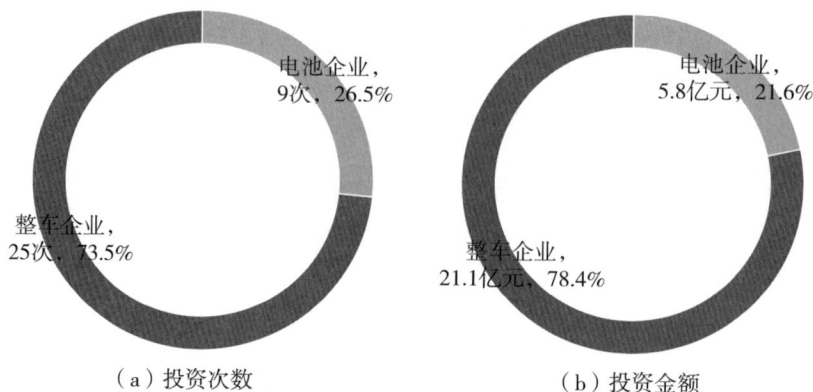

（a）投资次数                    （b）投资金额

图200   2011—2016 年 10 月合肥市新能源汽车企业对外投资产业链分布情况

　　从省份来看，合肥市新能源汽车企业主要投向安徽本省，投资次数
18 次，占比为 52.9%，投资金额 18.9 亿元，占比为 69.7%。对其他省份
及直辖市投资次数均低于 5 次，投资金额均低于 5 亿元（图 201）。

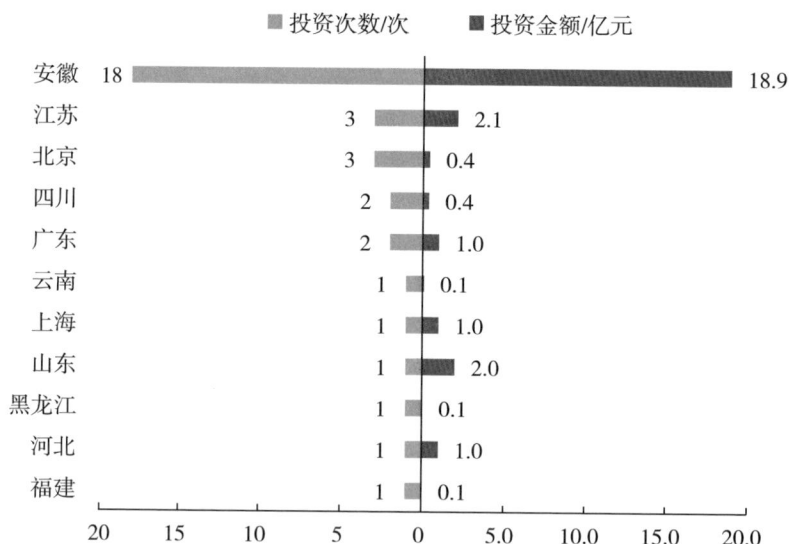

图201   2011—2016 年 10 月合肥市新能源汽车企业对外投资省份分布情况

# 三、合肥市新能源汽车产业创新情况

## （一）专利情况

**1. 专利占有量位居全国重点示范城市前列，产业创新比较优势明显**

2011—2016 年 10 月，合肥市新能源汽车企业专利申请量 10 427 件，授权量 8813 件。"十二五"期间，专利申请量和授权量逐年递增，截至 2015 年，专利申请量和授权量已达 3747 件和 2882 件，申请量是 2011 年申请量的 7.5 倍，授权量已增至 2011 年的 8.6 倍。在全国新能源汽车重点示范城市中的专利占有量位居前列，产业创新具有较为明显的比较优势（图 202、图 203）。

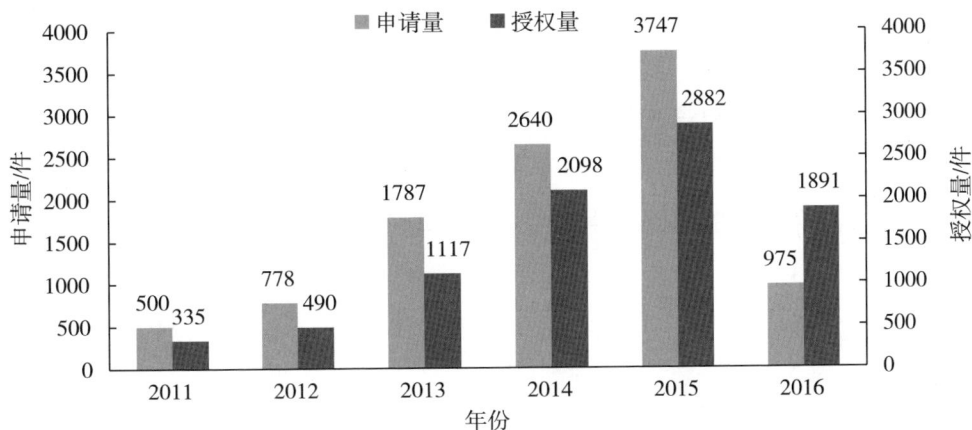

图 202　2011—2016 年 10 月合肥市新能源汽车企业专利申请和授权年度分布情况

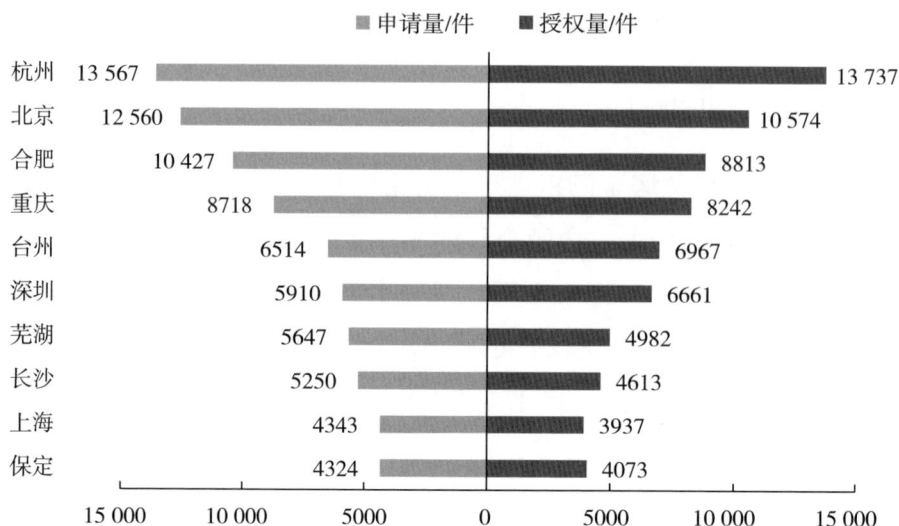

图 203　2011—2016 年 10 月新能源汽车重点示范城市专利申请量和授权量分布
情况

## 2. 实用新型专利占主导

从专利类型来看，实用新型专利占主导地位，申请量和授权量均最高，
分别为 5697 件和 5781 件，占比分别为 54.6% 和 65.6%（图 204）。

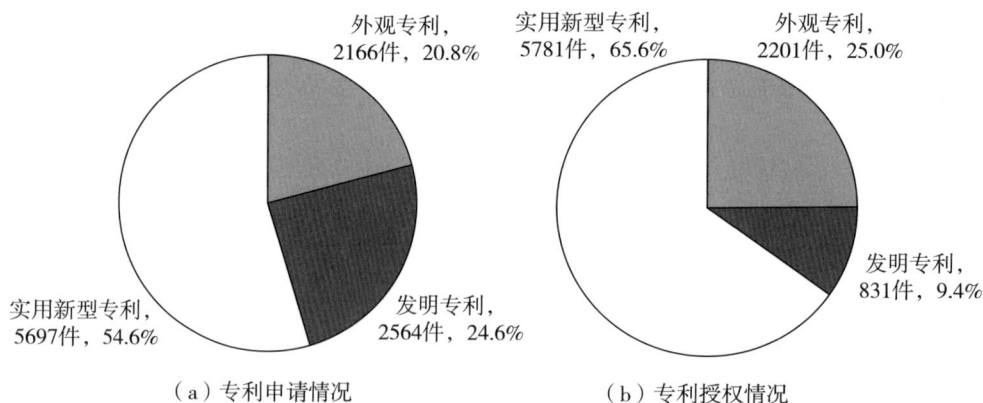

（a）专利申请情况　　　　　　　（b）专利授权情况

图 204　2011—2016 年 10 月合肥市新能源汽车企业专利申请和授权类型情况

### 3. 安徽江淮汽车为合肥市新能源汽车产业创新的主力

2011—2016 年 10 月，在合肥市新能源汽车企业中，安徽江淮汽车股份有限公司的专利申请量和授权量均居全市首位。其中，专利申请量 8907 件，占比为 85.4%；授权量 7686 件，占比为 87.2%（图 205）。

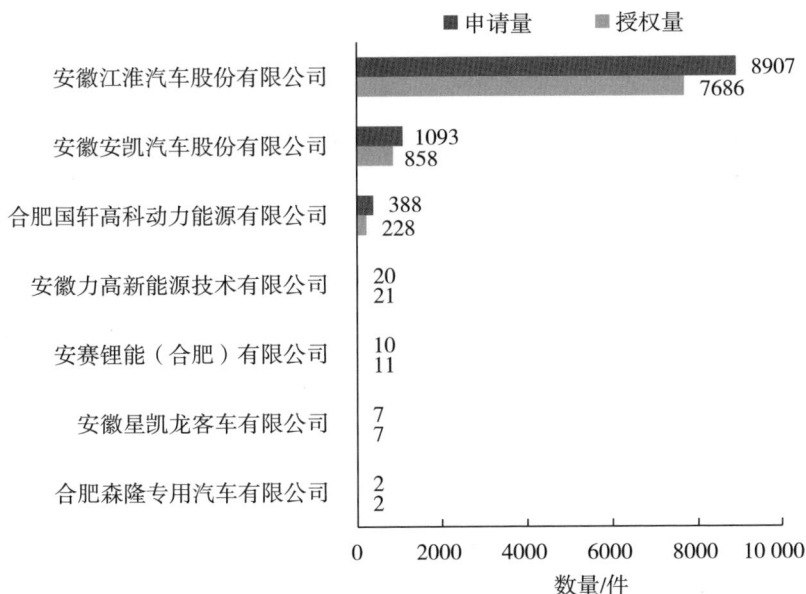

图 205　2011—2016 年 10 月合肥市新能源汽车专利申请和授权企业分布情况

## （二）软件著作权情况

2011—2016 年 10 月，合肥市新能源汽车企业软件著作权登记数量 56 项。从登记时间来看，2015 年软件著作权登记量最高，为 16 项（图 206）。

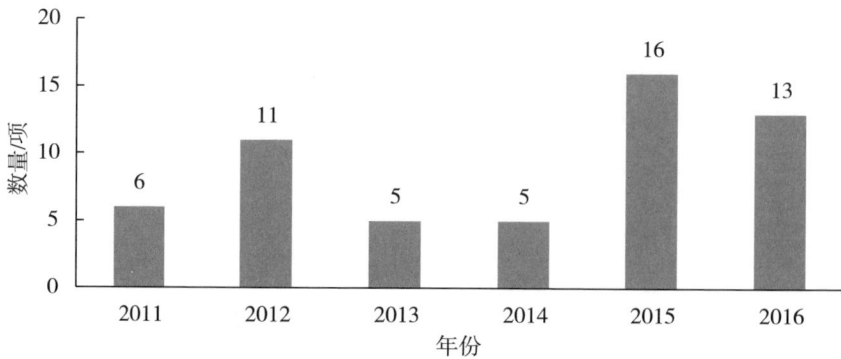

图206 2011—2016年10月合肥市新能源汽车企业软件著作权登记年度分布情况

### 安徽江淮汽车软件著作权登记量全市最高

从登记企业来看，合肥市新能源汽车企业中有4家企业有软件著作权登记，登记量超过10项的有3家，其中，安徽江淮汽车股份有限公司软件著作权登记量居全市首位，为26项，占比为46.4%（图207）。

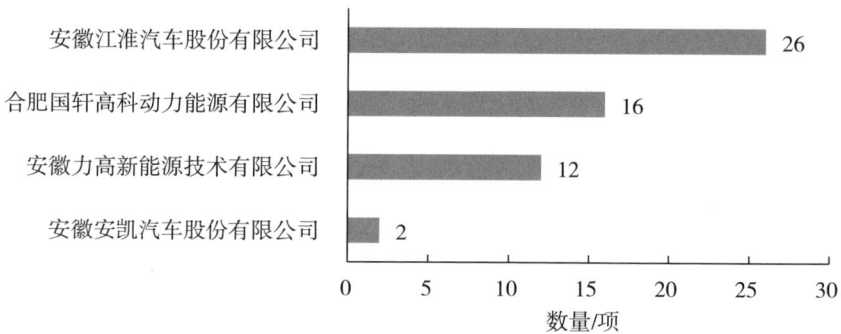

图207 2011—2016年10月合肥市新能源汽车软件著作权登记企业分布情况

# 四、附录

**附表 1 截至 2016 年 10 月合肥市新能源汽车企业基本信息**

| 企业名称 | 成立日期 | 注册资本 / 万元 | 企业类型 |
|---|---|---|---|
| 合肥国轩高科动力能源有限公司 | 2006 年 5 月 9 日 | 24 324.9 | 电池企业 |
| 合肥森隆专用汽车有限公司 | 1998 年 9 月 14 日 | 3000.0 | 整车企业 |
| 安徽星凯龙客车有限公司 | 1995 年 5 月 19 日 | 2280.0 | 整车企业 |
| 安徽安凯汽车股份有限公司 | 1997 年 7 月 22 日 | 69 556.6 | 整车企业 |
| 安徽恒基伟业科技有限公司 | 1999 年 1 月 22 日 | 1000.0 | 电池企业 |
| 安徽江淮汽车股份有限公司 | 1999 年 9 月 30 日 | 146 323.3 | 整车企业 |
| 安徽力高新能源技术有限公司 | 2010 年 2 月 5 日 | 3000.0 | 原材料企业 |
| 安赛锂能（合肥）有限公司 | 2009 年 11 月 2 日 | 8895.8 | 电池企业 |
| 合肥昌河实业有限公司 | 1997 年 11 月 27 日 | 6800.0 | 整车企业 |
| 安徽安凯汽车股份有限公司合肥销售分公司 | 2000 年 7 月 10 日 | 0.0 | 整车企业 |

注：安徽安凯汽车股份有限公司合肥销售分公司为分支机构，注册资本为0。

**附表 2 2011—2016 年 10 月合肥市新能源汽车企业对外投资地区分布汇总数据**

| 地区 | 投资次数 / 次 | 占比 | 投资金额 / 亿元 | 占比 |
|---|---|---|---|---|
| 安徽 | 18 | 52.9% | 18.9 | 69.7% |
| 北京 | 3 | 8.8% | 0.4 | 1.5% |
| 江苏 | 3 | 8.8% | 2.1 | 7.7% |
| 广东 | 2 | 5.9% | 1.0 | 3.7% |
| 四川 | 2 | 5.9% | 0.4 | 1.5% |
| 福建 | 1 | 2.9% | 0.1 | 0.4% |
| 河北 | 1 | 2.9% | 1.0 | 3.7% |
| 黑龙江 | 1 | 2.9% | 0.1 | 0.4% |

续表

| 地区 | 投资次数 / 次 | 占比 | 投资金额 / 亿元 | 占比 |
|---|---|---|---|---|
| 山东 | 1 | 2.9% | 2.0 | 7.4% |
| 上海 | 1 | 2.9% | 1.0 | 3.7% |
| 云南 | 1 | 2.9% | 0.1 | 0.4% |
| 总计 | 34 | 100.0% | 27.1 | 100.0% |

**附表 3　2011—2016 年 10 月合肥市新能源汽车企业专利申请量和授权量汇总数据**

单位：件

| 企业名称 | 申请量 | 授权量 |
|---|---|---|
| 安徽江淮汽车股份有限公司 | 8907 | 7686 |
| 安徽安凯汽车股份有限公司 | 1093 | 858 |
| 合肥国轩高科动力能源有限公司 | 388 | 228 |
| 安徽力高新能源技术有限公司 | 20 | 21 |
| 安赛锂能（合肥）有限公司 | 10 | 11 |
| 安徽星凯龙客车有限公司 | 7 | 7 |
| 合肥森隆专用汽车有限公司 | 2 | 2 |
| 总计 | 10 427 | 8813 |

**附表 4　2011—2016 年 10 月合肥市新能源汽车企业软件著作权登记量汇总数据**

单位：项

| 企业名称 | 登记数量 |
|---|---|
| 安徽江淮汽车股份有限公司 | 26 |
| 合肥国轩高科动力能源有限公司 | 16 |
| 安徽力高新能源技术有限公司 | 12 |
| 安徽安凯汽车股份有限公司 | 2 |
| 总计 | 56 |

>>> 城市群篇

## 一、产业基本情况

### （一）新能源汽车主要城市群企业规模保持增长，但增速放缓

截至 2016 年 10 月，新能源汽车主要城市群企业数量达到 169 家，注册资本总额达到 679.6 亿元。企业数量和注册资本整体保持增长态势，但增速逐步放缓（图 208）。

图 208　2006—2016 年 10 月新能源汽车主要城市群企业数量和注册资本分布情况

### （二）江苏省城市群新增企业数量居主要城市群之首

2006—2016 年 10 月，新能源汽车主要城市群新增企业 85 家，新增注册资本 215.6 亿元。其中，江苏省城市群新增企业 28 家，新增注册资本 76.7 亿元，占主要城市群新增企业数量和注册资本总额的比重分别为 32.9% 和 35.6%，均居城市群首位（图 209）。

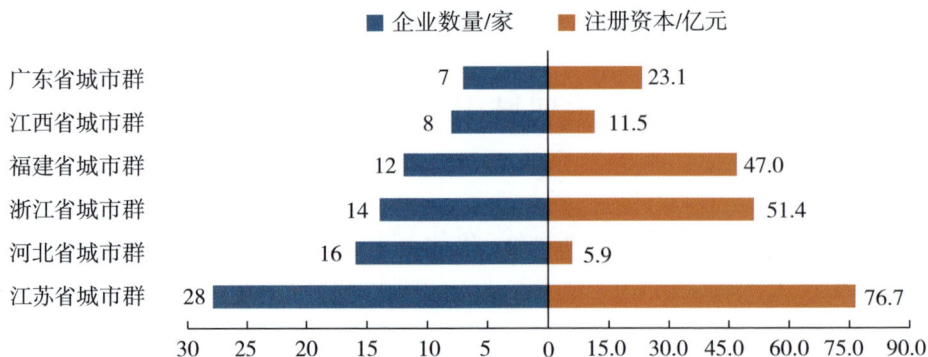

图 209　2006—2016 年 10 月新能源汽车主要城市群新增企业和注册资本分布情况

## （三）新能源汽车主要城市群集中布局在整车企业和电池企业两大环节

截至 2016 年 10 月，在新能源汽车主要城市群中，以整车企业和电池企业为主，其中，整车企业数量为 62 家，占主要城市群企业总数量的 36.7%；电池企业数量为 52 家，占比为 30.8%（图 210）。

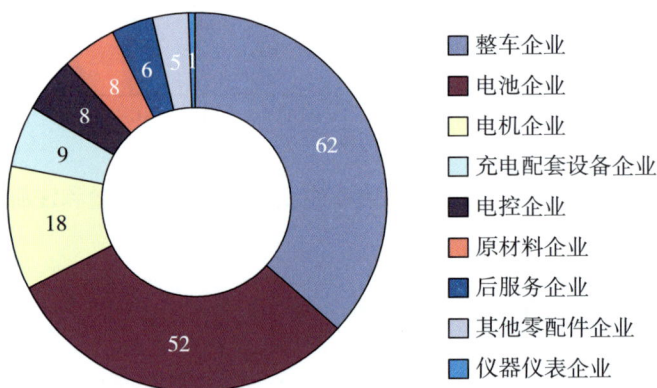

图 210　截至 2016 年 10 月新能源汽车主要城市群企业数量分布情况

## （四）江苏省城市群和浙江省城市群的产业链相较完整

江苏省和浙江省两大城市群的产业链相较完整。截至 2016 年 10 月，江苏省城市群覆盖了整车企业、电池企业、电机企业、充电配套设备企业、电控企业、原材料企业、其他零配件企业和仪器仪表企业 8 个产业链环节；浙江省城市群覆盖了整车企业、电池企业、电机企业、充电配套设备企业、电控企业、原材料企业和后服务企业 7 个产业链环节。而河北省城市群和广东省城市群在整车企业和电池企业环节具有一定的比较优势（表 21）。

表 21　截至 2016 年 10 月新能源汽车主要城市群产业链分布情况

单位：家

| 产业环节 | 福建省城市群 | 广东省城市群 | 贵州省城市群 | 河北省城市群 | 江苏省城市群 | 江西省城市群 | 云南省城市群 | 浙江省城市群 |
|---|---|---|---|---|---|---|---|---|
| 整车企业 | 11 | 4 | 1 | 9 | 18 | 5 | 1 | 13 |
| 电池企业 | 7 | 8 | | 9 | 15 | 4 | | 9 |
| 电机企业 | 2 | | | 9 | 5 | | | 2 |
| 充电配套设备企业 | | 1 | | 2 | 5 | | | 1 |
| 电控企业 | 1 | 2 | | | 4 | | | 1 |
| 原材料企业 | | 2 | | | 2 | 3 | | 1 |
| 后服务企业 | | | | 3 | | | | 3 |
| 其他零配件企业 | 2 | 2 | | | 1 | | | |
| 仪器仪表企业 | | | | | 1 | | | |
| 合计 | 23 | 19 | 1 | 32 | 51 | 12 | 1 | 30 |

## 二、产业投资情况

### （一）吸纳投资情况

#### 1.超九成投资流入江苏省城市群和浙江省城市群

2011—2016 年 10 月，新能源汽车主要城市群中仅有福建省城市群、广东省城市群、河北省城市群、江苏省城市群和浙江省城市群发生吸纳投资行为，累计吸纳投资 64 次，吸纳投资金额 59.4 亿元。其中，江苏省城市群累计吸纳投资金额最多，为 29.1 亿元；其次是浙江省城市群，累计吸纳投资 26.7 亿元；二者吸纳投资金额之和占城市群吸纳投资总额的 94.1%（图 211）。

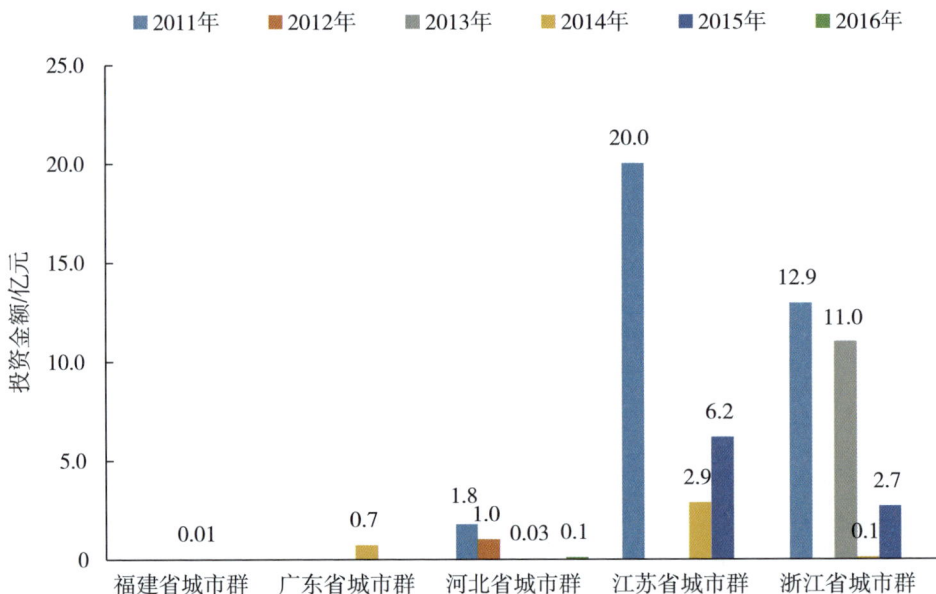

图 211　2011—2016 年 10 月新能源汽车主要城市群吸纳投资分布情况

**2. 后服务企业、电池企业和整车企业环节为吸纳投资的热点领域**

2011—2016 年 10 月，新能源汽车主要城市群在后服务企业、电池企业、整车企业、电机企业、充电配套设备企业和原材料企业均发生吸纳投资行为。其中，后服务企业累计吸纳投资 25 次，吸纳投资金额 11.1 亿元；电池企业累计吸纳投资 19 次，吸纳投资金额 32.5 亿元；整车企业累计吸纳投资 14 次，吸纳投资金额 12.5 亿元；三者吸纳投资总次数占比为 90.6%，吸纳投资总金额占比为 94.4%（图 212）。

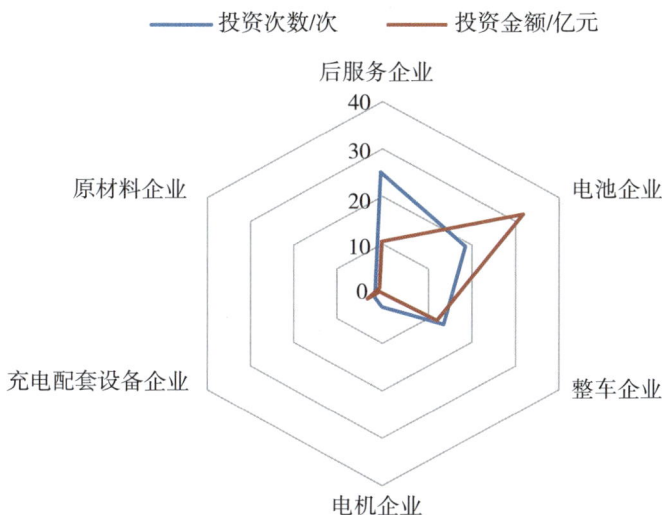

图 212　2011—2016 年 10 月新能源汽车主要城市群吸纳投资产业链分布情况

## （二）对外投资情况

### 1. 浙江省城市群和江苏省城市群对外投资最为活跃

2011—2016 年 10 月，福建省城市群、广东省城市群、贵州省城市群、河北省城市群、江苏省城市群、江西省城市群和浙江省城市群累计对外投资 249 次，累计投资金额 104.4 亿元。其中，浙江省城市群累计对外投资 73 次，投资金额 46.3 亿元；江苏省城市群累计对外投资 87 次，投资金额 27.1 亿元（图 213）。

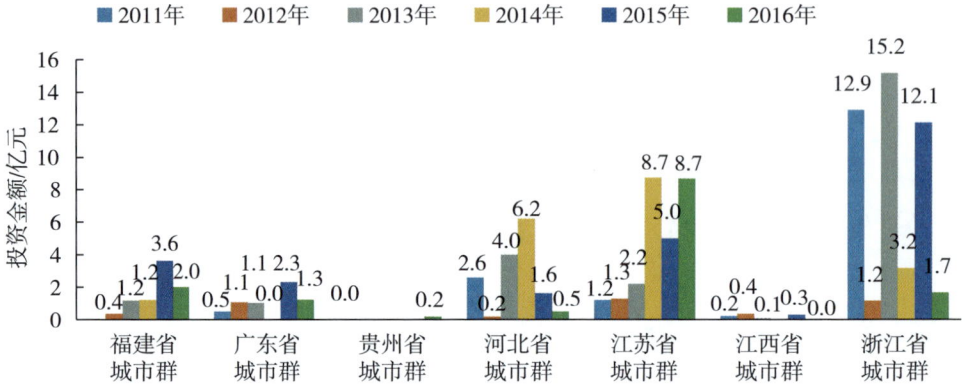

图 213　2011—2016 年 10 月新能源汽车主要城市群对外投资分布情况

## 2. 整车企业对外投资最为活跃

2011—2016 年 10 月，新能源汽车主要城市群中整车企业累计对外投资 119 次，投资金额 54.3 亿元，占比分别为 47.8% 和 52.1%，位居城市群对外投资首位（图 214）。

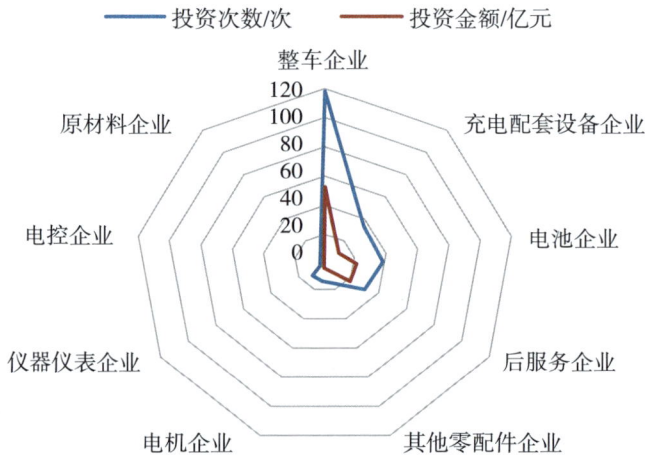

图 214　2011—2016 年 10 月新能源汽车主要城市群对外投资产业链分布情况

## 三、产业创新情况

### （一）软件著作权登记数量达 419 项

2011—2016 年 10 月，新能源汽车主要城市群软件著作权登记数量累计达 419 项。尤其是近 3 年来，软件著作权登记数量增长迅速，2014—2016 年 10 月，软件著作权登记数量达 271 项（图 215）。

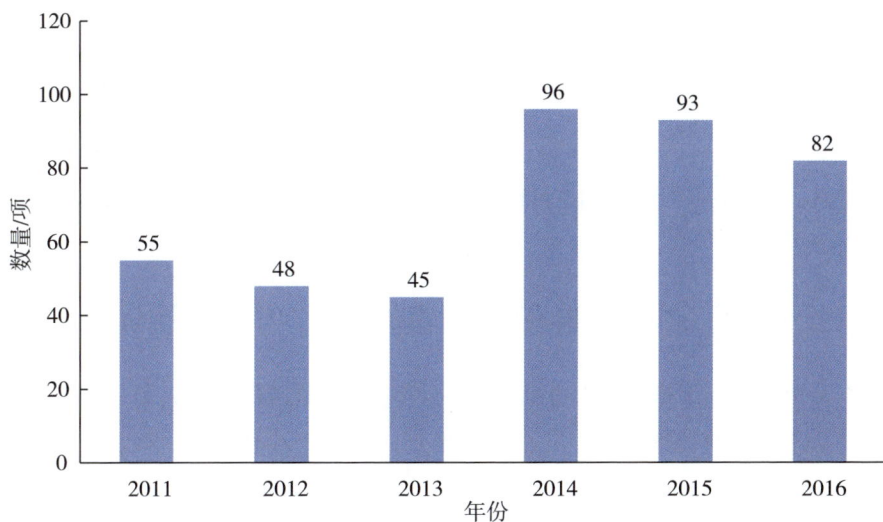

图 215　2011—2016 年 10 月新能源汽车主要城市群软件著作权登记情况

### （二）专利申请量和授权量整体出现下滑趋势

2011—2016 年 10 月，主要城市群累计申请专利 17 652 件，授权专利 23 402 件。专利申请量和授权量自 2012 年起均呈现逐年下滑趋势，至 2016 年 10 月分别降至 761 件和 3110 件（图 216）。

图 216　2011—2016 年 10 月新能源汽车主要城市群专利申请和授权情况

## （三）浙江省城市群和江苏省城市群产业创新优势明显

浙江省城市群在专利创新上具有明显的比较优势，2011—2016 年
10 月，累计获得专利授权 14 278 件，占主要城市群专利授权总量的
61.1%，居各城市群之首；江苏省城市群在软件著作权上创新优势突出，
2011—2016 年 10 月，累计登记软件著作权 316 项，占主要城市群软件
著作权登记总量的比为 75.4%（图 217）。

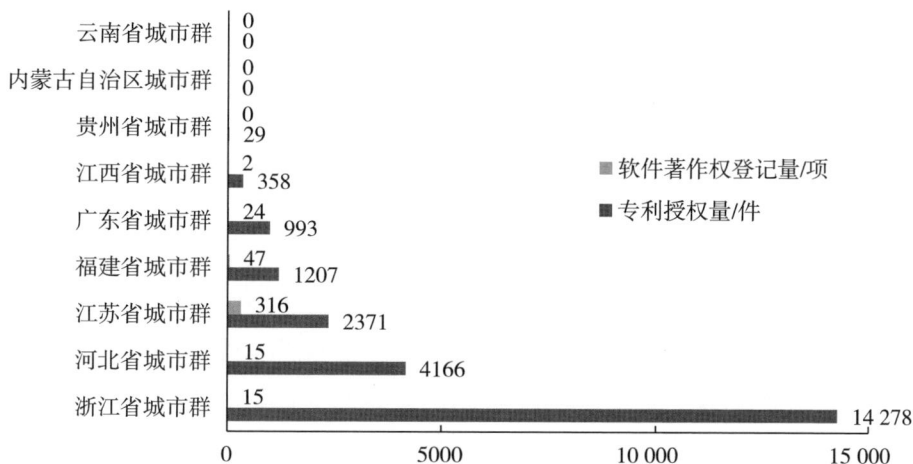

图 217  2011—2016 年 10 月新能源汽车主要城市群专利授权量及
软件著作权登记量分布情况

## （四）浙江省城市群产业创新与资本融合能力最为突出

从各城市群产业创新能力与资本融合能力的互动关系来看，浙江省城市群具有明显的比较优势，其产业创新能力和产业资本流动能力均领先于其他主要城市群。而江苏省城市群在产业资本流动能力上的优势相对明显，但是产业创新能力还有待于进一步提升（图 218）。

创
新
能
力

●浙江省城市群

●河北省城市群

●江苏省城市群

福建省城市群
●广东省城市群
●江西省城市群
●贵州省城市群
云南省城市群
内蒙古自治区城市群

吸纳投资能力

**图 218　新能源汽车产业主要城市群产业创新能力与资本融合能力关系分布**

# 数据说明和相关定义

　　本报告中所使用基础数据来源于国家工商总局信息中心，涉及全国企业基本登记信息、对外投资信息、被投资企业基本信息，数据选取时间段为 2011—2016 年 10 月。

　　**企业**：指在国家工商总局信息中心数据库中来源于各市工商局节点的企业。

　　**投资额**：指独立法人对被投资企业的直接出资，不包括直接控股子公司的再投资及非设立公司形式的投资。

　　**行政区划**：以住所所在行政区划为主，辅助工商登记机关和属地监管工商所。

　　**行业**：依据国家统计局《国民经济行业分类与代码（GB T4754—2011）》。

　　**产业链**：整车企业是指以新能源乘用车、客车等整车制造为主的企业；电池企业是指以新能源汽车电芯、电池组研发制造为主的企业；电机企业是指以新能源汽车驱动电机研发制造为主的企业；电控企业是指以新能源汽车电池管理系统、电机控制系统及动力总成控制系统研发设计为主的企业；充电配套设备企业是指以充电桩、充电机研发制造为主的企业；原材料企业是指以新能源汽车正负极材料、电解液、有色资源、

IC 制造、隔膜等研发制造为主的企业；仪器仪表企业是指以新能源汽车电子仪器及电子仪表研发制造为主的企业；后服务企业是指以新能源汽车销售、售后服务、维修保养、金融租赁、充电服务等为主的服务型企业；其他零配件企业是指除电池、电机、电控、仪器仪表以外的新能源汽车零配件制造类企业。

**专利：**申请专利是指申请人向国家知识产权局提交专利申请文件并获得专利申请号的专利申请数据；授权专利是指依法取得国家知识产权局颁发的专利证书并正式公开发布的专利授权数据。

**软件著作权：**指取得国家版权局颁发的计算机软件著作权证书并正式公开发布的软件著作权数据。